联合国教科文组织非物质文化遗产

实践和呈现

【意】马西莫·森帝尼 著

阙一都 译

中国纺织出版社有限公司

目　录

序　6

欧洲　8

牛铃制作　8

弗拉明戈舞　11

叠人塔　17

科尔多瓦的庭院嘉年华　20

瓦伦西亚法雅节　27

奥布松挂毯制作技艺　33

法国-阿朗松针织花边技艺　37

法国传统马术　40

巨人和巨龙游行　45

东代恩凯尔克的马背捕虾传统　53

风车和水车磨坊主工艺　56

管风琴制造工艺和音乐　61

国王游行马队　64

莫哈奇的冬末面具狂欢节　68

传统骑术及其在维也纳西班牙马术学校高中部的
　教育与传承　75

那不勒斯比萨制作技艺　78

巨型肩扛圣人游行活动　80

克雷莫纳传统小提琴制作技艺　84

西西里木偶剧　91

天宁岛大理石制作工艺　95

非洲　96

吉马·埃尔弗纳广场的文化空间　96

坦坦地区的木赛姆牧民大会　101

迈基石化妆舞会　106

扎菲曼尼里的木雕工艺　109

亚洲　110

活态人类遗产：驯鹰术　110

托钵僧舞蹈仪式　117

佩特拉和维地拉姆的贝都人文化空间　121

沙特阿拉伯阿色地区的夸特——传统室内墙饰　124

拉法奇：传统亚美尼亚面包的制作　126

拉赫季地区制铜工艺　130

法尔斯地毯编结传统技艺	134	恰帕德科尔索城一月传统盛会中的帕拉奇克舞	223
瑜伽	137	厄瓜多尔传统巴拿马草帽编制技艺	227
圣壶节	143	奥鲁罗狂欢节	233
吉尔吉斯族传统毛毡地毯工艺	153	塔奎勒岛及其纺织工艺	241
传统蒙古包制作工艺及相关习俗	157	每年更新凯世瓦恰卡吊桥的知识、技术和仪式	243
中国书法	163	科伊露莉提天主圣殿的朝圣	248
中国传统桑蚕丝织技艺	164	卡波卫勒圆圈舞	255
中医针灸	171	探戈	256
歌舞伎	172		
和纸：日本手工纸技艺	178	本书作者	260
新潟县鱼沼地区苎麻布织造工艺	182	图片来源	260
哇扬皮影偶戏	185	非物质文化遗产名录（2008—2018）	262
巴厘岛的三种传统舞蹈	190		
印度尼西亚的蜡染印花工艺	197		

美洲 204

墨西哥查勒里亚传统马术	204
墨西哥街头音乐：马利亚奇	213
土著亡灵节	215

序

马西莫·森帝尼

联合国教科文组织在其人类口述和非物质遗产代表作名录中，记述了大量广泛的经验和传统，提出了一项新的保护战略。与我们所更熟知的既定模式不同，这项战略申明：文化遗产不仅仅只是指有形的场所、古迹和文物。实际上，它还包含在各个社会中深深扎根、甚至已经成为其标志和象征的民间风俗、物质文化和习俗等。这些文化形式常常被形容为"流行的""通俗的"（Popular），并且在很长的时间里，它们被认为只是人类知识的微小创造。一部分原因是因为形容词"通俗的"常常与缺乏智慧意义的语境联系在一起。今天，每两个星期就会有一种语言在我们生活的世界上永远消失。因此，我们必须认识到，在它们彻底消失之前，保护和留存的工作是多么迫在眉睫。

联合国教科文组织的这项保护战略非同寻常。尽管它给人的第一印象是关注边缘群体，但实际上，它是从纯粹的人类学视角出发的。换句话说，它旨在通过挖掘某种文化独特而具体的表现，来向世人展现其更加全面的样貌。举例来说，在一般被我们称作庆典或者民间节日的特定仪式性活动中，我们可以窥见该特定文化最深刻的文化品性，而这些文化品性从远古时代开始，就存在于我们祖先的反复实践中，并一直传习袭到了今天。从表面上看，这些文化似乎只是一些娱乐活动，但实际上，正是这些风俗背后极其丰富的意蕴，为我们追溯这个总是在庆祝"节日"的社会之崛起与发展，提供了重要的线索。事实上，许多族群的礼仪习俗，都精确地反映出了他们对自然、生命周期和超自然维度的态度。这些维度已经属于文化象征领域的范畴，它的符号网络基本上是抽象的，但它和物质符号拥有同等的重要性。

通过舞蹈、歌曲或者戏剧表演，符号语言变得具体起来。这些文化形式在本质上是转瞬即逝的，尽管如此，它们仍建立在坚实的传统基础之上，并被不断分享、捍卫和深刻领悟。从这个意义上说，它们足以成为一份遗产，因为它们表达了一种认同，并且在历史的演进中巩固了根基。

无论是人类，还是布袋戏偶，抑提线木偶抑或是拟像，他们通过歌唱、跳舞或戏剧表演的方式来歌颂神话英雄或神明的丰功伟绩，对保证社会的传统文化动力都发挥着至关重要的作用。

基于联合国教科文组织在其人类遗产代表作中所认同的文化表现，我们可以分离出以下文化类型：物质文化、与宗教仪式相关的活动、民间风俗、一些可以归入"人文景观"领域的文化表现。如果从更专业的语言学角度来说，纯粹的仪式和其他文化类型（比如舞蹈、民间风俗）之间，其实并没有非常清晰的二分法则。

正如读者所见，本书旨在呈现非同寻常的人类经验（例如那不勒斯比萨、墨西哥亡灵节），但并不止步于介绍这些文化本身，更重要的是探讨保存和推广这些经验的方法和形式。

音声、姿态、演绎和惊鸿一瞥的创造都成为真实可感的文化标志，为人类追寻文化的历史轨迹提供了明证。从赞比亚的迈基石化妆舞会，到日本的歌舞伎、巴西的卡波耶拉圆圈舞（Capoeiva），再到结合了舞蹈和武术动作、散发着一种返祖激情的西班牙塔拉戈纳（Tarragona）叠人塔，本书将会和您一起踏上一段奇幻旅程。在这趟旅程中，您可以领略到人类最独特的文化表现形式，除了闻名遐迩的针灸、瑜伽、蜡染，还有始终在民族学家、文化人类学家、社会学家研究视野中的其他文化遗产。

联合国教科文组织的这项重要倡议，并不是从"多宝阁"（珍奇百宝箱，王公贵族在过去的几个世纪里收集的珍品）里挖掘奇珍异事的乘兴之举。它是一次立足于人类学视角，穿越国界、拥抱不同民族和人种的文化之旅。固然，宏伟的建筑、高雅而庄严的艺术知识及各种各样的天才创造，能反映出人类的知识、价值观之伟大，但看似力量微薄的实践、物件、语言、姿态，也会在整个人类的历史上留下不可磨灭的印记。

欧洲

牛铃制作

所在洲：欧洲

国家：葡萄牙共和国

城市：阿尔卡索瓦斯（Alcáçovas）

2015年入选联合国教科文组织非物质文化遗产名录

在葡萄牙南部，精通为牲畜制作牛铃技艺的工匠，只剩寥寥十几人。这一门古老的传统手工艺是人类世界真正的艺术作品，其中蕴藏着丰富的地域田园文化内涵。

千年以来，葡萄牙阿连特茹（Alentejo）地区总是有一种特别的乐音在田园间回荡，那就是牛铃的声音。把牛铃挂在牲畜的脖子上，牧羊人便可以根据它的回声判断畜群的移动方向，有些细心的牧羊人甚至能听出它们是否在逃离险境。对牲畜来说，牛铃也能够帮助它们在黑暗中找到方向。同时，牛铃也是动物群体内部等级划分的标志，牧羊人会根据畜群结构指配其中的"领袖"和"追随者"。

牛铃由手工制作而成，葡萄牙的各个村庄是其主要出产地，比如布拉干萨（Braganca）、托马尔（Tomar）、卡尔塔舒（Cartaxo）、埃斯特姆斯（Estermoz）和埃格恩斯蒙萨达斯（Reguengos de Monsaraz），还有亚速尔群岛（Azores）的英雄港（Angra do Heroismo）。而牛铃最集中的制作中心则是阿尔卡索瓦斯（Alcáçovas）。该市拥有11家父传子承的牛铃制作工坊。但堪忧的是，几乎所有的父辈工匠都已过古稀之年。

牛铃由铁制成，在1200°C（2192°F）的高温下烧制后，用榔头在铁砧上反复敲打至形成杯状。每只牛铃都会覆上泥土和稻草的混合物，以防止开裂。牛铃工匠们会在铃铛和牛铃的皮项圈上雕刻星星、花朵、字母等美丽的图案，不仅如此，他们还会为每支牛铃调音。我们要感谢这些专业工匠的双手，让这美妙的铃声得以永久地回荡与延续。

· 8-9 把铃舌装进牛铃内部——对于阿尔卡索瓦斯的牛铃工匠来说，这是最精细的工序之一。这道工序被称作"巧卡赫罗斯"（chocalherios），这个词来自葡萄牙语的"钟"（chocalhos），或者是英语中的"摇铃"（rattle）。牛铃的制作已经被列入联合国教科文组织非物质文化遗产名录，这必将会使得这项精湛的手工制作技艺得到更加广泛的关注。

弗拉明戈舞

所在洲：欧洲

国家：西班牙王国

2010年入选联合国教科文组织非物质文化遗产名录

弗拉明戈舞的起源至今依然是一个谜。一般我们认为它诞生于18世纪，但也有学者认为它起源于16世纪。尽管它是安达卢西亚地区吉普赛人的艺术，但它在发展过程中受到了包括拜占庭、穆斯林礼拜颂歌、犹太会堂唱诗等多个民族艺术形式的影响。

节奏、性格、表情、即兴和情感是弗拉明戈舞的组成要素。在18世纪的安达卢西亚地区，吉普赛人创造了这种舞蹈。过去，舞者们通过肢体的动作、拍手和踩脚等方式来表达和宣泄他们的情感。与此同时，这种舞蹈的真正灵魂——弗拉明戈歌手，会用他们激情澎湃的歌声让舞者的表演更加震撼人心。第一支弗拉明戈是《深沉之歌》（cante jondo），它表现的是吉普赛人所遭受的灾难和痛苦。弗拉明戈的经典曲式被19世纪最伟大的歌唱家之一——艾尔·菲罗（El Fillo），用沙哑磁性的嗓音演绎。弗拉明戈的音乐风格，或者称为曲式（palos）超过50种。其中断续调（siguiriyas）和孤调（soleares）是最纯粹而悲伤的形式，一般用来表现伤痛、苦难和悲惨的命运；最活泼轻快的要数塔布洛欧（tablao），常用于庆典或节日的弗拉明戈艺术的舞台表演中；其他曲式还包括塞维利亚舞曲调（sevillana）、喧戏调（bulerias）和欢愉调（alegrias）等。

19世纪中期，弗拉明戈舞蹈艺术中出现了专门为舞者和歌手伴奏的吉他乐手。著名当代艺术家帕克·德·路西亚（Paco de Lucia，1947-2014）就是世界公认的弗拉明戈舞吉他演奏家之一。弗拉明戈舞正是因为集合了歌唱、舞蹈和器乐演奏的多重魅力为一身，才能如此地扣人心弦，让越来越多欣赏过它的人为之倾倒和感动。

·10-11 身着弗拉明戈传统舞裙的专业舞者。她们会根据不同的舞蹈类型娴熟自由地舞动身姿。

　　弗拉明戈舞曾被上层阶级认为是下层社会的产物。在遭受了几个世纪的漠视和排挤后，随着歌手咖啡馆（Café Cantantes）的兴起（20世纪初在西班牙随处可见的一种表演餐厅），弗拉明戈舞终于从当地吉卜赛家庭和社区中脱颖出来，被大众认可为一种真正的艺术形式。从咖啡馆一路成功走到剧院，弗拉明戈艺术的演绎者们也逐渐一步步历练成了专业艺术家。时光流逝，弗拉明戈舞从未抛弃传统，它始终在其厚重的历史根基中沉淀、成长。而舞蹈家和音乐家们的艺术造诣和热情则为这段历史写下了新的篇章：传统与现代的相互交融，使得弗拉明戈舞成为世界上最享有盛誉的艺术形式之一。纯正的弗拉明戈舞最贴近吉卜赛根基，舞者们曾对它做了一些即兴的演绎。但现在，它已经被一种介于新弗拉明戈和融合弗拉明戈两者之间的新风格取代。新弗拉明戈是一种更强调服装和编舞的古老西班牙舞蹈，而融合弗拉明戈则调和了多种音乐风格，包括流行、蓝调、摇滚，甚至还有说唱。

・12　弗拉明戈舞鞋带有鞋跟，且鞋底装有响钉，所以它实际上可以看作是一双打击乐器。
・13　为了赋予弗拉明戈舞以节奏和色彩，而编排和加入了一些具有安达卢西亚传统风格的全新舞蹈动作，其中包括手和手臂性感优雅的旋转动作。

授年轻人这种舞蹈。如今,弗拉明戈舞广受欢迎,舞蹈学校和专业学院都开设了结合当代舞蹈和音乐风格的相关课程。

· 14-15 吉卜赛文化由一代代人口耳传承下来,弗拉明戈舞也是如此。老一辈艺术家在家族或者社群中教授年轻人这种舞蹈。如今,弗拉明戈舞广受欢迎,舞蹈学校和专业学院都开设了结合当代舞蹈和音乐风格的相关课程。

所在洲：欧洲

国家：西班牙王国

城市：塔拉戈纳

2010年入选联合国教科文组织非物质文化遗产名录

·16-17 叠人塔的基座是由体格最为强壮的数十人人组成的放射状结构，它支撑着整座人塔。

·17 叠人塔的每一个搭建细节都经过了仔细的研究。成员们的手和身体都会摆放成这样的方式来组合和支撑整个结构。

叠人塔

加泰罗尼亚地区最受仰慕和追捧的节庆活动，莫过于叠人塔。它拥有上百年历史，是一项需要敏捷和勇气的传统文化。事实上，人塔和真正的建筑物一样壮观。撇开技术难度不谈，叠塔成员必须时刻用凝聚力和团结心激励自己，不断提醒自己不仅是家庭的一部分，也是千百年历史的一份子。

节日氛围下的城市，人声鼎沸、热闹非凡。即使你在很远的地方也能认出他们：白色的长裤、颜色鲜艳的上衣，腰间系着黑色的腰带以保护紧张的肌肉——他们就是叠塔人。他们摩拳擦掌，即将开启一次壮举。当鼓声喧天、格拉拉（gralla，一种介于横笛和号角之间的木质双簧管乐器）的乐声响起，叠塔人开始集结起来。最强壮坚稳的人组合成塔的底部，其他数十位叠塔人包围在他们身边，这样塔的基座（pinya）就搭建起来了。接下来，就开始向上叠塔。第二层的叠塔人攀爬到第一层之上，第三层人再爬到第二层之上，以此类推，直到人塔耸入晴空。全程观看他们勇敢而敏捷地爬上塔顶的整个过程，会是一次非常震撼的体验。最后，当为人塔"封顶"的男孩爬上塔尖，他会举起手臂向人们示意他们已经大功毕成。随即，被深深感动的人群中就会爆发出雷鸣般的掌声。而不过一眨眼的工夫，人塔就"解散"了，叠塔团队的成员们滑落到地面上，互相拥抱，庆祝他们用信心和毅力成功地搭起了"城堡"。

塔拉戈纳（Tarragona）、瓦尔斯（Valls）、维拉弗兰卡（Vilafranca）、

特拉萨（Terrassa）等城市都会举办搭叠人塔的活动。从六月瓦尔斯的仲夏节（Sant Joan，也称圣约翰节）开始，一直到十一月特拉萨的明尼恩斯节（Minyons），期间有一系列不容错过的节庆活动，比如特拉萨的圣佩雷节（Sant Pere）、维拉弗兰卡的圣费利克斯节（Sant Felix）等。在塔拉戈纳的圣特克拉节（Santa Tecla）可以欣赏到叠人塔，其比赛场地的布置十分华丽。不过，比赛只在闰年的十月份举行。

有些学者认为是阿拉伯人把叠人塔带到了西班牙，也有学者认为是古罗马人。不过根据最具说服力的说法，叠人塔起源于瓦伦西亚交际舞（ball de valencians）——一种加泰罗尼亚地区（西班牙民间习俗的诞生地，也是民俗风情最浓厚的地区）的古代舞蹈。瓦伦西亚交际舞最后以三至四层高的小型人塔造型收尾。

比赛和竞争让叠人塔的这项传统活动越来越兴盛。今天，叠人塔团队成员们的士气越来越高涨，人塔也越叠越高。叠人塔的最高纪录目前停留在十层，不过，我们有理由相信，突破这个记录指日可待。

·18 基座有几种不同的类型：一种是柱子，由四位叠塔成员组成，每位成员站在前人的肩膀上；也有塔形，一般至少有五层，每层由两位叠塔成员组成；还有城堡形，由三至五位成员组成，一般叠至八到九层。

·19 儿童和青少年是叠人塔不可缺少的成员，他们需要负责搭叠塔顶的部分，并且完成最终的"封顶"任务。

科尔多瓦的庭院嘉年华

所在洲：欧洲

国家：西班牙王国

城市：科尔多瓦

2012年入选联合国教科文组织非物质文化遗产名录

这里是鲜花、色彩和香气的天堂。即使是一年中最酷热的时节也依然清新凉爽，无论是独自放松，还是和亲友结伴，这里都是理想的户外休憩地。在五月科尔多瓦的庭院嘉年华（Fiesta of the Patios），花园和内部的隐藏庭院"盛装打扮"，迎接客人的到来。

这个传统习俗据说起源于古罗马时代，当时安达卢西亚地区的气温，有时会超过40℃（104°F）。罗马人为了创造一个更舒适的城市环境，决定把内部庭院纳入住宅区和家庭私宅的一部分，并用各种植物和花草来布置庭院。从此，人们就可以不必承受酷热的煎熬，而在荫蔽凉爽的户外休息、宴客，举办各种日常活动。

·20 庭院嘉年华和掷花节（Batalla de las Flores）是五月的科尔多瓦最令人期待的节日。
·21 这座雕塑作品由艺术家若泽·曼努埃尔·贝尔蒙特（Jose Manuel Belmont）创作，作品中的女人正在为庭院墙壁上最高处的一盆花浇水。

　　这个巧妙的建筑解决方案很快就开始展现出它的社会性功用——它将原本很难联系在一起，或者说根本联系不上的人和事物连接了起来。社会的上层阶级通过展示他们优雅别致的庭院布置和园艺装饰，来维护和展现他们的社会地位和优渥生活。摩尔人在统治西班牙期间，利用他们的水力学知识把科尔多瓦的庭院改造得更加具有吸引力。通过建造喷泉和游泳池，挖掘水井和小水渠来收集储存大量流动的水，摩尔人创造了可以在水边嬉戏放松的荫凉空间。这些标新立异的举措，有效地把仲夏庭院的温度降低了15℃（59℉）。

如今，在五月上旬的科尔多瓦，这些名副其实的城市绿洲繁花锦簇、生机勃发，令人为之惊艳。自从1918年庭院嘉年华创立以来，庭院的入口、楼梯、阳台都会装饰各种瑰丽的花卉园艺，并在为期12天的时间里，向公众开放。

这个节日被认为是向人们展示可持续生活方式的典范。坚实的社会关系和邻友的团结互爱是其成功举办的基础。庭院嘉年华不但激发和增加了人类对自然的敬意，也帮助人们收获了关于花卉和建筑的知识。

· 22-23　参加最美庭院角逐的院子里摆满了各种花卉植物。节日期间，这些庭院均向公众开放。

　　游客们欣赏着一座又一座庭院，满怀着惊喜与好奇。庭院嘉年华上，还有弗拉明戈音乐会和当地丰富的物产，令人应接不暇。一幅幅"即时即兴"的美景就这样在街道上诞生。美味佳肴和动听的乐音与这些建筑和装饰相互辉映，这是基于该地区装饰物的自然属性和艺术特征（比如雕塑和陶瓷），结合空间环境所做的专业搭配。

　　庭院嘉年华确立不久，最美庭院的比赛就拉开了帷幕。比赛设立最美传统庭院和最美现代庭院两个奖项，它鼓舞了人们参赛的热情，也催生了越来越多令人惊叹的庭院布置和展示作品。目前，参赛的候选庭院约有50座。以下是值得一去的庭院：维亚纳宫（Palacio de Viana），建造于15世纪，拥有12个花园；城堡区（Alcazar Viejo）；犹太人区（Juderia），那里是旧城中心地带的犹太人聚居区，也是受联合国教科文组织保护的最大的都市区域。

·24　为了把庭院装扮得迷人而独特，家庭成员、朋友、邻居都会加入布置的行列。

·25　多数情况下，在最大的庭院里，游客不仅能欣赏美丽的景观，还能欣赏到安达卢西亚的传统音乐、歌曲和舞蹈。

· 26-27　坐落在圣女广场中央的巨型木制雕像"孤独圣母"（Our Lady of the Forsaken）。妇女和小女孩们在雕像前排起长队，在圣母玛利亚的鲜花斗篷上献上花朵。这是十分美好的一个场景，空气中也因似锦繁花而弥漫着馥郁的香味。

瓦伦西亚法雅节

所在洲：欧洲

国家：西班牙王国

城市：瓦伦西亚

2016年入选联合国教科文组织非物质文化遗产名录

瓦伦西亚法雅节是西班牙最著名的传统庆典之一。它的别名叫圣约翰节（Festes de Sant Josep），因为它是为了纪念木匠的守护神圣约翰（St. Joseph）而设立的节日。法雅节于每年的3月1日至3月19日举行，也就是到3月20日春分日的前一夜结束。法雅节的庆典活动洋溢着欢乐喜悦的氛围，人们通过它来颂扬生命、驱除冬季最后的寒冷，进而战胜对死亡的恐惧。

沿着城市的街道随意漫步，便到处都可以看到由混凝纸浆和木头制成的巨型人偶雕塑。数百个被称作"焚烧纸人"（Ninots）的人偶兀立在瓦伦西亚的大街小巷。

在震耳欲聋的爆竹声中，大人和孩子们都涌向街市，沐浴在音乐和节日的欢愉中，眼前此景便是法雅节的盛况。每一年，人们都深深沉浸在瓦伦西亚无与伦比的魅力和感染力中。节日的序幕在2月的最后一个星期日拉开。在那一天，市长会把这座城市的钥匙交给在选美比赛中当选的节日皇后——法雅皇后（Fallera Mayor），由她为烟花秀揭幕。届时，成千上万支花火爆竹将在市政厅广场一齐绽放（整个法雅节节庆期间，将消耗约5吨爆竹）。这样的庆祝活动会接连重复上演，一直到庆典结束。这样喧嚣鼎沸的节日，有时甚至会让人们感到眩晕。

在整整一年的时间里，艺术家、画家、雕塑家、混凝纸浆专家，还有瓦伦西亚的市民都会投身制作"焚烧纸人"的工作中。而这其实是从18世纪中期开始就一直流传下来的古老习俗，在3月18日这天，人们会将人偶悬挂在屋子的窗台上，目的是公开谴责那些恶名昭彰的无耻之徒。

但今天，这些窗台人偶已经被巨大的法雅人物所替代，有些法雅甚至有几十米高，它们表现的主题多彩各异，与当地和国内相关的内容、甚至是国际话题都有涉猎。在代表民意的法雅委员会的规划组织下，每个社区都会准备自己的雕塑作品，其中包括一个由孩子们制作的较小型雕塑，叫作"儿童法雅"（Falla Infantil）。评审团和民众会根据作品所展现的精神内涵和视觉冲击力这两个方面，对所有雕塑进行评选。

各种节事活动在节庆期间无缝衔接、接踵不息。3月17日至3月18日，在以圣母名字命名的广场上，女性们身着传统服饰向"孤独圣母"（Our Lady of the Forsaken）进献鲜花。精心设计的圣母玛利亚的斗篷由鲜花装点组合而成，并且会持续向公众开放展示，一直到鲜花凋谢；3月19日至3月20日，所有的人偶都会被散布在城市里的火把焚烧掉，这也是整个节日的最高潮。这个传统据说和木匠们的习俗有关，冬日将尽之时，他们会把堆积在作坊里的所有木头和刨花都烧掉，以此来纪念木匠的守护神圣约翰。这个风俗在几百年的时间里得以不断地传承和沿袭，渐渐地，所有的市民都加入到了这项传统纪念仪式中。只有获得最高投票数的人偶才会被保留下来，存放到法雅博物馆。随着火光盈天，城市中万人空巷，春天的脚步已经临近，寒冬和对死亡的恐惧都将随之消散。

·28-29和29　过去，"法雅"一词指的是在特殊场合（例如宗教仪式）点燃的篝火。而因为在节庆传统仪式上，这些充满象征意义的人偶或玩偶都将被焚烧，现在的"法雅"指的就是在3月20日晚上被点燃的巨大焚烧纸人。

·30-31　3月19日和3月20日晚上，所有的法雅都会化身火焰。图为燃烧着的人偶：身穿皇家马德里队球衣的足球明星克里斯蒂亚诺·罗纳尔多（Cristiano Ronaldo）。

·31　在3月18至19日的"烟花之夜"（la nit del foc），将近半小时的花火秀，将城市的天空映照得如梦如幻。

所在洲：欧洲

国家：法兰西共和国

城市：奥布松

2009年入选联合国教科文组织非物质文化遗产名录

·32-33 奥布松的圣·简（St.Jean）工厂的工作室里的工匠们。

·33 除了生产新面料，奥布松工厂在修复旧挂毯方面也十分专业。

奥布松挂毯制作技艺

14世纪，装饰挂毯开始在法国西南部广为流行，到17世纪，已经风靡整个欧洲，各种仿制品竞相出现。展现神秘久远神话故事或狩猎场景的装饰挂毯，几乎成为贵族阶级夸耀奢靡生活的必需品。在度过了濒临失传的危机之后，当代奥布松挂毯开始广泛涉猎当代主题。

奥布松挂毯最早是中世纪法国皇宫里的精美墙饰。不久，它便成为一种阶级象征，受到贵族和中上层阶级的追捧。关于这种挂毯制品的记载，最早可追溯到14世纪，来自法兰德斯地区（Flanders）的一群工匠在今天法国的克勒兹省（La Creuse）、新阿基坦大区（Nouvelle-Aquitaine）的几个小镇定居了下来。阿拉斯（Arras）挂毯的名字来源于法国城市阿拉斯，那里也是挂毯首次被引进的地方。阿拉斯挂毯的制造过程漫长而复杂。首先，需要由专门的画师在纸上或布面上绘制底图（carton de tapisserie）；完成后的底图会作为挂毯的模板，交付给织工。他们会采用平针织法，将手工染色的羊毛线（有时会用丝线或者金银线）在低经纱卧式织机或高经纱立式织机上编织。通常，低经纱卧式织机适于编织中小型的挂毯，高经纱立式织机则可以编织大型挂毯。而奥布松挂毯一般使用低经纱卧式织机。

奥布松挂毯制造业在17世纪达到了巅峰。当时，它和由国王路易十四的财

政大臣让-巴普蒂斯特·柯尔贝尔（Jean-Baptiste Colbert）创办的两家挂毯工坊——"戈布兰"（Gobelin）和"博韦"（Beauvais），并称为三大皇家工坊。在不同的时期，挂毯所表现的主题也各异。最初，田园和森林风景最受欢迎；16世纪，狩猎场景（贵族的传统嗜好）变得时兴起来，此外，神话故事、《旧约圣经》、田园风光或法国的历史事件也是很常见的题材。挂毯的底图绘制工作由法国当时最负盛名的艺术家担当，其中包括夏尔·勒布伦（Charles Le Brun，1619—1690）、安托万·华托（Antoine Watteau，1684—1721）、弗朗索瓦·布歇（François Boucher，1703—1770）和让-巴蒂斯特·休特（Jean-Baptiste Huet，1745—1811）。奥布松挂毯的订单需求逐渐增多，为了保护它们免受伪造，同时也

· 34-35　圣·简工厂里琳琅满目的彩色纱线库存。
· 35　掌握经纬结合的精髓，是编织挂毯不可或缺的技能。

为了证明自己的技艺，织工们会在镶边上绣上自己名字的首字母，以显示其独创性。

1884年，奥布松国立装饰艺术学院（ENAD, National School of Decoration Art of Aubusson）成立。但在仅仅十几年之后，挂毯业就遇到了危机。后又逐渐呈现出了复苏的迹象。今天，艺术家们通过当代艺术风格和艺术形式，为挂毯注入了新的灵感。

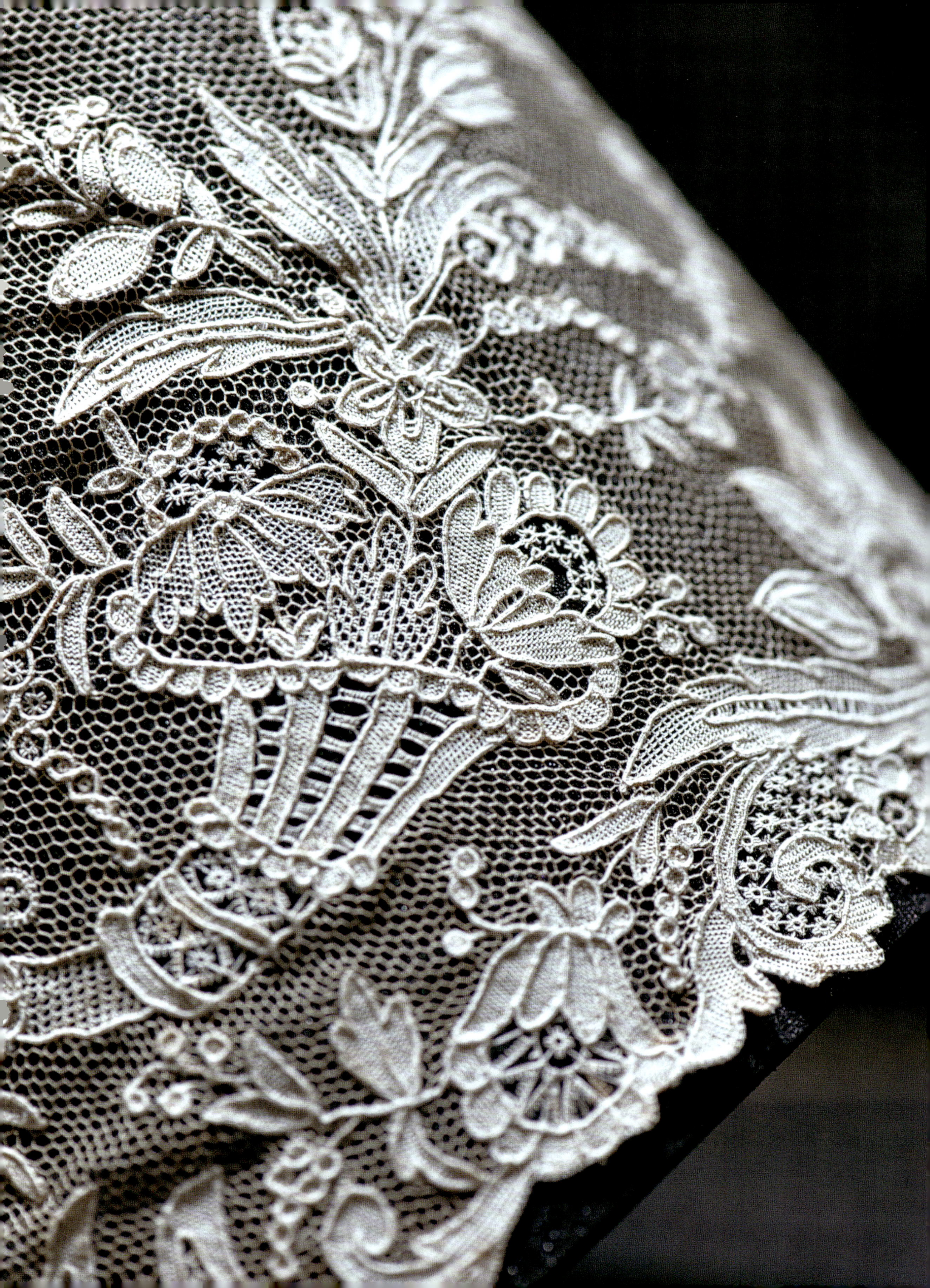

法国-阿朗松针织花边技艺

所在洲：欧洲

国家：法兰西共和国

城市：阿朗松

2010年入选联合国教科文组织非物质文化遗产名录

极致轻盈、雅致，令人过目难忘。制作这种精工花边蕾丝，不仅需要无懈可击的技艺，也必须对材料有全面的了解及无限的耐心。事实上，制作小小的一片蕾丝就要耗费整整几小时的时间。

据说，在17世纪中叶，蕾丝工匠马蒂·拉佩里尔（Marthe La perriere）把意大利的一种叫作"威尼斯透孔花边"（point of Venice lace）的针织花边技艺带到了法国诺曼底地区的阿朗松市（Alencon）。之所以称为威尼斯花边，是因为人们认为这项技艺是在14世纪的威尼斯诞生的。而蕾丝制作艺术传到法国，则要感谢法国国王亨利二世的妻子凯瑟琳·德·美第奇（Caterina de' Medici，1519—1589），她非常钟爱这种极致优雅的蕾丝艺术。

- 36-37 这两款蕾丝上的植物纹样，是阿朗松高级蕾丝的经典图案。
- 38-39 在蕾丝制作的细工阶段，绿色的布用作衬垫做底。

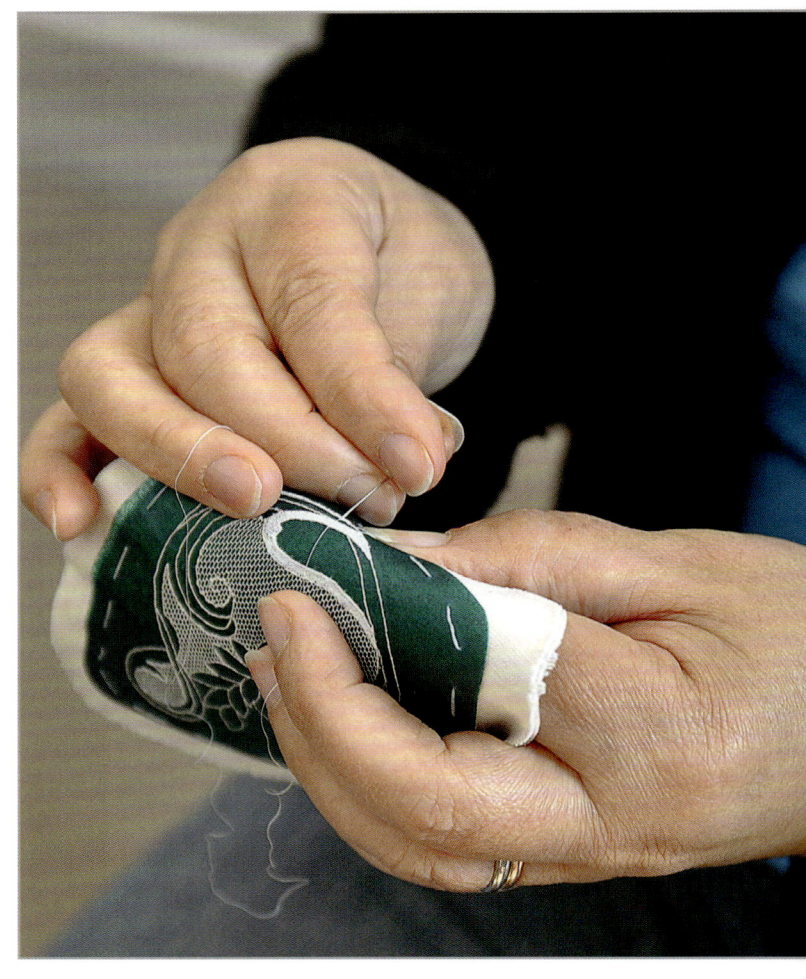

蕾丝工匠马蒂在技艺上作了一些改进，创造了一种举世闻名的高级蕾丝，这就是"阿朗松针织花边"（point d'Alençon）。这种蕾丝的制作工艺极其复杂，包含多道不同的工序，需要花费大量的时间以及超凡的技艺。制作一平方厘米的蕾丝一般要耗费七个小时。

制作蕾丝的第一道工序，是把想要呈现的图案或纹样描画在透明纸上，然后用针沿着笔触穿刺到厚纸或羊皮纸上。接着，以双层布作为衬底，用针线把图案的基本轮廓勾勒出来。从这一步开始，就进入真正的针绣阶段了。第一层会用扣眼绣（buttonhole stitch），因此会比图案中最突出的部分更厚些，其余的部分则采用较轻盈的、开口式的缝合方式。蕾丝的各个部分通过扣环来连接，有时会用非常小的装饰环镶边。这步完成之后，蕾丝就可以从羊皮纸衬底上分离出来了。如果蕾丝的图案是由几个不同的部分组成的，就用一根轻得几乎辨认不出的线把它们缝合在一起。

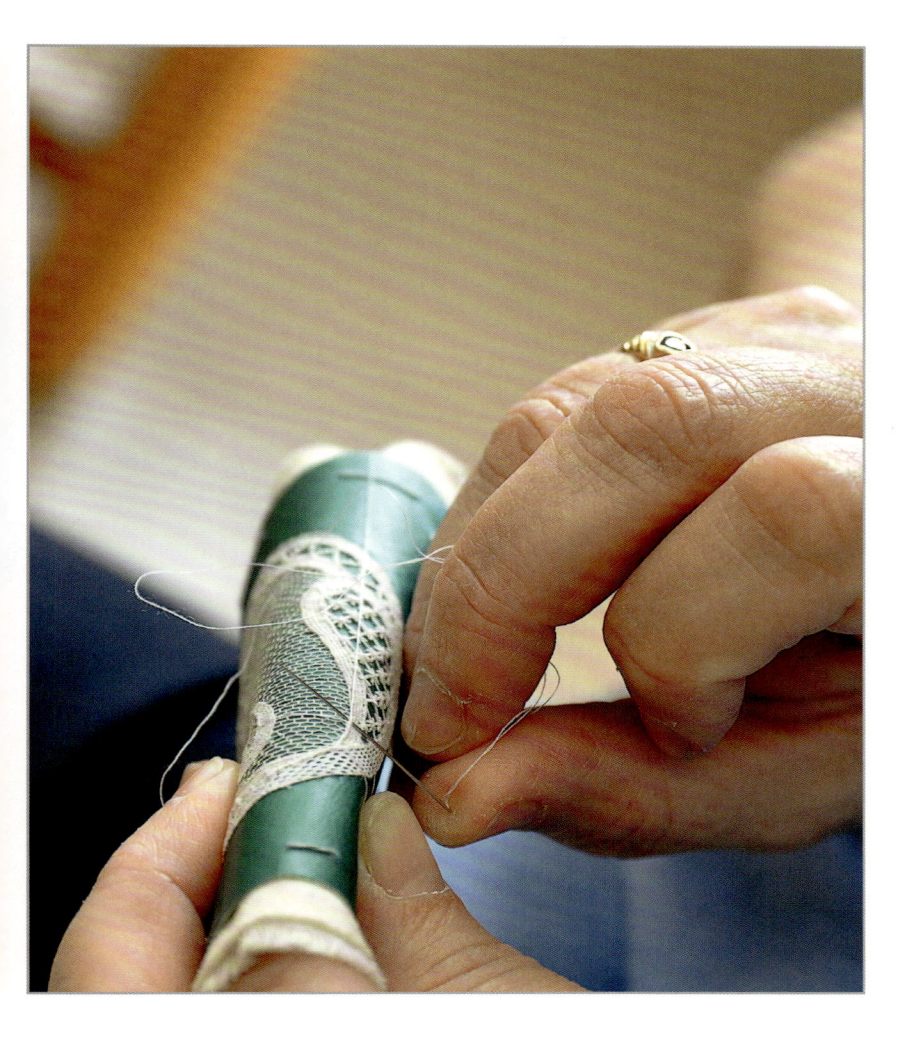

阿朗松蕾丝深受法国皇室和贵族的青睐。玛丽·安托瓦内特（Marie Antoinette）王后喜欢浅色的蕾丝，而欧珍妮皇后（Empress Eugenie）则偏爱深色的蕾丝。

17世纪末，阿朗松工厂的蕾丝制品方兴未艾。国王路易十四的财政大臣让-巴普蒂斯特·柯尔贝尔（Jean-Baptiste Colbert）宣布其为皇家专供工坊。自此，由国家垄断并推进制造的蕾丝艺术品成为法国皇室的审美象征。最初，这项技艺由蕾丝工匠口耳传承给学徒。时至今日，它的各道工序都经过了不断地重构与改良。在国立阿朗松针织花边工坊（Atelier National du Point d'Alençon），人们可以现场观看蕾丝制作过程演示。此外，工坊还推出了当代艺术家驻留项目。

法国传统马术

作为百年历史的传承者，法国传统马术小心翼翼地维护和珍视着拉丁传统的骑术规范。它的非凡之处在于"轻盈"，以及马与骑士之间的和谐关系。

在马术界，法国马术被世界公认为是对非暴力、无强制、无约束的马匹训练最极致的诠释。骑士对马匹的生理特征和生活习性拥有深刻的了解，他们能够在完全尊重马的情绪和天性的情况下训练马匹。骑士的这种高精素质能让复杂的马术训练以非凡优雅和自然的方式进行，并且获得优异的训练效果。

马术运动风靡整个法国，得益于它的历史见证者，一支来自卢瓦尔河谷（Loire Valley）中段的索米尔（Saumur）的精英团队——"黑骑士"（Cadre Noir）。实际上，他们人如其名，的确身着全黑色的制服。自19世纪开始，路易十八（Louis XVIII）国王为了复兴法国骑兵，在索米尔重建了骑兵训练学校。法国骑兵在法国革命前和后来的拿破仑战争（Napoleonic Wars）中都遭到了重创。而索米尔团队完美地将马术与传统文化、旅游业和当地如画的景致融合在了一起，使得法国马术在这里发展到了巅峰。因此，在索米尔，马术学院是整个经济的驱动力。骑马已经成为一种产业，饲养员、工匠（马具商和鞋匠）、兽医和蹄铁匠等社会角色因此拥有了工作机会和收益。

1972年，索米尔马术学院并入法国国立马术学校（National School of Equitation），"黑骑士"团队也晋升为高级马术训练导师。"黑骑士"也是马术表演的名称，索米尔骑士们通过在当地和全世界的表演来展示他们的马术训练规范和实践，让法国马术更加发扬光大。所有的导师都经过专业的训练，虽然他们大多是平民出身，但对于"学院派"马术娴熟深谙。

所在洲：欧洲

国家：法兰西共和国

2011年入选联合国教科文组织非物质文化遗产名录

· 40-41 "黑骑士"和它的马正在表演法国马术学校里所教授的最难的动作之一——直立腾跃（Courbette montee）。

· 42-43 索米尔马术学院成立于1828年，学校使用的马匹包括：英国纯血马（English thoroughbred）、盎格鲁-阿拉伯马（Anglo-Arabian）、汉诺威马（hanoverian）、塞拉法兰西马（Selle Francais）和卢西塔诺马（Lusitano）。

优雅的黑骑士身着带有青草和金丝刺绣的黑色上衣，头戴黑色毛毡双角帽，手执带有夹头和镀金马刺的黑色马鞭。在表演马术时，骑士既可以骑在马上，也可以下马，站在地面上用长缰绳指挥马匹。

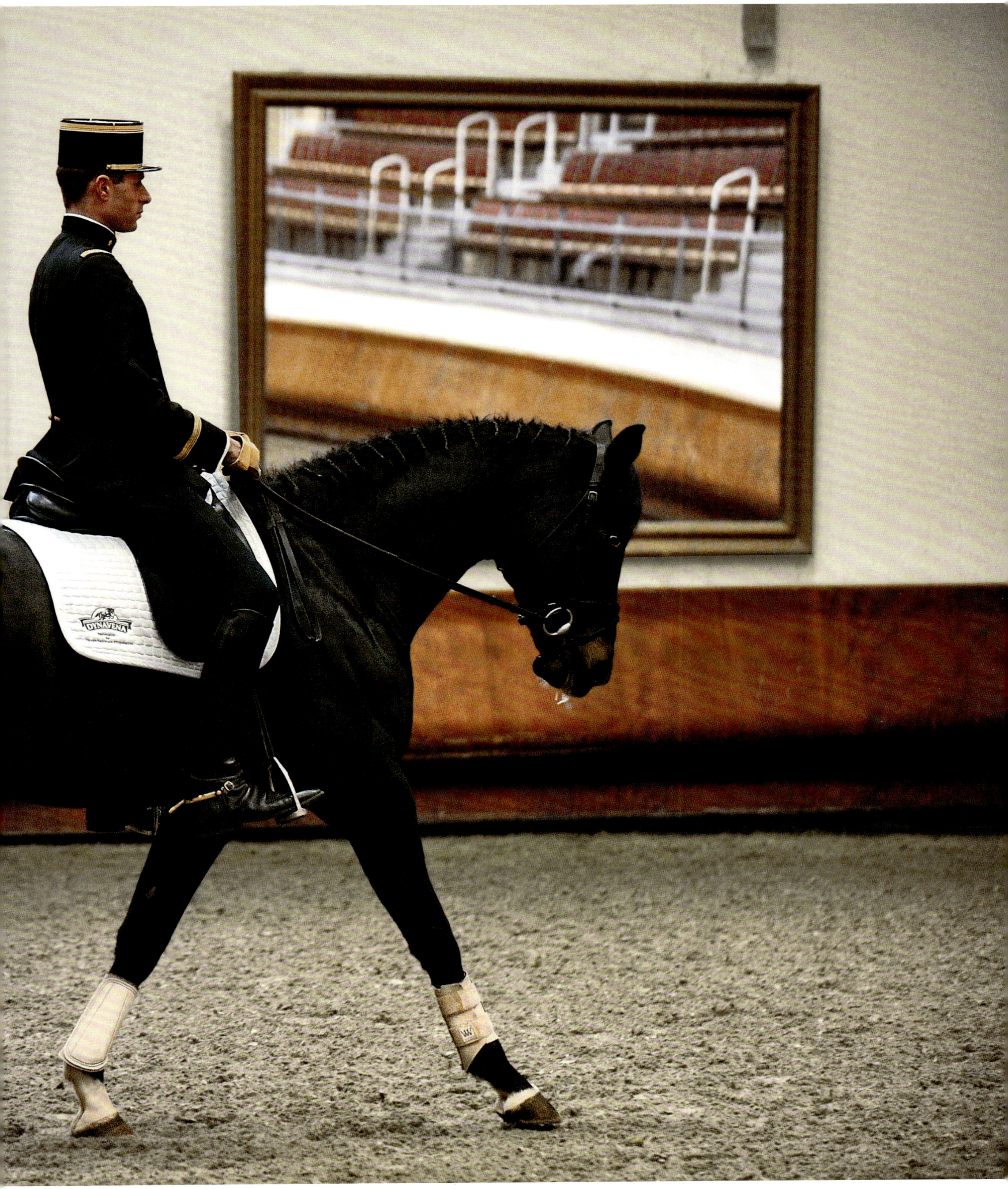
DYNAVENA

所在洲：欧洲

国家：比利时王国、法兰西共和国

2008年入选联合国教科文组织非物质文化遗产名录

· 44-45　圣·乔治与巨龙的战斗是比利时蒙斯屠龙节（Ducasse，也称Doudou）上最激动人心的环节之一。

· 45　巨龙与圣·乔治在蒙斯的大广场上展开决斗。

· 46-47　代表正义的圣·乔治团队和代表邪恶的巨龙团队，各自都穿着本派的特制服装。

巨人和巨龙游行

在比利时和法国的民间和宗教游行期间，这些在大街小巷活灵活现的巨大模型，表明古老传说中的神秘生物，依然活在人类的集体想象中。

这些巨型塑像的原型可以追溯到远古先祖时代，几百年、甚至几千年以前的人类信仰和神话传说的形象在它们身上"复活"了。这些巨人和巨龙是法国和比利时传统节庆游行期间中当之无愧的主角。它们拥有一个融合了民俗元素的复杂身份，这些民俗元素明显带有典型的基督教文化特征。古籍中曾记载，居住在同一个地区的凯尔特人之中，广泛流传着一种用柳条制作形似人类的巨大人偶的习俗。不过，这个风俗也曾有残忍的一面：凯尔特人把战俘装进在柳条人偶里点燃，献祭给他们信奉的天神。幸运的是，这种习俗在中世纪完全被废止了。人们依然会制作类似的雕塑，不过取而代之的是民众用想象力创造的怪物、圣人、国王和历史上的英雄人物。这些人偶被用在节庆和宗教仪式上，并通过他们向文盲传授教义。这段历史可以追溯到文艺复兴时期，1457年，"巨人"第一次在文献中出现。而这个载入史册的人偶是尼维尔（Nivelles，比利时瓦隆-布拉班特（Walloon Brabant）省的一个城市）的巨人歌利亚（Goliath）。

45

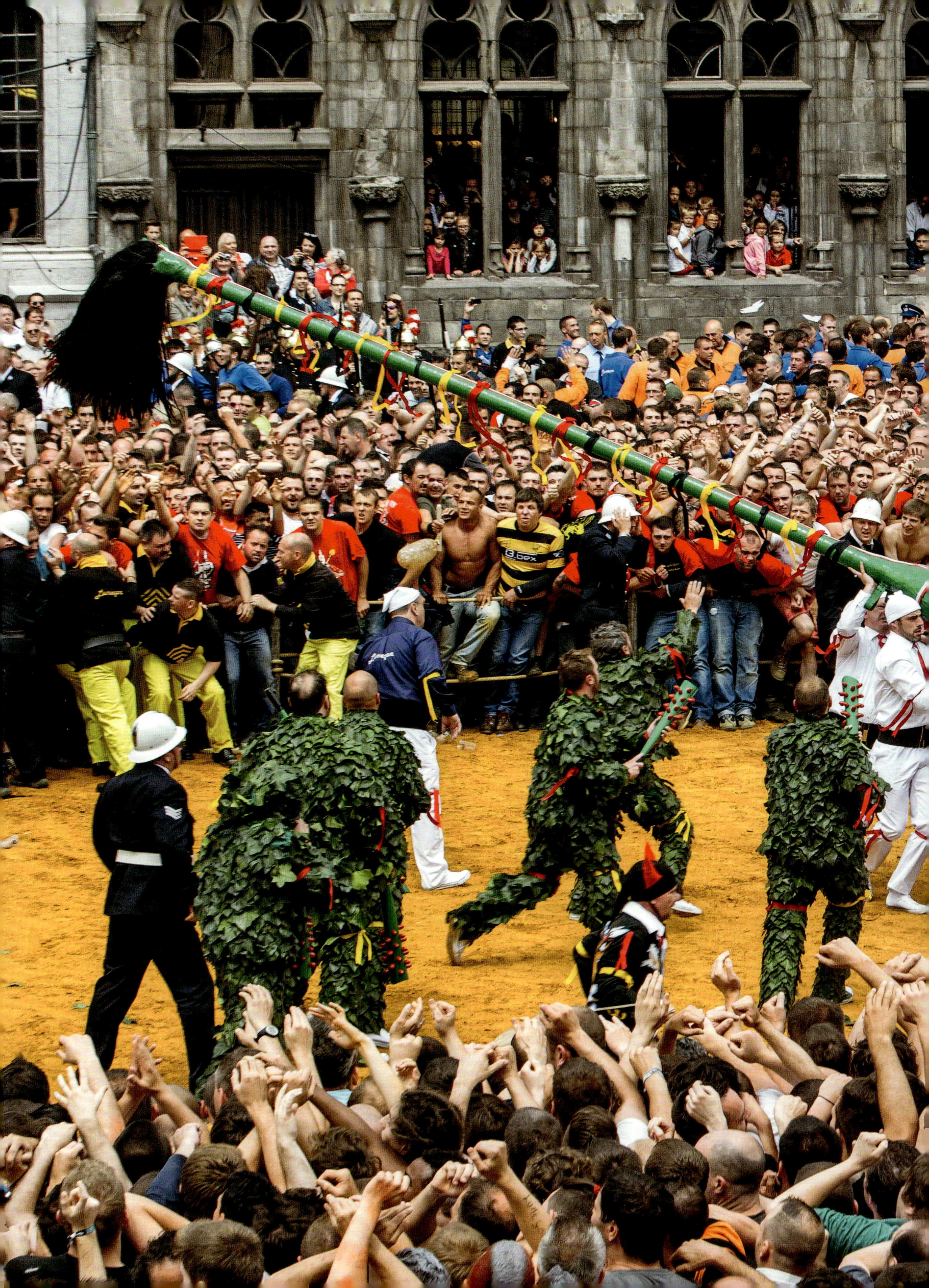

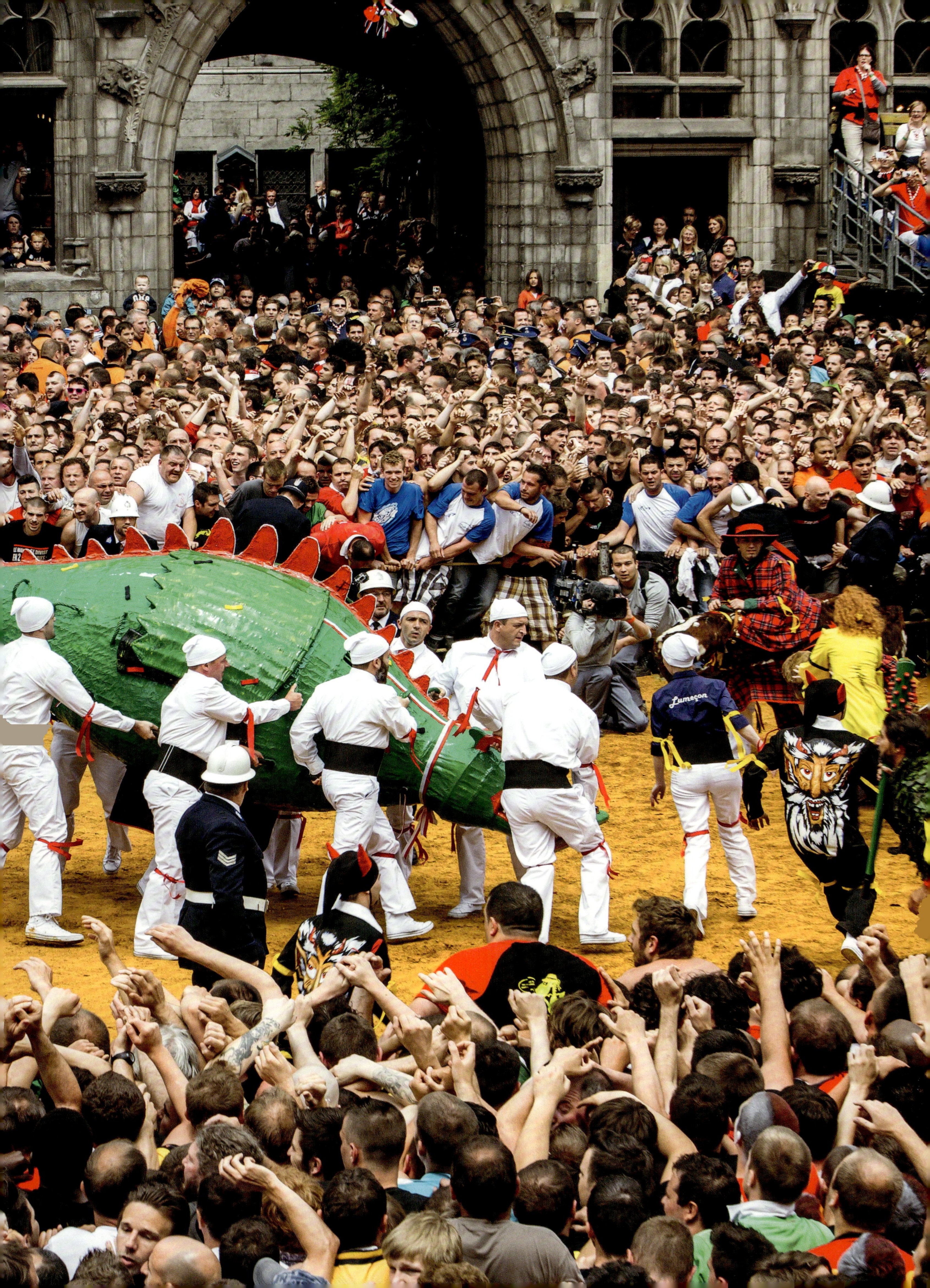
Lumeçon

今天，巨偶游行的习俗在比利时和法国各地以各种形式盛行着，比如阿特（Ath）和蒙斯的巨龙格斗，布鲁塞尔的"五月树"游行（Meyboom），比利时登德蒙德（Dendermonde）和梅赫伦（Mechelen）的古装游行（Ommegang），法国小镇卡塞尔（Cassel）的狂欢节、杜埃（Douai）的巨人节、佩兹纳斯（Pezenas）和塔拉斯孔（Tarascon）庆祝战胜巨龙的节日（传说中，在普罗旺斯出没的假想鳞甲怪兽"塔拉斯卡"被象征性地"杀死"了）。

所有的节日都保留着原始的风貌。在圣灵降临节（Pentecost）之后的那个周末，会举行象征着善恶抗衡的圣·乔治和巨龙战斗的纪念活动。蒙斯的节日庆典也在这场纪念活动中达到最高潮。

·48　每年，普罗旺斯大区的塔拉斯孔镇都会主办大型节庆活动，比如罗讷河口省（Bouches du Rhone）的庆典活动、塔拉斯孔节（Fetes de la Tarasque）。

·48-49　塔拉斯孔庆典上的巨龙。巨型塑像游行非常有人气，在法国各地广泛流传。

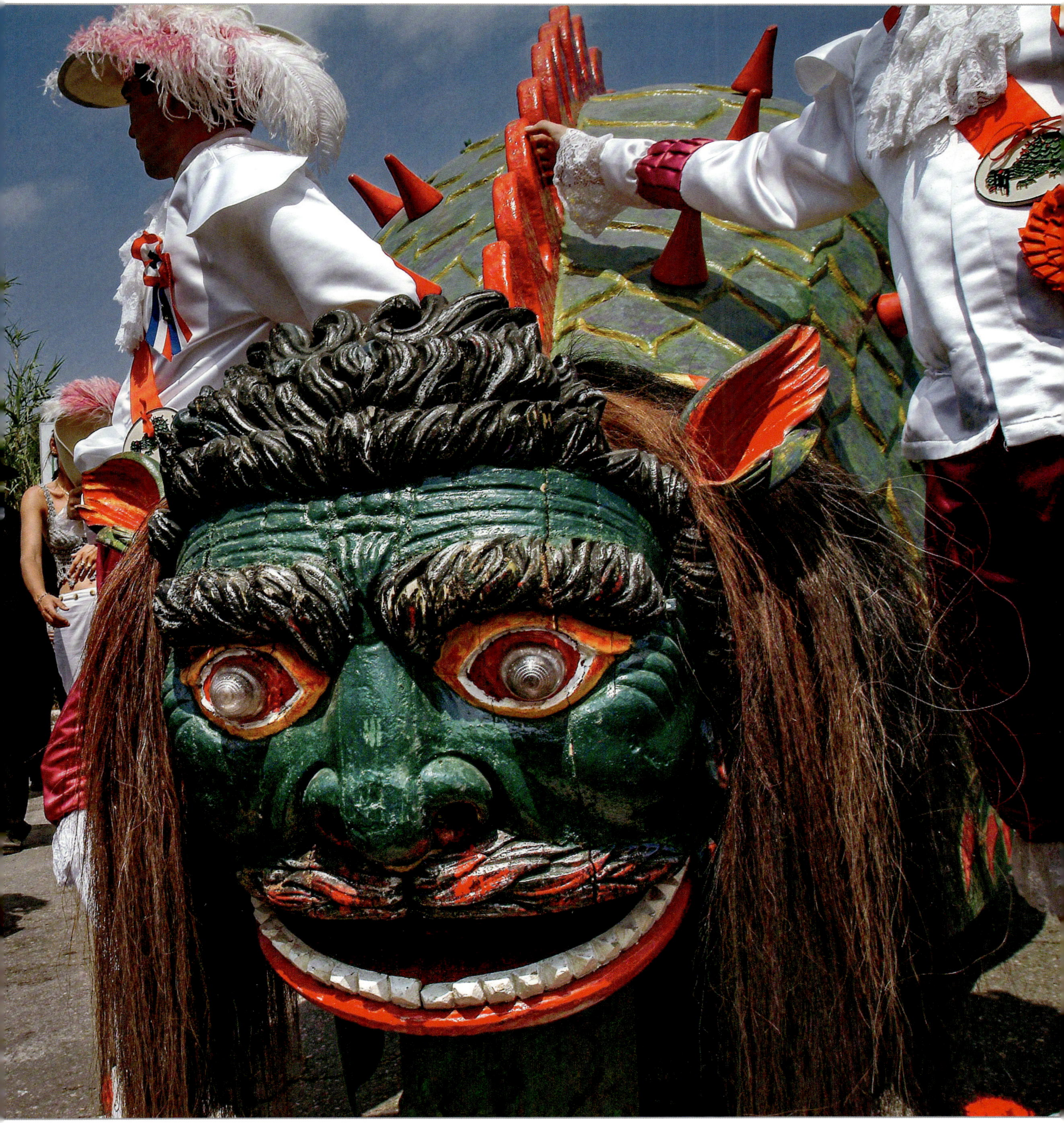

在节庆期间，比利时约有1500座巨型人偶参与游行，法国有450多座。在不同的国家和城市，这些巨偶在大小和外形上也会各有特点、不尽相同。但它们都和人类的过去相关，与每个城镇的日常生活相关。正是它们的存在，让人们对自己生活的社区拥有了更加强烈的认同感。

·50 工匠正在为阿特巨偶游行的主角润色。阿特是比利时埃诺（Hainaut）省的一个小镇。

·50-51 法国杜埃大广场上的巨人家族。家族成员包括巨人和它的妻子玛丽·卡热农（Marie Cagenon），以及它们的孩子：雅克（Jacquot）、菲永（Fillon）和宾宾（Binbin）。

而在阿特，对战的双方分别是少年大卫（David）和巨人歌利亚，这两个人物出自《圣经》中的一个著名故事。在卡塞尔的狂欢节上，节日的国王和王后是"勒兹爸爸"（Reuze Papa）和"勒兹妈妈"（Reuze Maman），他们也在家庭生活中扮演着各自的角色；登德蒙德节庆的主角则是一匹叫"巴亚德"（Bayard）的马，它是查理曼大帝（Charlemagne）奖赏给骑士雷纳德（Renaud）的神驹。这些拥有传奇色彩的人物，使得节日成为人们获得集体认同感的绝佳时刻。

所在洲：欧洲

国家：比利时王国

城市：东代恩凯尔克

2013年入选联合国教科文组织非物质文化遗产名录

东代恩凯尔克的马背捕虾传统

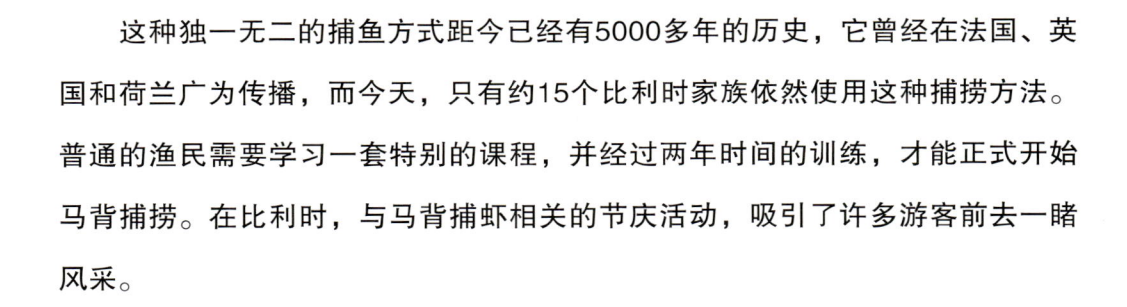

这种独一无二的捕鱼方式距今已经有5000多年的历史，它曾经在法国、英国和荷兰广为传播，而今天，只有约15个比利时家族依然使用这种捕捞方法。普通的渔民需要学习一套特别的课程，并经过两年时间的训练，才能正式开始马背捕捞。在比利时，与马背捕虾相关的节庆活动，吸引了许多游客前去一睹风采。

如果你曾经到访比利时东代恩凯尔克（Oostduinkerke）的北海（North Sea）海岸，那么你将有幸目睹这样一番鲜见的奇趣景象：穿着油布雨衣的渔夫们骑着重型挽马、拖着渔网，在海浪中穿行，马鞍两侧挂着装满虾的篮子。

比利时西北海岸线科克赛德市（Koksijde）的延伸段，全是沙地，而且没有建造类似悬崖或者防波堤这样的"障碍物"。寒冷的北海每天都会有两次退潮，在退潮的漫长时间里，渔夫们就会牵着他们强壮的"布拉曼特"（Bramant）重型挽马来到深度不超过1米的水域。开始捕虾之前，渔夫会用铁链在海底拖行疏浚，这个过程需要持续1个多小时。铁链的震动会使虾跳出沙子，落入用木板撑开的约30米长的巨大漏斗形拖网中。捕捞结束后，渔夫会从马鞍两侧的篮子里挑拣出小鱼和螃蟹送回海里，剩下的便全是珍贵的比利时灰虾。灰虾是在当地最好的海鲜餐厅都能品尝到的特色食材。马背捕虾这种捕捞方式是在尊重海洋生态环境的前提下展开的。温暖的4月到10月，是满载而归的捕捞季节，每次捕捞可以收获40多公斤灰虾。这一带的海域永不冰封，所以全年都可以实施捕捞。

今天，只有少数渔民还在从事这项工作，他们是整个北海海岸传统活动最后的继承者。尚存的这15个马背捕虾家族，每家都是渔网编织以及驯驭布拉曼特挽马的专家，他们也通过这份"第二职业"为家庭增加了收入。

· 52-53 退潮期间的北海海滩上，东代恩凯尔克的渔夫们驾着布拉曼特挽马拉的捕捞车。

比起传统的钓鱼竿或者渔船捕捞，骑马用拖网捕捞的方式要求渔夫对潮汐和洋流有深刻的了解，以避免被卷入大海。

· 54和54-55　渔夫在最大的一次落潮前的几个小时里捕虾，捕满一篮子的虾需要耗费3小时左右。

这种捕捞传统由祖辈世代相传下来，只要它还在继续传承，捕虾家族会一直向新的成员敞开怀抱。尽管从事马背捕虾的通常只有男性，但也有女性渔夫加入这个行列。

为了最大限度地留存和发扬这项捕捞传统，东代恩凯尔克国立渔业博物馆（National Fisheries Museum of Oostduinkerke）开发了一套实操训练课程，学员们通过所有考核项目后方可顺利结业。面对游客群体，当地也组织开展了以灰虾为原料的特色烹饪课程和美食品鉴活动。自1950年以来，每年6月下旬，东代恩凯尔克都会举办捕虾节日，除了音乐会、街边美食摊位，还会有以创意花车和人偶表演为亮点的捕虾游行。

风车和水车磨坊主工艺

每年夏天，在荷兰西部的村庄金德代克（Kinderdijk，或称"小孩堤防"），都可以看到许多运转的风车。这些风车拥有300多年的历史，通过它能够将沼泽地里的积水排出。磨坊主协会通过开展教学活动，为当地社区保留了一项具有重大历史意义和文化价值的传统工艺。

荷兰的风车是具有地标性质、为数不多的由人类创造的景观之一。它们是整个国家的代表，象征着几个世纪以来人民的勤奋和智慧。为了感念风车和水车的发明，荷兰人将五月的第二个星期六定为国立节假日。风车的作用是保护围垦区的耕种地，围垦区的这些低洼地是人们利用运河网和人工水坝从北海水域中开垦出来的。现在，这些风车已经被现代化的泵站所取代，但毋庸置疑的是，它们依然是这片风光无限的土地上最夺目的风景线。在靠近鹿特丹的村庄金德代克，有19座建造于1740年的风车，目前都已经受到官方机构的保护。金德代克村也已被联合国教科文组织列入世界遗产名录。金德代克在荷兰语中是"孩子的堤防"的意思，它来源于1420年的一则神话故事。在一场大洪水中，一只载着婴儿和猫的摇篮被水流

所在洲：欧洲

国家：荷兰王国

2017年入选联合国教科文组织非物质文化遗产名录

·56　金德代克村，一位磨坊主正在检查风车的帆叶。荷兰曾经有多达20万座风车，目前剩下约1000座。

·56-57　圩地、郁金香花海和风车，共同组成了荷兰乡村风貌的经典图景。

冲上了堤坝。

　　风车是由多种不同的材料（稻草、石头、砖）建造而成的，它们的基座有的是圆形的，有的是八角形的。坐落在阿尔布拉瑟丹（Alblasserwaard）地区辽阔的草原上的风车，在风势利好的情况下，七月和八月的每个周六它们都会运转。其中的一座风车会向公众开放，展示18世纪荷兰磨坊主的生活环境和工作条件。风车有四层，第一、二层是磨坊主全家生活的空间，第三层里的壁炉用来熏制鱼类，顶层装有齿轮和旋转盖，这使得叶片的位置可以根据水流的方向改变，从而实现风车的主要功能：防止海水泛滥。风车和水车被列入联合国非物质文化遗产名录，不仅是由于它们独特的构造，还在于操作和维护它们所需的专业技术知识和能力。

·58　目前，风车齿轮的保养和维护其高效运转的工作，由仅剩的几位磨坊主在义工的协助下负责。

·58-59　风车旋转盖下面的机械装置可以启动泵、油压机或者夹板锤。

今天，风车和水车磨坊技艺的保护和传承依赖于寥寥数十位的磨坊主和一些志愿义工。1972年，一个由100多名导师和磨坊主组成的协会成立，他们在学校推广了相关课程和培训项目，为荷兰人民的关键身份认同做出了长久的努力和可圈可点的贡献。虽然碾磨小麦的技艺现在已经不再由磨坊主亲自传授给学徒，不过通过开设课程培训，这个协会已经培养了近2000名志愿者磨坊工人。该协会不设门槛，任何希望习得这门技艺的人都可以申请加入。

所在洲：欧洲

国家：德意志联邦共和国

2017年入选联合国教科文组织非物质文化遗产名录

·60-61 柏林大教堂的巨大管风琴由德国人威廉·绍尔（Wilhelm Sauer）于1905年建造。它有4排键盘，每排键盘上有56个琴键。

管风琴制造工艺和音乐

管风琴音乐作为德国宗教文化的独创性表达，除了在教堂中演奏，也常见于大大小小的节庆活动中。每年它都会吸引成千上万来自世界各地的音乐爱好者前去现场朝圣。管风琴精妙的秘密在于它各个部件的精湛品质，打造这些部件的是一群拥有深厚底蕴的杰出大师。

若谈德国音乐，就不会跳过管风琴。管风琴这种乐器最早服务于各种宗教活动，在信奉路德教派的联邦州，管风琴作为通奏低音（basso continuo）为圣歌伴奏，有时也用来演奏更明晰、更复杂的主旋律，升华人们的灵魂以更接近上帝。这也解释了为什么在16世纪和17世纪——也就是管风琴的黄金时代，深受德国影响的最伟大的作曲家们所创作的音乐，都会被用在宗教集会等场合。伟大的德国管风琴音乐分为两个主要流派：一派是兴起于16世纪的北德乐派，该乐派受到荷兰作曲家和管风琴演奏家扬·皮泰尔索恩·斯韦林克（Jan Pieterszoon Sweelinck）的影响，在德国作曲家海因里希·许茨（Heinrich Schutz）和管风琴演奏家迪特里克·布克斯特胡德（Dietrich Buxtehude）的努力下日臻完善；另一派是南德乐派，其风格深受意大利音乐的影响，该乐派的奠基人是意大利音乐家吉罗拉莫·弗雷斯科巴尔迪（Girolamo Frescobaldi）。而尝试将这两派风格结合起来、并将这种流派推向顶峰的，正是有史以来最伟大的作曲家之一——约翰·塞巴斯蒂安·巴赫（Johann Sebastian Bach）。即使是在大众古典乐迷的眼里，巴赫都是管风琴音乐的集大成者。

诚然，一种音乐的存在和发展是需要不断与演奏它的乐器展开对话的，管风琴音乐也是如此。这就是从巴洛克时期以来，作曲家、音乐家和管风琴制造者三者之间酝酿出的一种极其紧密的联系。通过反复的实验，这种联系得以加强，对管风琴本身的质量产

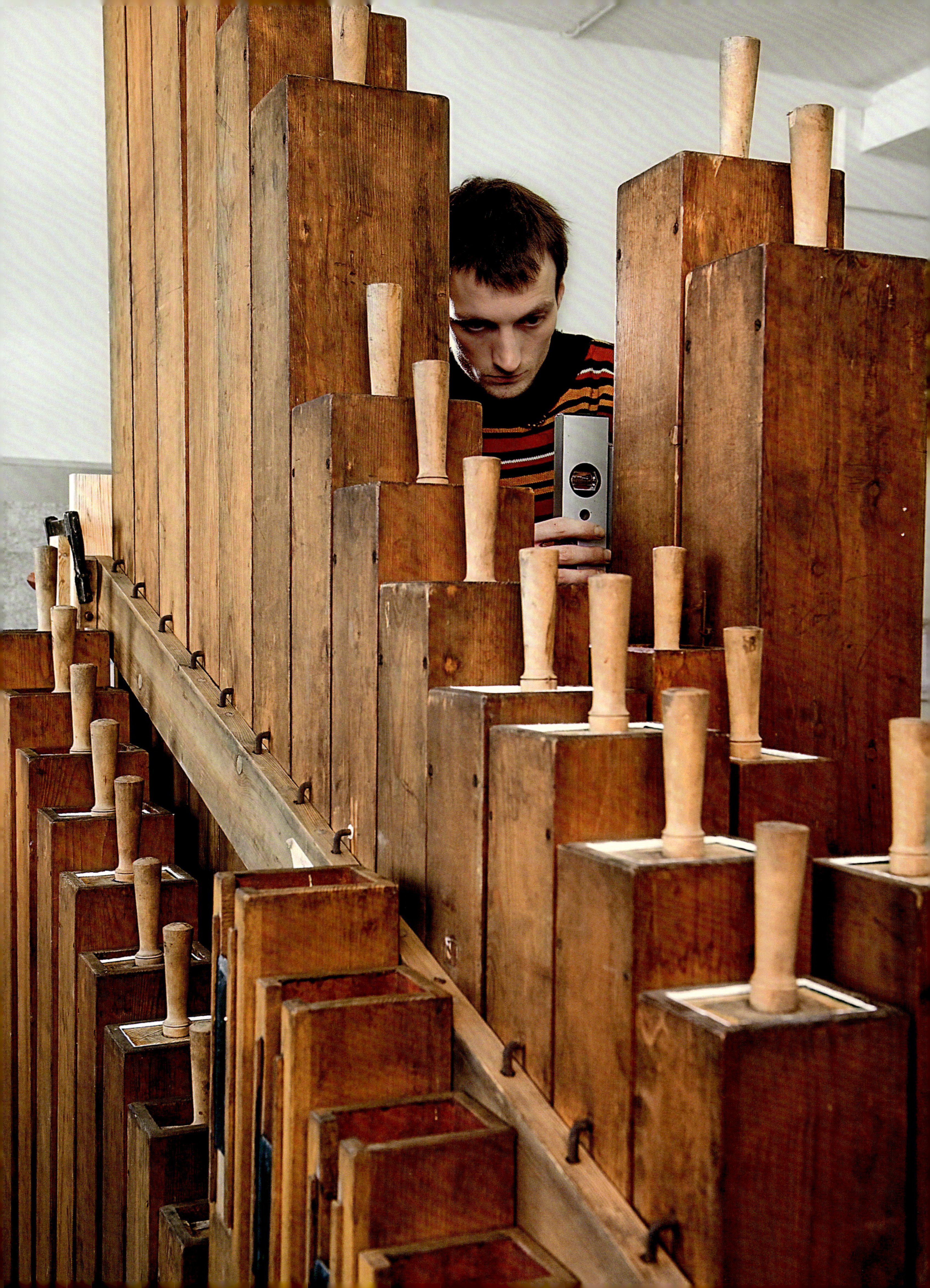

生了极大的影响。每一件乐器都会被打磨成与其演奏环境（无论是在教堂还是音乐厅）相适应的最佳状态，最终找到属于它们的一种独一无二的对话模式。

　　从对制作乐器各部分所采用材料全面深入的认识和了解，到对相关的技术知识和声学原理的掌握，管风琴的制造技艺高度专业化，涉及众多领域的专业技术知识。与此同时，古老的管风琴制作工艺也在持续不断地进行技术精进。在管风琴制造行业，实践制作技能由大师在其工作坊直接传授给学徒，而理论方面的知识则由专门的学校和学院教授。目前，德国管风琴制造业有2800多名从业人员，他们活跃在400多家公司和各种家族经营的作坊。目前，整个德国约有5万架管风琴。

·62-63　管风琴制造师在位于德国图林根州（Thuringia）迈宁根（Meiningen）的实验室内工作。德系的管风琴，尤其是巴洛克时期的管风琴非常雄伟震撼，管风琴外部的金属音管呈三角形或半圆形状有序排布。装饰音管是一项非常精细的工作。

国王游行马队

在圣灵降临节上（Pentecost，也称"五旬节"），捷克摩拉维亚（Moravia）地区的一些村镇会加入国王及其随从骑马游行的行列。参加游行的都是男孩，其中一些穿着女性服饰。这个游行是标志着男孩们进入成年期的一项历史传统活动。

"住在平原和山上的居民、马夫还有陌生来客们，关于圣灵降临节我有话要说，请你们留心听好：我们的国王实在过于贫穷。"在欢呼声中，国王的骑士们护送着他们的臣民，沿着捷克共和国东南部摩拉维亚地区维尔茨诺夫村（Vlčnov）的道路行进。这就是国王游行马队的景象。这种传统习俗曾经风靡整个捷克，但目前只有少数城镇依然在举行这项活动，例如赫卢克（Hluk）、库诺维察（Kunovice）和斯科罗尼茨（Skoronice）。实际上，只有维尔茨诺夫村依然在每年五月的最后一个星期天，举办国王马队游行，这个时间也恰逢圣灵降临节。

这场庆典也是一个成人仪式。在国王与其随从骑马行进的过程中，节日的氛围也达到了顶点，即将迈入成年的青少年获得了成年公民的礼遇——在游行队伍中扮演国王随从的机会，且一生只有一次。而国王的扮演人选年龄必须在十到十五岁之间，并且身着女孩的传统装束。庆典的活动还包括民间艺术的展览会、管乐和流行音乐的音乐会、品酒会和手工艺品市场。在宗教仪式和村长的开场致辞之后，仪式正式开始。骑士们的服装是由村里的妇女亲手缝制的，马匹身上的纸质装饰也是她们制作的。事实上，她们拥有超凡的想象力。1999年，维尔茨诺夫镇就曾经登上了吉尼斯世界纪录，缘由是当地妇女们为成人和儿童设计和制作了式样最丰富的节庆服饰。骑行在歌手的演唱声中开始，队伍后面跟着手持军刀的仪仗队。国王的脸被遮住了一部分，口中衔着一朵玫瑰。他的侍从们也穿着女装。游行马队的人们口中背诵着箴言，比如："如果你的岳母和我们同行，你不必忧心。一口上好的葡萄酒会让你轻松很多。"同时，表演的歌手们会将得到的打赏放进钱包或直接塞到骑

所在洲：欧洲

国家：捷克共和国

2011年入选联合国教科文组织非物质文化遗产名录

·64-65 捷克摩拉维亚（Moravia）地区库诺维采镇（Kunovice）五彩纷呈的马队游行。游行结束前，在"国王之屋"会有节庆音乐和舞蹈表演。

士的靴子里。

尽管这种习俗的渊源不甚明确，但可以确定的是，早在1808年（维尔茨诺夫镇的圣灵降临节开始常规化的时间）以前，它就已经存在了。它可能来源于传统的基督教节日，也可能与古代非基督教教徒为获得丰收而举行的安抚神明的仪式有关。

从世代相传下来的许多口头传说中可以了解到，这种习俗与波西米亚战争（Bohemian War，1468—1478）有关，当时波西米亚国王波杰布拉德的伊日（George of Poděbrady）的领地被他的女婿、信奉天主教的马加什·科维努斯（Matthias Corvinus）的匈牙利军队占领。马加什·科维努斯战败后，扮成俘虏掩人耳目，他穿上女装、用丝带遮住脸逃亡。而他的随行侍从则被迫向当地民众乞求施舍，以养活他们的子民。从这个意义上说，这段历史就是一种遥远的回声，以节庆的方式延续回响至今。

·66-67 按照传统习俗，"国王的骑士们"会穿着女装，纪念传说中为了不被敌人认出而乔装成女人的马加什·科维努斯。

·67 "骑士"所穿裙子的细节特写。游行服装的版型和装饰每年都会有所变化。

莫哈奇的冬末面具狂欢节

所在洲：欧洲

国家：匈牙利

2009年入选联合国教科文组织非物质文化遗产名录

在匈牙利最古老的狂欢节上，戴着木质大面具、身披羊皮斗篷的"布索人"（Busó）会重现1526年战胜土耳其人的胜利场景。克罗地亚的少数民族将这个传统带到了匈牙利。市中心广场上燃起的篝火焚烧棺木，标志着狂欢节的结束，它象征着冬季在篝火中远去。

"面具节！面具节！"孩子们在狂欢庆典的开幕式上欢呼着。这是濯足节（Maundy Thursday）的莫哈奇（Mohács）——匈牙利南部一个拥有约2万人口的小城，它也是仅次于布达佩斯的全国第二大商业中心。面具节是匈牙利最古老的狂欢节，它是一场纪念历史和述说传奇故事的极乐盛宴。这种庆典最初是克罗地亚的少数民族的传统活动，他们在这座城市已经居住了上百年。在大斋节（Lent）前的六天，大街上满是衣着褴褛的孩子，他们朝着当地的女人扔木屑、土灰和面粉。到了周日那一天，男人们头戴木质大面具、身披羊皮斗篷，在配上牛角和牛铃，变身"布索人"。

- 68　穿着羊皮斗篷的面具人，走在莫哈奇大雪覆盖的街道上。
- 69和70-71　由柳木雕刻而成的一枚带有长牛角的面具。过去，这些面具是用动物的鲜血染色的。

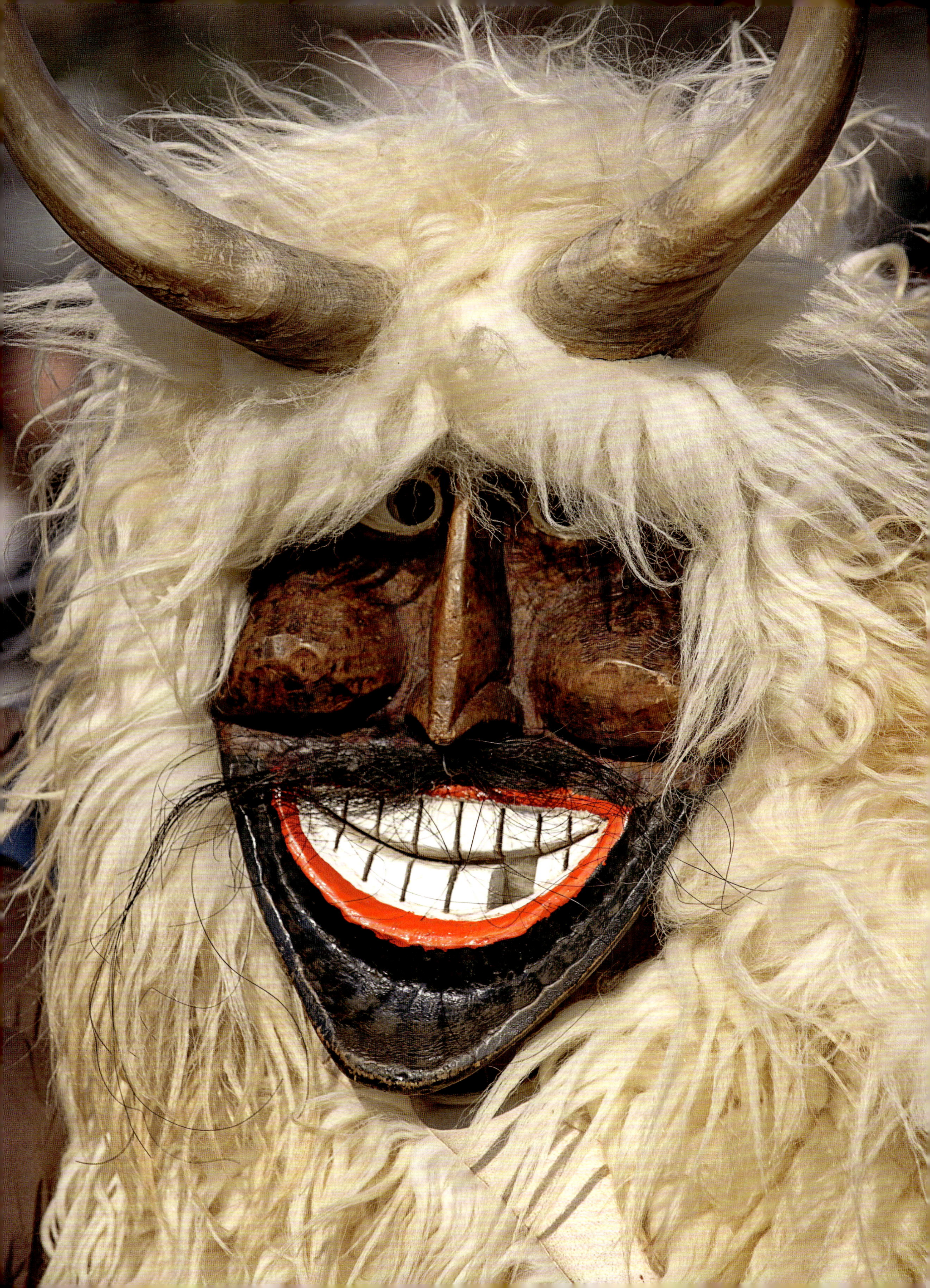

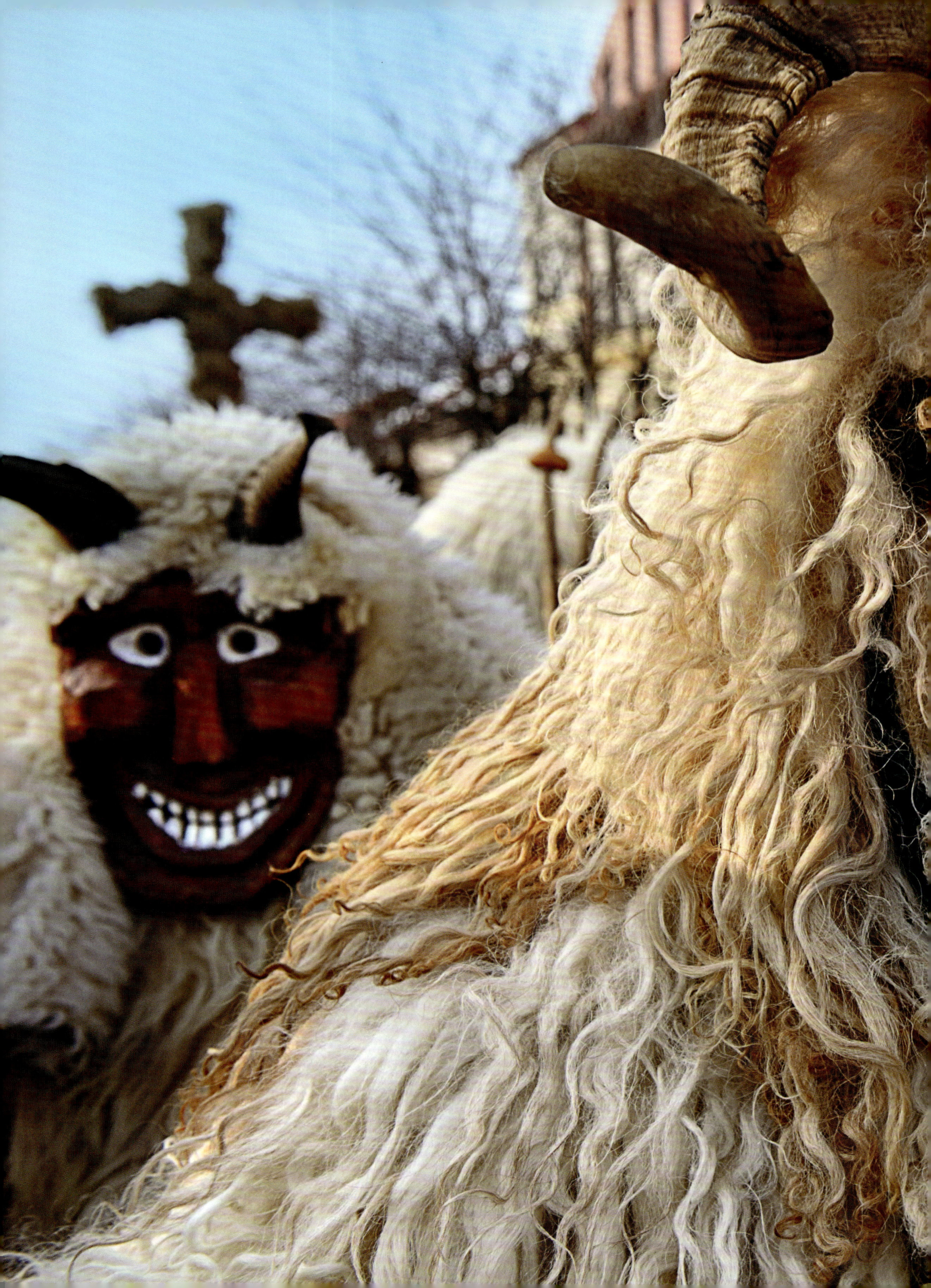

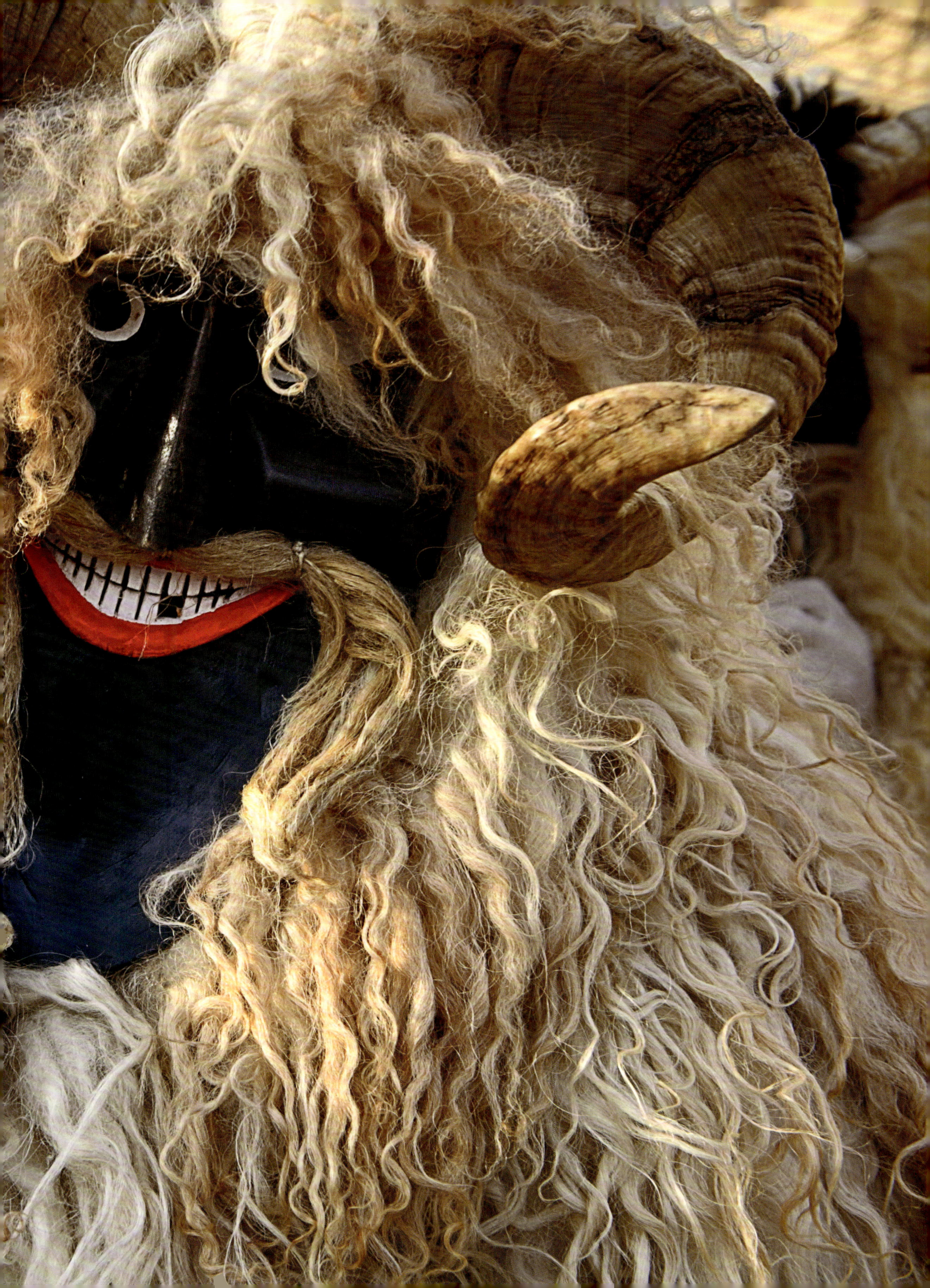

这些"布索人"利用马车、划艇（沿着多瑙河）等各种的交通工具陆续来到莫哈奇镇。随着一声号角，他们便前往科洛广场集结，一起嬉闹玩乐，围着巨大的篝火堆，跟随着牛铃声、手杖上铁链的响动声和炮声疯狂地跳舞。"布索人"的服饰和动作令人想起16世纪时，土耳其人被驱逐出莫哈奇的民间传说。据传，村里的居民躲到了村庄对面的多瑙河的一座岛上，他们在那里做好可怕的面具戴上，又在腰间佩戴上牛铃，然后过河恐吓土耳其人，土耳其人慌乱逃跑之后再也没有回来。

在狂欢节的最后一天，也就是忏悔星期二（Mardi Gras），城市里回荡着音乐，摊位上摆满了油炸馅饼和卷心菜，街边还能看到手艺匠人，比如制作柳条制品和面具的木雕师。而在主广场上，人们将冬天的不安与烦闷埋进棺材，然后点燃篝火烧毁，迎接春天的到来。

·72 狂欢节的周日，莫哈克斯的科洛广场上，"布索人"跳起了狂热的舞蹈。
·72-73 狂欢节在向市政厅行进的游行活动中走向尾声。市长会邀请"布索人"品尝面包、葡萄酒和格拉巴酒。

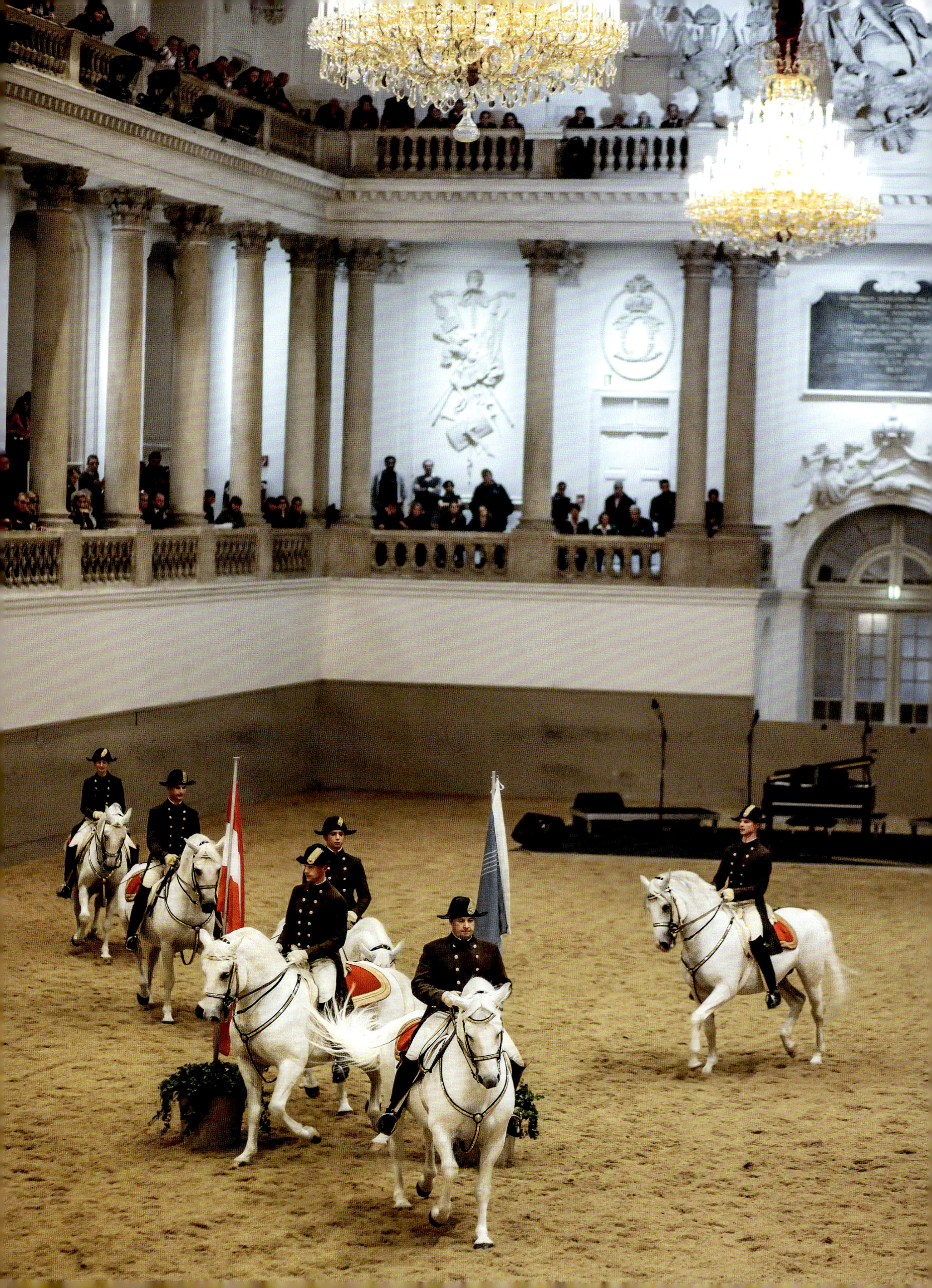

传统骑术及其在维也纳西班牙马术学校高中部的教育与传承

所在洲：欧洲

国家：奥地利共和国

城市：维也纳

2015年入选联合国教科文组织非物质文化遗产名录

优雅的利皮扎马（Lipizzaner）、身穿燕尾服的骑士让马术成为一道风景线，令人回想起中世纪的战斗和比赛，以及文艺复兴时期的马术艺术。西班牙皇家马术学校的骑术并没有专门的训练手册，在400多年的时间里，一切都靠世世代代口耳相传沿袭了下来。

它们随着贝多芬、莫扎特、舒伯特和施特劳斯的音乐翩翩起舞，优雅得令人窒息。无论你是否喜爱马，观看世界上最古老的马术学院——维也纳西班牙皇家马术学校（Spanish Riding School of Vienna）的利皮扎马马术表演，都会是一次极其难忘的体验。维也纳霍夫堡宫冬季骑术学校仍然保留着18世纪的陈设，它的前身是奥地利哈布斯堡王朝的宫苑。学校的风采和晨练的场景吸引了欧洲各地的人们前来参观。马术表演的独创性是吸引他们前来的主要原因，表演的项目包括：四对方舞（quadrille）——八匹或十二匹马同时前进；双人舞（pas de deux）——两匹马做镜像动作；慢步小跑（piaffe）——以马在原地有节奏的小跑步为特点。

·74 兔毛双角帽、双排六颗黄铜纽扣的精纺褐色燕尾服、鹿皮白色裤装、黑色皮靴和手套——西班牙皇家马术学校的骑士制服令人追忆起古老的时光。

·75 骑士的鞍褥上用金线刺绣着花纹。利皮扎马出生的时候皮毛是黑色的，长大后会逐渐变成淡灰色，或者是白色。

• 76-77　利皮扎马是西班牙皇家马术学校唯一驯养的品种，它的名字来源于利比卡（Lipica，今天的斯洛文尼亚）的皇家种马场。该马场由罗马帝国皇帝马克西米利安二世（Maximilian II）的兄弟建造。

利皮扎马是欧洲最古老的驯马品种之一，它们强健、优雅，并且轻盈而灵动，可以将盛装舞步中最高难度的动作表现到极致。比如，在直立跳跃（Courbette）这个动作中，马用两个后肢支撑身体进行连续跳跃；腾跃后踢（Capriole）时，马的四肢腾空跃起，前肢收在身体下方，后肢向后踢出；而在前肢起扬（Levade）这个动作中，马的前肢抬起，靠两个后肢站立于地面，并且在几秒钟之内保持这种姿势。

这绝不是马戏。即使是最复杂的动作，基于利皮扎马的身体条件和特性也能轻松地驾驭。当它们还是小马驹的时候，就可以在施蒂里亚（Styria）的牧场上随意欢快地蹦跳、奔跑、玩耍和飞跃。施蒂里亚是位于皮波尔村（Piber）的育马基地，那里是守护纯种利皮扎马繁衍和成长的家园。

马术表演之所以如此精彩绝伦，其奥秘在于让马按照自己的意愿去完成各种动作。这要归功于训练中的奖励（方糖和爱抚）和惩罚。这些惩罚不含任何暴力元素，通常是让马重复去执行一些动作。利皮扎马参加正式的公开表演之前，至少需要五年的训练时间。在此期间，驯马师——同时也是这匹马的骑士，会努力和这它建立起一种接近共生的关系。向马术学校的学生们传授积累沉淀了上千年的知识和秘诀的，也正是这些马术大师。驯马师的遴选十分严格，只有极少数候选者最后能获得认可或成为骑士。这是无可非议的事，毕竟他们肩负着的是令人骄傲的重任：把古典马术继续传承给未来的世世代代。

那不勒斯比萨制作技艺

感谢那不勒斯比萨师傅，赋予了比萨名不虚传的经典香味。在精巧的手法中，一道道严格的工序步步推进，比萨的艺术完整地展现在了人们眼前。这些传承了数百年的经验和技巧，保证了比萨面团拥有足够的弹性。

那不勒斯比萨享誉世界，拥有十分悠久的历史。比萨师傅的技巧如果不够纯熟，做出来的比萨就不能被称作"如假包换"的正宗那不勒斯比萨。只有深谙比萨香气秘密的大师，才能准确地把握每一个制作细节。从面团的揉捏到烘烤，比萨的制作工序包含了不同的阶段。过去，学徒们在开放式厨房学习制作比萨。现在，那不勒斯有专门教授比萨制作课程的学院。面团一旦揉捏完毕，就开始发酵膨胀。经过几小时的发酵后，面团经手工捏成球状静置，等待再次发酵后，就可以进入延展和拉伸面团的阶段了。当这些面团发酵完毕，拥有足够的弹性时，师傅就会把面团按压成边缘凸出、内部凹陷的圆饼状形，这样做可以把发酵过程中产生的空气挤压到边缘。接下来，通过拍打圆饼的方式来延展面团，或者将面团在空中旋转成一个圆圈，这样就能将空气均匀地打入面团。这也是比萨制作最精彩的一步。最后，将装点好各种食材的比萨放进烧木烤箱中烤熟，即可出炉享用。

所在洲：欧洲

国家：意大利共和国

城市：那不勒斯

2017年入选联合国教科文组织非物质文化遗产名录

·78　那不勒斯比萨制作技艺被列入联合国教科文组织非物质文化遗产名录的一大原因，在于它已经成为一种开放式厨房的一种社交礼仪。在这个特别的"舞台"上，食客们一同在欢愉的气氛中体验比萨制作的艺术。

·78-79　正宗的那不勒斯比萨必须放进烧木烤箱中进行烤制，这样出炉的比萨才会散发出一种独一无二的香味。

巨型肩扛圣人游行活动

信仰、传统和文化认同是巨型肩扛圣人游行活动的精神内核。作为意大利最受欢迎、最虔诚的宗教活动之一,该游行活动最独特的地方就在于:上百名志愿者会齐心协力扛起装饰有守护神雕像的巨大而精密的游行装置,护送它们穿越过大街小巷。

8月和9月,在意大利的一些城市可以看到各种宏伟的游行装置,这种装置被称为"移动的宗教纪念碑"。在游行活动的规划和准备阶段,整个社区都会参与其中。人们需要设计这些巨大装置的构造,规划复杂的运送流程。他们还为保留了这项古老传统的城市创建了一个共享的网络,其中包括:每年夏天举行烛台节(Descent of the Candlesticks)的萨萨里市(Sassari);一年一度欢庆百合花节(Festival of Lilies)的诺拉镇(Nola);为纪念圣母玛利亚举办瓦里亚节(Varia,也称Holy Wagon,即"神圣花车"节)的帕尔米镇(Palmi);以及举办圣罗萨灯塔游行(Tower of Santa Rosa)的维泰博市(Viterbo)。

在意大利萨丁大区的萨萨里市,庆祝活动在每年8月14日举办。这座城市信守着对圣母玛利亚的誓言。据说,在遥远的过去,圣母玛利亚曾经将这座城市从瘟疫中解救了出来。烛台节的传统活动,是由各个贸易和手工艺行会的代表者组成的运送团队,抬着类似巨型蜡烛的高大木柱子,沿着萨萨里的巷道游行跳舞。

而在意大利的诺拉镇,在百合花节举办期间(如果当天是周日,则在6月22日举办,否则顺延至下一个周日举办),行会同样扮演着主导者的角色。人们把高达25米(82英尺)、经过奢华粉饰的巨型木质方尖碑命名为"百合花"(Lilies),另外参加游行的还有为纪念作出牺牲的主教而制作的"圣保林船"(St. Paolino's Boat)。公元5世纪,西哥特人入侵意大利,主教圣保林放弃了所有的财产并把自己作为人质贡献了出去,从而换回了被奴役的诺拉人民的自由。

8月的最后一个星期日,一声炮响预示着瓦里亚节的启幕。瓦里亚节的举办是为了纪念帕尔米镇的守护神——"圣书圣母"(Our Lady of Scared Letter)。象征着圣母玛利亚升天(the Assumption of the Virgin Mary)的"神圣花车"(Holy Wagon)高16米(52.5英尺)、重20吨,

所在洲：欧洲

国家：意大利共和国

2013年入选联合国教科文组织非物质文化遗产名录

·80-81 百合花节期间，诺拉的主教座堂广场上比肩继踵。八座方尖碑和木船在得到当地主教的护佑后，会被送去展览参赛。

·82 在诺拉，每一座"百合花"方尖碑都需要由128位扛碑人共同肩负。这些身强力壮的男子用几乎同步的移动频率来推动这座建筑。

·82-83 每座建筑都会配备伴奏乐队，在游行的过程中演奏传统的那不勒斯音乐。

由木质底座和一个铁芯组成。200多名青年人肩扛着这座"神圣花车"穿过主街道,这些青年人被称作"车夫",他们是来自工匠、奶农、车匠、农夫和水手这五大行会的成员。

花车上装饰有代表着宗教人物的艺术品。花车顶部的年轻女孩是在游行前一夜挑选出来的,她代表圣母升天,保佑着所有的子民。

灯火辉煌的圣罗萨灯塔高约30米(98英尺),重达5吨多(11,203磅),十分华丽壮观。9月的第3天,守护神的雕像搭载着灯塔,在100多名抬塔青年的拥护下,穿越过维泰博的大街小巷。这个节日是为了纪念圣罗萨(Santa Rosa)的遗体于1258年被移送至圣母玫瑰堂。灯塔的光辉不灭,在全新的世界恒久闪耀着。

克雷莫纳传统小提琴制作技艺

从安德烈·阿玛蒂（Andrea Amati）家族、瓜奈利（Guarneri）家族，到安东尼奥·斯特拉瓦里（Antonio Stradivari）家族，再到继承了小提琴制作传统工艺衣钵的现代工匠们，几个世纪以来，得益于大师们精勤不懈地向学徒传授小提琴制作的技艺和专业知识，克雷莫纳小提琴的精湛工艺得以完好地保留了下来。大师与学徒在工作室日日夜夜潜心实践，运用创造力和渊博的材料学知识，磨砺出了国际级的专业品质。

伦巴第大区的克雷莫纳市是一个世界性的乐器中心，这片热土上云集了学生、音乐家、收藏家、匠人和观光客，他们都被这座城市超一流的制琴工作坊所吸引慕名到此。这些工作坊专注于弦乐器的制造和修复，包括中提琴、大提琴、低音提琴，当然还有最核心的乐器——小提琴。

文艺复兴晚期纯熟的手工艺传统是克雷莫纳小提琴制作工艺的渊源所在，在其后几百年的时间里，这项工艺形塑了整座城市及其经济特征。克雷莫纳市至今依然活跃的专业制琴工作坊有150多个。提到小提琴，人们就会立刻联想到克雷莫纳这座城市，以及两位杰出的制琴师安东尼奥·斯特拉瓦里（Antonio Stradivari）、瓜奈利·德尔·杰苏（Giuseppe Guarneri del Gesù）。

所在洲：欧洲

国家：意大利共和国

城市：克雷莫纳

2012年入选联合国教科文组织非物质文化遗产名录

· 84　制作和组装中的小提琴。每把乐器由大约70个不同的部件组成。

· 84-85　克雷莫纳小提琴制作国际学校的一位制琴师正在制作小提琴。

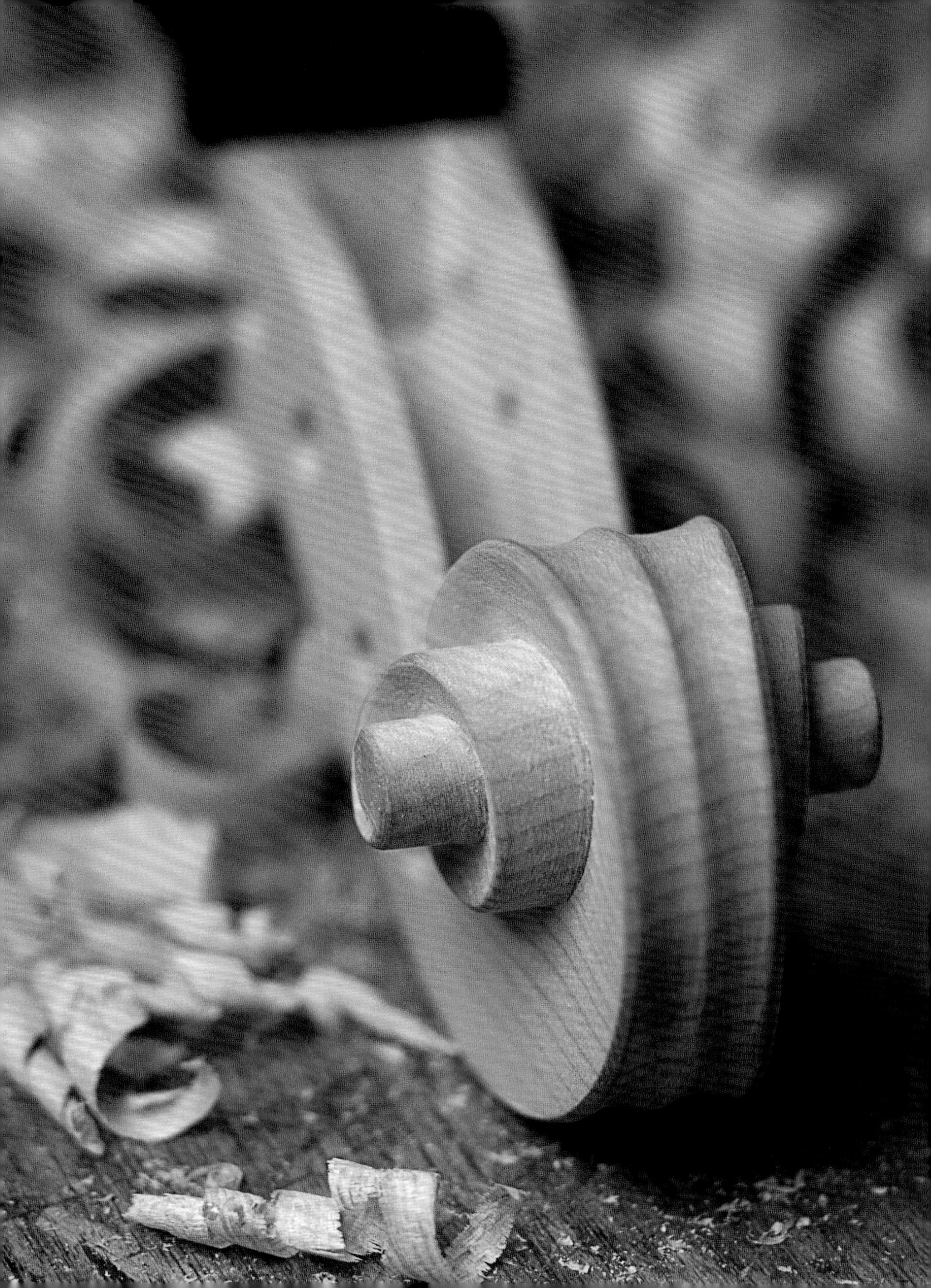

制作小提琴所用的木材种类决定了成品乐器音色的洪亮程度。过去，克雷莫纳的制琴先辈们会对所使用的木材种类进行严格的把控。现代的制琴师匠们则偏好采用枫木制作小提琴的下侧板，用云杉木制作上侧板。

·86　乐器的每个部分，例如图上的琴头，都是在美学和功能的双重考量下精心设计和构建的。一些看似装饰性的细节其实对乐器的音色起着决定性的作用。

·87　F形音孔位于小提琴的音板上，用来增强乐器的共鸣。

这些天才制琴师在17世纪末期和18世纪早期十分活跃，是在专业领域公认的顶级工匠。从那个时代开始，他们呕心打磨的小提琴就成为全世界演奏家们梦寐以求的乐器。这些演奏家包括音乐史上举世无双的小提琴家尼科罗·帕格尼尼（Niccolò Paganini）、当代小提琴演奏家乌托·乌季（Uto Ughi）和伊扎克·帕尔曼（Itzhak Perlman）等。

如今，克雷莫纳提琴制作工艺的光荣继承者们，依然秉持着这种独一无二的传统工艺精神，不断实践和深耕兼顾美学和音乐品质的艺术，制造出独一无二的乐器。这些珍贵的作品被存放在于2013年开放的小提琴博物馆中。每一把乐器的制作完工都严格按照项目图纸的计划推进，通常需要耗费数百个小时、组装数十个木材零件。所有的木材都经过严格的挑选，并在自然条件下风干。而且，每个制作环节都靠手工完成，不采用工业材料或半成品，也不会使用喷漆等技术手段。这就可以解释为什么克雷莫纳的制琴师每年最多也只能产出三到六把琴。

在17世纪，提琴制作通常以家族工坊为单位，通过案例讲解和实操练习由父辈传授给儿子，或者由师傅传授给学徒。今天，比起成为传统意义上的学徒工，制琴爱好者们有了新的选择，那就是克雷莫纳国际制琴学校（Cremona International School of Violin Making）。该学校设有提琴制作的专门课程，自1938年开课以来，吸引了来自世界各地的莘莘学子。制琴学校十分注重培养师生之间紧密的共同作业关系。不仅如此，制琴专业的学生还会在实验室学习绘画、音乐、声学物理绘画等理论课程。正是这些全方位的培养课程，保证了克雷莫纳出品乐器的卓越与经典。

· 88-89　除了深谙技术知识，制琴师还必须掌握音乐知识，这样才能评判和调整声音的纯净度和表现力。

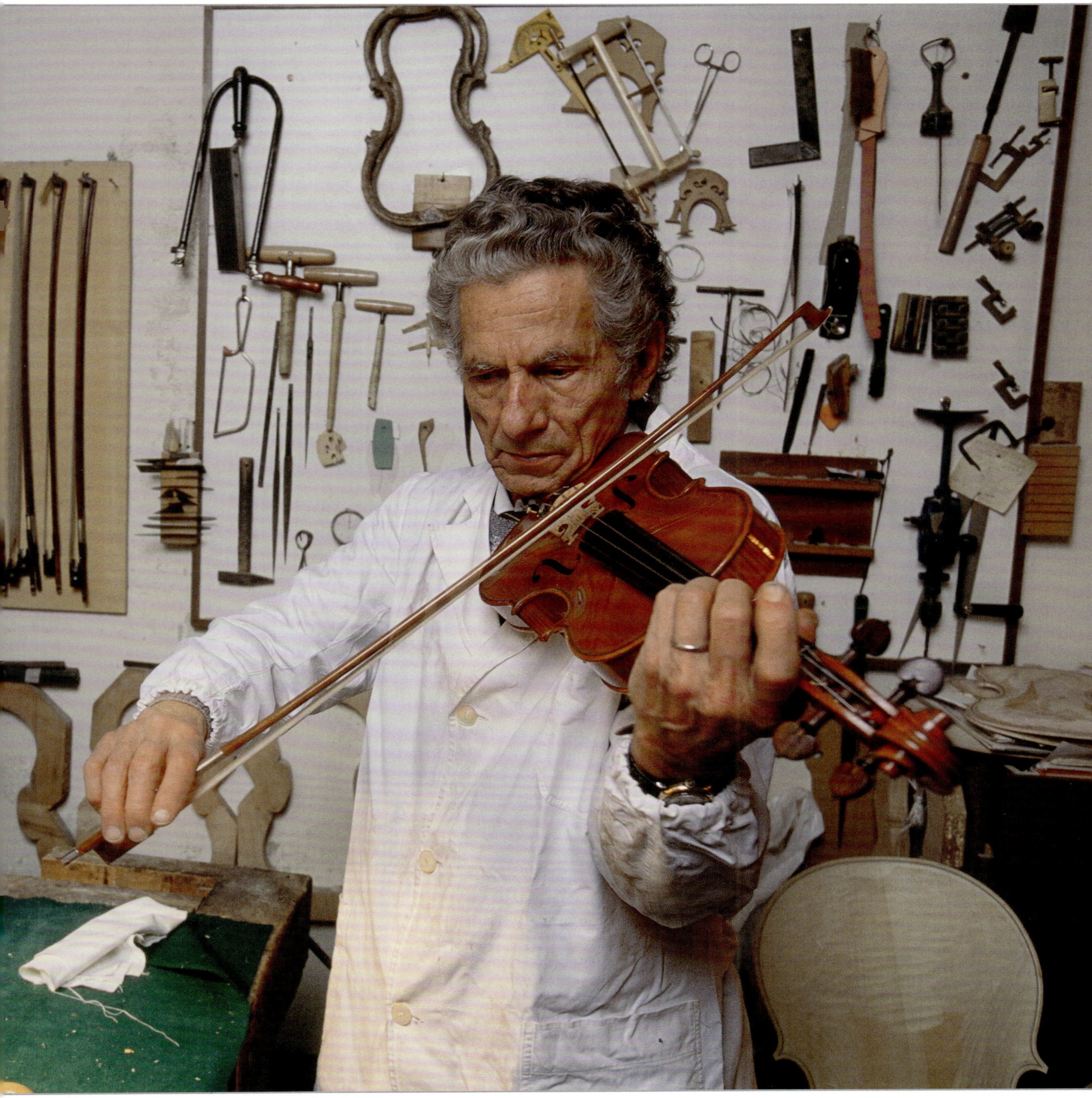

所在洲：欧洲

国家：意大利共和国

2008年入选联合国教科文组织非物质文化遗产名录

西西里木偶剧

爱情与毁灭、忠诚与背叛、信仰与荣誉、唇枪舌剑与武力决斗……三个多世纪以来，木偶剧场——也就是更广为人所知的西西里木偶剧，不断演绎和再现着中世纪和文艺复兴时期的故事。西西里木偶戏是岛上最受欢迎的特色文化娱乐活动，其题材通常来源于骑士传奇、民间传说和历史事件。

在传统提线木偶的基础上，西西里木偶进行了技术升级与改进。身着华服、披着斗篷和金属盔甲，拥有一对闪亮双眸的西西里木偶是用木头雕刻而成的精巧艺术作品。今天，我们依然能欣赏西西里木偶的生动表演，要归功于身兼木偶剧编剧和导演两职的木偶艺术家。木偶艺术家深居幕后，运用藏在木偶身体中的金属操纵杆，赋予它们声音和动作。区别于用粗实系线操纵的提线木偶，利用金属操纵杆表演的西西里木偶，更便于艺术家赋予舞台上形形色色的人物迅速变换的逼真动作。木偶艺术家不仅能够为每个人物调节嗓音，也会通过增加声音效果、背景音效、细节与环境声音（如铠甲的摩擦碰撞）来增加表演的感染力。从18世纪开始，木偶戏就以一种古老的呈现方式在西西里岛出现了，但一直到19世纪，才逐渐发展为成熟的木偶剧院，当时岛上的每个小镇都有自己的木偶剧团。木偶戏虽然发源于平民阶层，但这些剧团对于《罗兰之歌》（Chanson de Roland）和《疯狂的奥兰多》（Orlando Furioso）等史诗篇章熟稔于心。每只木偶都身着特别定制的战士服，通过不同样式的盔甲和披风很容易区分辨认；而穿戴华贵的便是国王，从它的皇冠便能一眼认出。为了表现圣骑士和摩尔人之间的道德鸿沟，艺术家们在木偶的装束和身体特征上作了区别表现。

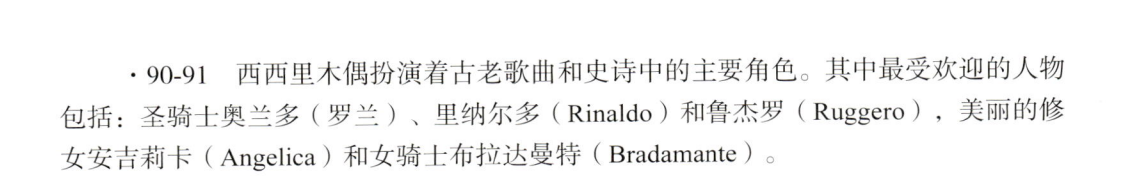

· 90-91 西西里木偶扮演着古老歌曲和史诗中的主要角色。其中最受欢迎的人物包括：圣骑士奥兰多（罗兰）、里纳尔多（Rinaldo）和鲁杰罗（Ruggero），美丽的修女安吉莉卡（Angelica）和女骑士布拉达曼特（Bradamante）。

西西里木偶最重要的两大流派分别是卡塔尼亚派（Catania）和巴勒莫派（Palermo）。这两派出品的木偶各具特色：卡塔尼亚派的木偶高达140厘米，重量在16～20千克；而巴勒莫派的则更轻巧敏捷，高约80厘米，重量不超过8千克。

· 92 米莫·库蒂基奥（Mimmo Cuticchio）的木偶戏表演。米莫是西西里最重要的木偶表演者和导演之一，他参与表演的剧目还包括《伊利亚特》《奥德赛》和《麦克白》。

· 92-93 奥诺弗里奥·萨尼科拉（Onofrio Sanicola）制作的木偶剧中的一个场景。木偶戏的舞台布景堪称一件艺术品，由手工绘制搭建而成。

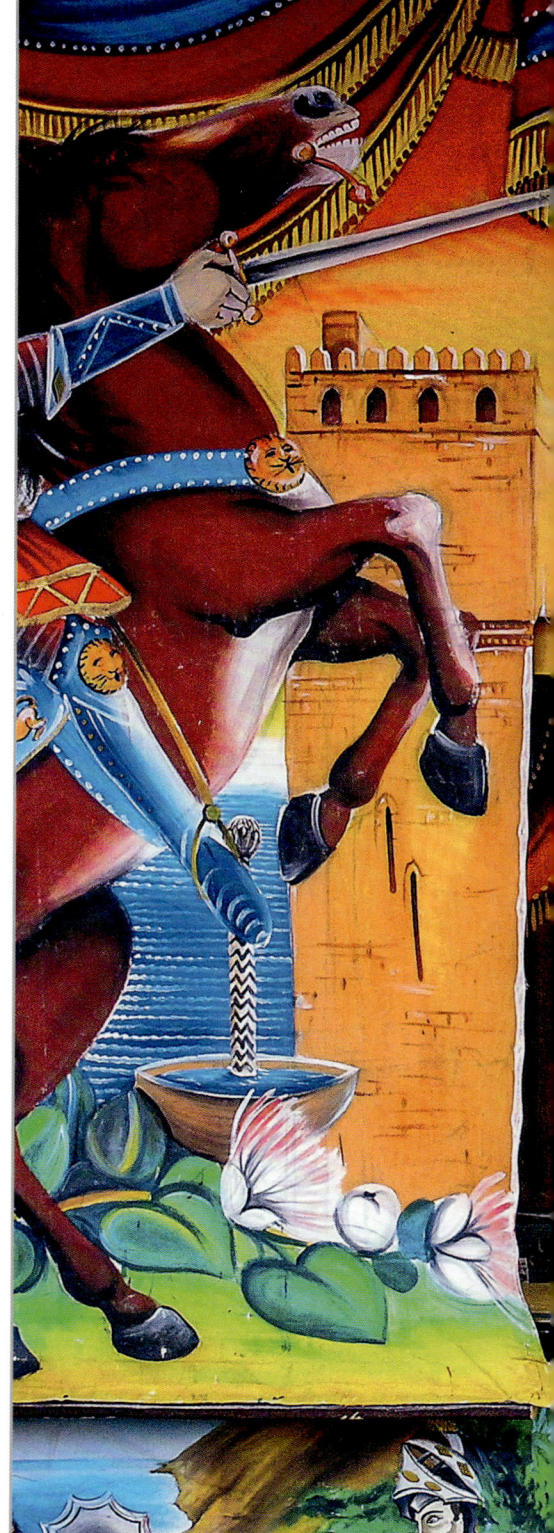

基督的守护者面容温和、声音轻柔，身着镶着格子短裙和披风的全套战甲；而代表摩尔人的木偶则胡须浓密、声音粗哑，围着古典的头巾，盔甲上有半月形的装饰。黑色的服饰、令人不安的面孔，以及令人毛骨悚然的徽章。这些艺术元素最初是为了吸引儿童而设计的，但现在也深受成年人的欢迎。因为木偶剧通常允许编排少量讽刺情节（一般是针对统治阶级和教会），不会受到审查的约束，所以人们可以通过这种艺术形式，自由地表达言论和思想。

所在洲：欧洲

国家：希腊共和国

2015年入选联合国教科文组织非物质文化遗产名录

· 94-95　皮尔戈斯美术学院（Fine Arts School of Pyrgos）的雕像工作室，位于蒂诺斯岛。

· 95　正在工作的皮尔戈斯雕刻家。他们会把这项技艺传授给一至两位学徒，通常都是家族成员。

天宁岛大理石制作工艺

希腊基克拉泽群岛（Cycladic Island）上的居民以雕刻大理石而闻名。就像雕像的坚实底座一样，这门工艺是岛民历史文化认同的根基。人们因为受到蒂诺斯岛（Tinos）上流传的宗教和神话故事的启发，而创造出的大理石制品和雕刻饰带随处可见。

坚实、辉煌、无懈可击——大理石作品可以经受住时间的考验，传承和留存最伟大的艺术家的天分。蒂诺斯岛是基克拉泽群岛中的一座小岛，在那里，大理石雕刻工艺已经传承了数千年。雕刻家对大理石的成分和特性了如指掌，能根据石头的纹理游刃有余地塑造完美的雕像。从公元前14世纪开始，岛民就开始雕刻大理石。当代的雕像工作室设计制作了各式各样的图案和纹样（包括花朵、植物、鸟类、船等），应用的范围从住宅上白色的半圆壁、道路标志到教堂和墓碑，无所不包。这些装饰延续了祖先安抚神灵以获得好运和辟邪的传统，其中甚至还有象征着提高生育能力的神奇符号。

时至今日，这些雕塑依然是博物馆竞相争取的馆藏作品。在一些大型项目中，雕刻师们有时会分组展开工作，这样能在他们为文化遗产的丰富性做出贡献的同时，确保传统工艺和知识的传承。经验丰富、才能出众的蒂诺斯岛大理石雕刻师们在公元前19世纪深受重用，雅典重要的建筑、古迹的装饰和重建都是由他们完成的，帕台农神庙（Parthenon）就是其中的一件作品。

非洲

吉马·埃尔弗纳广场的文化空间

位于马拉喀什（Marrakesh）市中心的吉马·埃尔弗纳（Jemaa el Fna）广场，是整座城市热闹缤纷的缩影。调料的香气、动听的东方音乐和传统吟游诗人传颂的动人故事——这里无疑是摩洛哥最具独特风情的地方之一，深受当地居民、商人和来自世界各地游客的喜爱。

吉马·埃尔弗纳广场坐落在著名的库图比亚（Koutoubiyya）清真寺的一侧，自11世纪以来，就一直是摩洛哥四大帝国城市之一的马拉喀什市繁华的中心地带。吉马·埃尔弗纳广场位于古城区的入口处，是当地居民的主要集会场所，也是热门的游客观光地。由于靠近马拉喀什的露天集市，广场也成为该市的文化、宗教和商业中心。

广场上举办的活动每天都有所不同。集市摊位日出开市、日落而息，各种商品琳琅满目，包括织物，衣服，地垫，地毯和各种帽子（比如土耳其毡帽，或者更确切地说是塔布什帽，一种红毡毛制成的锥形高帽），以及当地人爱穿的彩色皮革拖鞋。食品的种类包括枣椰、面包、鸵鸟蛋和鲜榨橙汁。广场上还能看到很多"户外工作坊"，那是工匠或手艺人展示技艺的摊位。在这个繁华热闹、生气十足、飘散着甜蜜气息的集市上，耍蛇人和耍猴人卖力地表演着。此外，还能看到指甲花（Henna）文身艺术家、算命师、游医（Quacks）、巫师、传教士和香料商人的身影。

它是马拉喀什市的象征，使得摩洛哥民间的城市文化传统一直保持活力。

· 96-97 吉马·埃尔弗纳广场是马拉喀什的城市灵魂。从黎明到傍晚，广场的集市上人流涌动。而到了晚上，这里又变身为音乐人和艺术家的天堂。

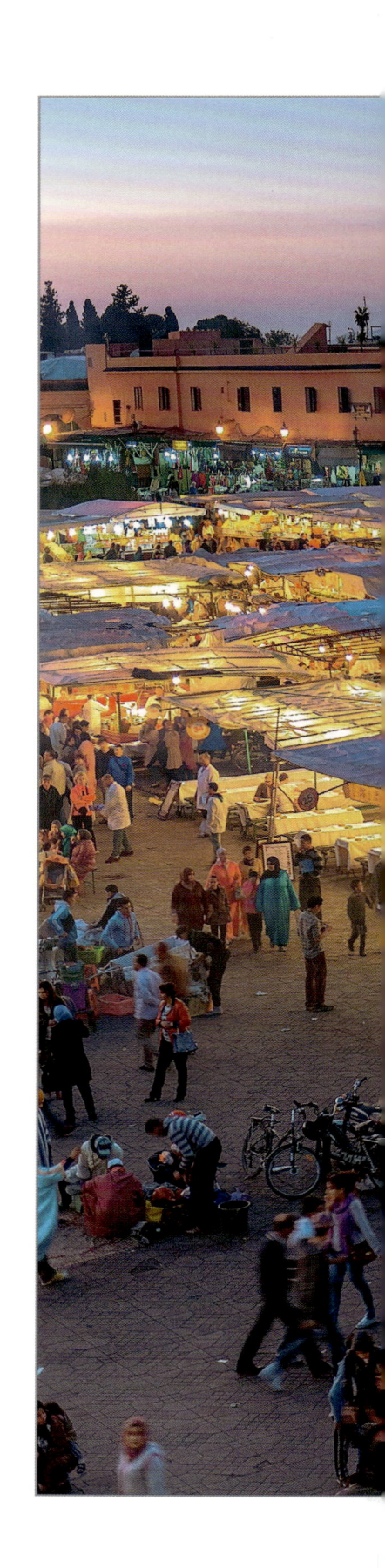

所在洲：非洲

国家：摩洛哥王国

城市：马拉喀什

2008年入选联合国教科文组织非物质文化遗产名录

据传，吉马·埃尔弗纳广场曾经是公开行刑的地点，罪犯的头颅被示众作为警告。而今天，在马格利布（Maghrebin）缤纷多样的文化和音乐的熏陶下，这里的气氛已经完全不同于以往了。

·98 广场是当地人和游客自发举行集会和娱乐活动的场所，但现在受到了当代旅游业和全球化的冲击。这也是联合国教科文组织决定保护它的原因。

·98-99 整座广场沉浸在各种香料缤纷的色彩和诱人的香气中。从中世纪开始，香料就通过历史悠久的贸易路线从东方被带到了这里。

日落时分，集市里的商贩们纷纷开始收摊回家。广场就摇身一变，成为柏柏尔音乐家、格纳瓦（Gnawa）民族舞者和说书人的露天剧场。他们用辛蒂尔（Sintir，一种传统弦乐器）演奏美妙的中东乐曲，讲述柏柏尔和阿拉伯的古老故事和传说。在广场上漫步，还可以一路品尝特色美食。这里几十个临时搭建的小吃摊位，完全能满足食客的味蕾。当然，你也可以挑选广场上任何一家咖啡店坐下来，一边欣赏着美景，一边啜饮薄荷茶。薄荷茶是摩洛哥乃至整个马格利布地区的特色茶饮，一般是当地人在家中招待客人所用的一种热饮，它是好客和友谊的象征。

所在洲：非洲

国家：摩洛哥王国

城市：坦坦

2008年入选联合国教科文组织非物质文化遗产名录

·100-101 在坦坦游牧部落的年度集会上，提着步枪的骑士们骑在马背上奔驰，场面十分壮观。

·101 木赛姆节还会举办信鸽比赛和交换活动。信鸽会被放飞，用以致敬最尊贵的游客们。

坦坦地区的木赛姆牧民大会

撒哈拉大漠各地的游牧部落每年都会在坦坦（Tan-Tan）相会，共同参加一项仪式隆重、以和平共处为目标的特色活动。这项拥有丰厚传统和悠久历史的活动，是为了促进贸易发展，维护撒哈拉非洲的社会文化价值观而设立的。

每年，来自非洲西北部、中部成千上万的游牧民族部落会不远万里长途跋涉，来到摩洛哥的一些城市参加木赛姆节（Moussem）。木赛姆节是一个宗教节日、一场盛会，也是亲友之间互相庆祝、分享各自文化与身份的一次契机。从塞内加尔（Senegal）到尼日尔（Niger），每年5月，来自非洲大陆西北部地区的30多个部落都会聚集在摩洛哥南部的坦坦市，为这个城市带来了遥远文化的气息。节日期间的坦坦进而成为帐篷的天地，数百顶贝都因人（Bedouin）的帐篷里坐满了身着蓝色服饰的图阿雷格人（Tuareg）、白色衣服的阿拉伯人，还有穿着长裙、戴着珠宝、纹有指甲花纹身的女人，以及孩子和骆驼。矗立在城市入口的两座骆驼雕像，是这项从1963年就开始举办的盛会的标志。1979年起，鉴于

安全原因，木赛姆节曾长期停办。2004年，在摩洛哥政府的承诺和努力下，该活动最终得以恢复，这一重要节日也促成坦坦市成为了游牧文明的中心。

在这个大西洋沿岸的聚会上，各部落的首领得以聚首言欢。除了开展探讨不同民族文化的会议，木赛姆节的活动还包括手工艺品展览、音乐会、舞蹈表演、厨艺展示、口述传统、热门游戏、婚姻和宗教仪式、马术表演和壮观的赛骆驼。"坦坦"这个地名来自一个拟声词，它模拟的是从井里把水桶拉起来时的声音。自古以来，坦坦就是牧羊人迁徙牲畜的必经之地，也是沙漠地区的人们获得食物补给的加油站。今天的坦坦是摩洛哥第二大渔港城市。

在和平和宽容旗帜的引领下，木赛姆节以保存和活化符号、经验、知识、传说和社会习俗等共同遗产的名义举行。这些共同遗产正在濒临消亡。这是一个在土丘之上建立起来的世界，哈桑语（Hassani）是这里的官方语言。哈桑语是西撒哈拉地区广泛流传的阿拉伯语，在木赛姆节期间（通常持续五天），可以听到人们用哈桑语交流、唱歌，也可以听到从柏柏尔妇女用山羊毛和骆驼毛（婴儿出生时的毛发也是用同样的技术修剪的）编织成的帐篷下，传

出的用哈桑语吟诵的诗歌。帐篷的布置和分配遵循精确的社会规范：有些是为客人准备的，有些是为工匠准备的，有些用于宗教活动，另一些则是为新婚之夜的庆祝活动所用。所有帐篷的朝向都是代表着神圣的东方或东南方向。

　　当下，面临着经济变革、技术发展、城市化和乡村遗弃等威胁的游牧民族，决心延续他们现有的生活方式。

·102　节庆仪式上穿着装饰奢华的长裙、戴着珠宝、手上绘有指甲花（Henna）纹饰的女人。
·103　木赛姆节上既会有各部落首领的聚会，同时也包含许多充满感召力的仪式。传统的音乐和舞蹈脱胎于古老的仪式、求爱习俗、历史事件和传奇故事。

·104 柏柏尔妇女有用指甲花颜料彩绘双手的风俗。这种一次性纹身叫做曼海蒂（Mehndi），能给人们带来好运和庇护。

·104-105 家庭中的所有成员都会参加木赛姆节，这也保证了这项传统文化能够一代代地传承下去。

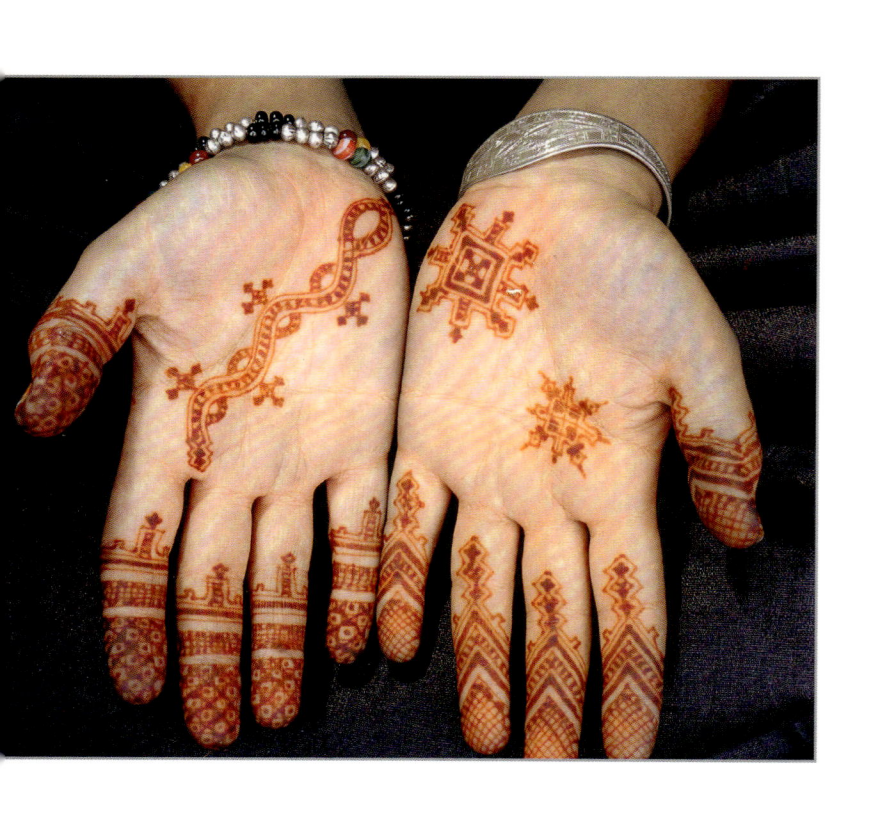

105

迈基石化妆舞会

所在洲：非洲

国家：赞比亚共和国

2008年入选联合国教科文组织非物质文化遗产名录

在赞比亚，青春期男孩进入成年期的礼仪式是保存和传承社群宗教、社会和文化价值的一种重要方式。男孩们戴的面具代表了先祖的神灵，据说先祖们会回到人间提点众生。

在赞比亚西北部和西部地区的省份，人们会举办一种特殊的仪式宣告青少年时代的结束。这个仪式让男孩们意识到自己需要承担的社会角色和责任，从而为未来的生活做好准备。

卡齐亚马社群（Vaka Chiyama Cha Mukwamayi community）由卢瓦勒人（Luvale）、乔克维人（Chokwe）、卢查齐人（Luchazi）和姆本达人（Mbunda）组成。

该社群中8～12岁的男孩需要通过一种叫做"木堪达"（Mukanda）的成年仪式完成向男人的转变。"木堪达"仪式包括割礼、勇气测试，关于行为、性、自然和宗教以及如何在恶劣环境中生存的相关课程。举行这个仪式的时期是旱季，从5月到10月，持续1～3个月。仪式结束后，年轻人们会戴上叫做"迈基石"（Makishi）的木制大面具，每个面具都代表着一个特定的人物角色。例如，"齐萨鲁克"（Chisaluke）面具代表的是一位强大而魅力十足的人，"普维沃"（Pwevo）代表一位完美的女性，"木帕拉"（Mupala）是"木堪达"的主宰者，它拥有天赋的超自然能力。男孩们戴着这些面具离开他们的村庄，进入森林，这象征着他们已经与幼年生活告别。当他们从森林中回到村庄，所有的村民都会跳舞（舞蹈的名称也叫做"迈基石"）迎接他们归来。

·106　男孩一旦戴上了"迈基石"面具，就标志着青少年时代已经终结，他们将以成年男性的身份重生。
·107　赞比西（Zambesi）河岸边，正在参加成年礼仪（其中包含50项年度仪式）的男孩。

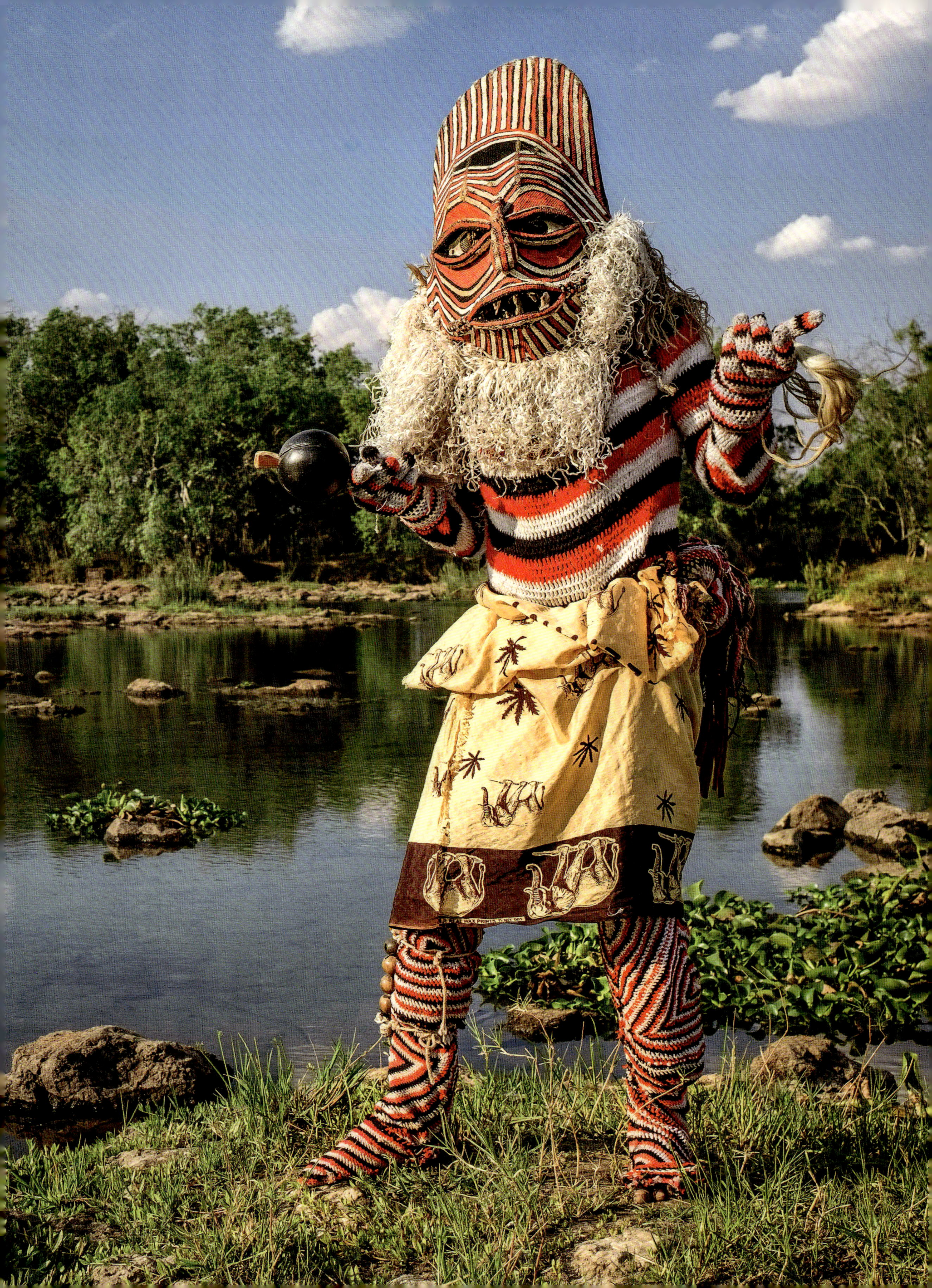

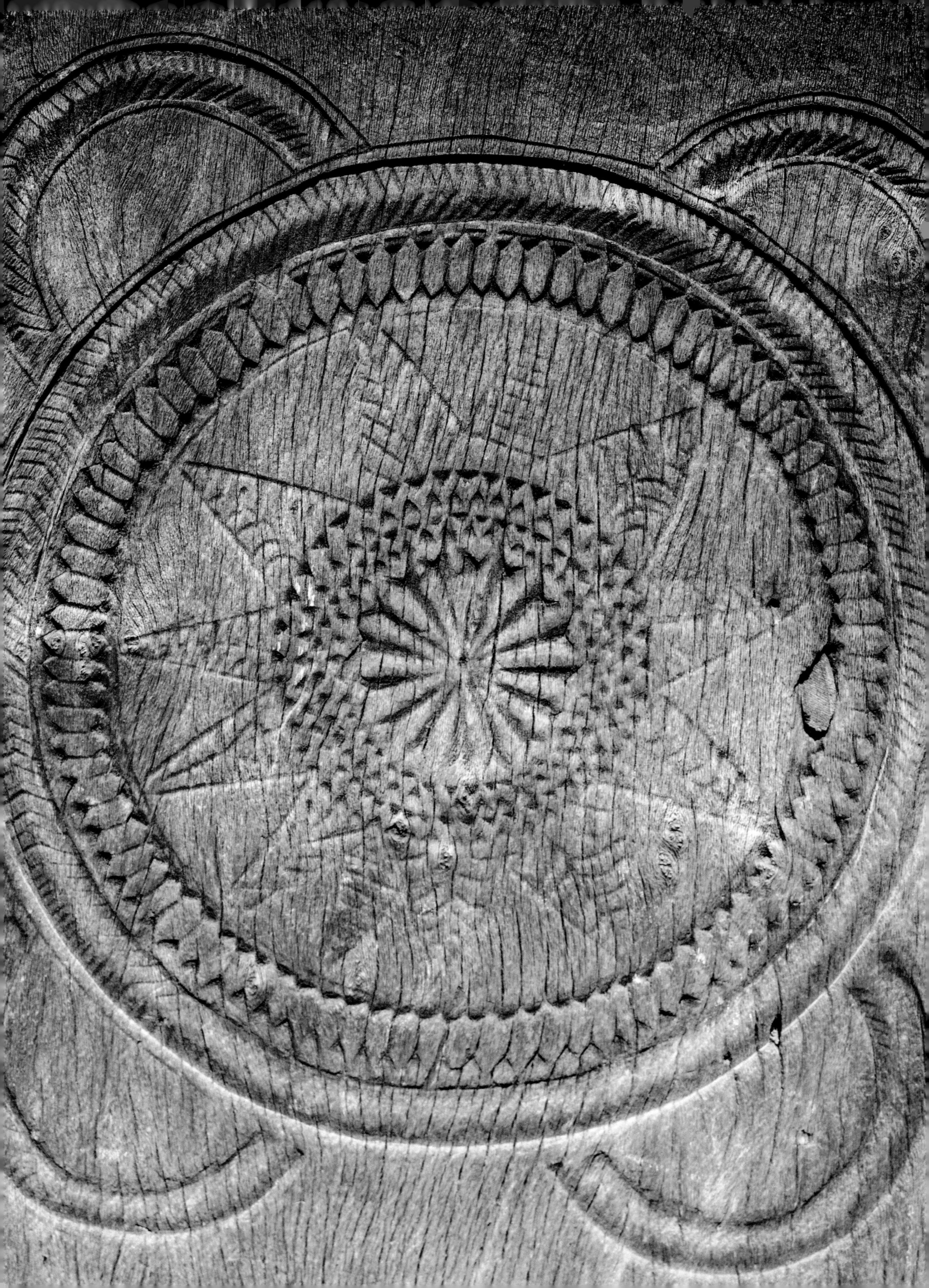

扎菲曼尼里的木雕工艺

所在洲：非洲

国家：马达加斯加共和国

2008年入选联合国教科文组织非物质文化遗产名录

"护林人"是这座岛上曾广为流传的一种艺术的唯一守护者。他们和赖以生存的秀丽环境和谐共生，谨慎而节制地取用珍贵的木材，通过切割和雕刻，创造出富有文化和社会意义的装饰艺术品。

扎菲曼尼里人属于贝齐寮族（Betsileo），他们散居在马达加斯加西南部森林茂密的高地地区。两三千年以前，他们就已在此定居。无人知晓扎菲曼尼里人为什么要居住在如此偏远和险峻的地方，可能他们是为了躲避战争和迫害，也有可能是为了保护植物种类丰富的繁茂森林。

扎菲曼尼里人用森林里的黄檀木做成了各种各样的东西，包括房屋、家具、工具、乐器，甚至是陵墓。而这已经不仅仅被认为是一项技艺，更是一门真正的艺术。马达加斯加岛上只有扎菲曼尼里人深谙这种艺术的精髓，他们制作的物品雕工精美，并且装饰有几何图案。这些图案影射着他们的价值观、文化和社会地位。例如，蜘蛛网图案代表的是家族纽带，而蜂巢代表的是社区生活。扎菲曼尼里人的创造力十分惊人，他们制作的艺术品举世无双，没有哪两件作品是相同的。而且制作的过程中他们不使用一个钉子，而是用一种叫做"木榫"的技巧来完成吻合。

不幸的是，森林砍伐和侵占农田的情形日益严重，木雕艺术所需的原材料被剥夺，扎菲曼尼里人的生活方式也遭到了破坏。

- 108　扎菲曼尼里人家中的护窗。从木雕的形态，可以判别家族的规模以及子女中已婚的人数。
- 109　安布西特拉（Ambositra，马达加斯加的城市）一位专注于细腻而精巧的传统马达加斯加木雕的雕刻师。

亚洲

活态人类遗产：驯鹰术

所在洲：亚洲、欧洲、非洲

国家：多个国家

2016年入选联合国教科文组织非物质文化遗产名录

驯鹰术起源于东方，是一种以获取食物为目的的人类活动。几个世纪以来，人们通过对鹰长时间的训练，使得驯鹰术成为了建立在人类与猎鹰之间深刻而不可替代的信任基础之上的一门规训。

· 110-111　蒙古驯鹰人和他们的猎鹰。金雕是一种强壮的猛禽，驯服它极其艰难。

说到驯鹰术，人们一般会将它与中世纪的欧洲联系在一起，尤其会联想到写下了著名的《鸟猎的艺术》(*On the Art of Hunting with Birds*)一书的国王弗雷德里克二世（Emperor Frederick II）。但实际上，驯鹰术起源于古老的东方。最早关于驯鹰术的记录可以追溯到公元前三千年，人们在叙利亚北部的泰勒·丘埃拉（Tell Chuera）发现了一件雕塑，雕塑上一只猎鹰停息在一位男子的手上。

在欧亚大草原上传习了千年的驯鹰术，原本是用以获得食物的一种捕猎方式。不过，随着时间的推移，它逐渐演变成了一种真诚的规训，这种规训建立在人类与猛禽之间可能存在的深厚联结之上。鹰、隼、雕和猫头鹰在长期的训练中学会了信任他们的主人，相信它们会受到主人的保护，使得这种联结得以实现。匈奴人把驯鹰术带到了欧洲，约9世纪时开始广泛流传。在阿拉伯人的影响下，驯鹰术在意大利南部迎来了它的"黄金时期"。后来，驯鹰术逐渐成为贵族们最钟爱的消遣方式，他们也是唯一能够负担得起这种要求极高且花费高昂的活动的阶层。枪炮火器的发明，使得驯鹰术在西方世界慢慢没落了下去，到20世纪前半叶已经完全消失了。事实上，许多猎鹰由于卫生和军事原因遭到捕杀（军队所用的信鸽是猛禽的猎物），成为濒危物种。而在东方，特别是大草原地区，驯鹰术依然为人们所用，它已经成为了经济

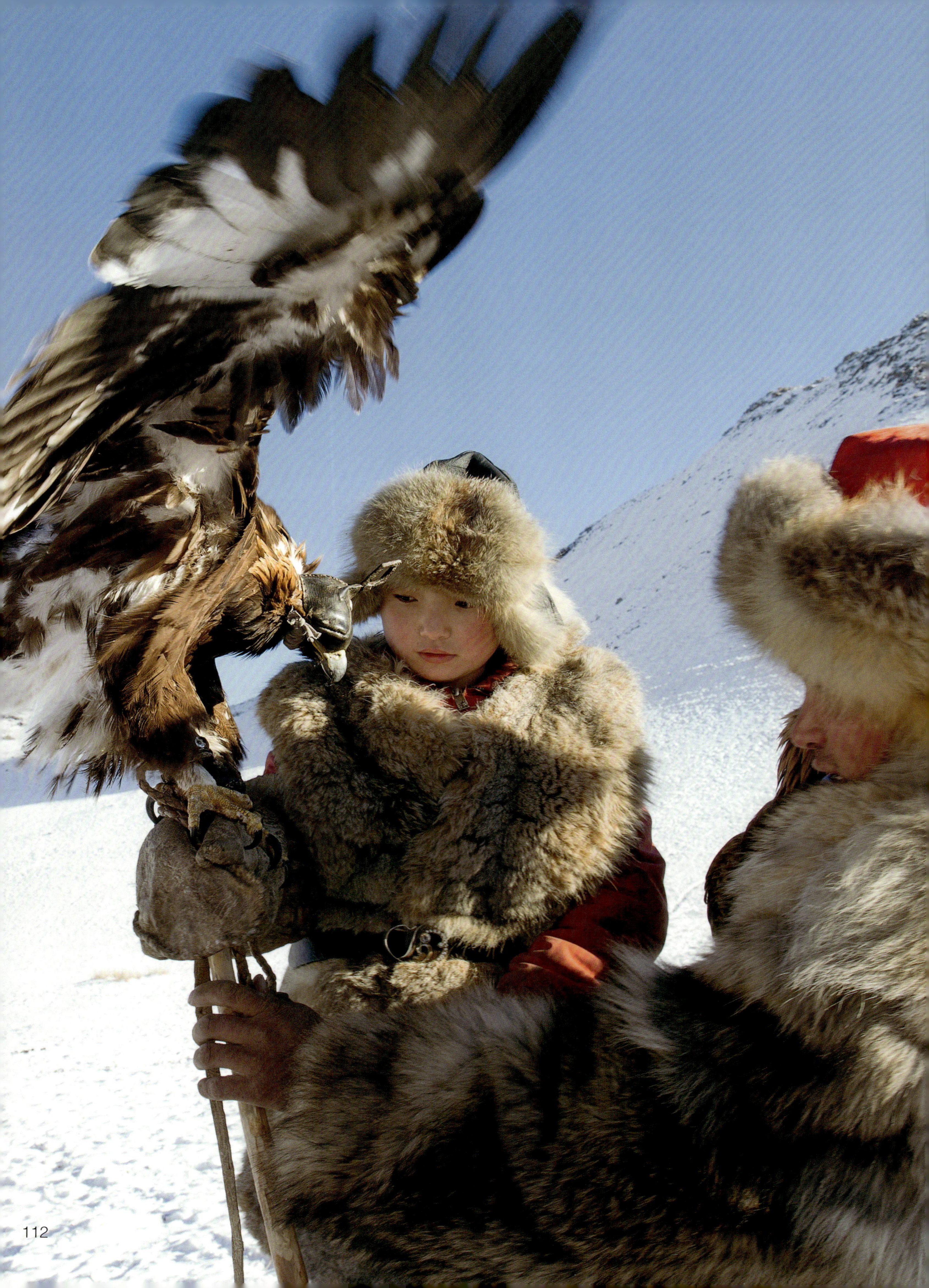

生活不可分割的一部分。在这里，猎人们依然沿用着这种古老的捕猎方式，追随着猎物的方向不断移动。捕猎所用的装备在哪里几乎都是一样的：除了用作栖木的必不可少的长护手之外，还有鹰帽（猎鹰防护罩），它的作用是帮助猛禽在训练或旅途期间保持镇静；皮脚绊和绳子，用来拴住猎鹰；其他工具还包括细皮条（一根系在脚绊上的长线，便于驯鹰人迅速召回猎鹰）、诱饵（一种人造的猎物）、铃铛（帮助猎人寻找猎鹰的踪迹）。驯鹰的要诀由父辈传授给下一代，或者在社区和家族中通过学徒制的方式传习延续下去。

· 112　雕由于其较大的体型而难以驯养。它们的捕食本能赋予了他们极强的反应能力。
· 113　哈萨克斯坦猎人的一次捕猎成果。雕为主人抓住了一只狐狸。

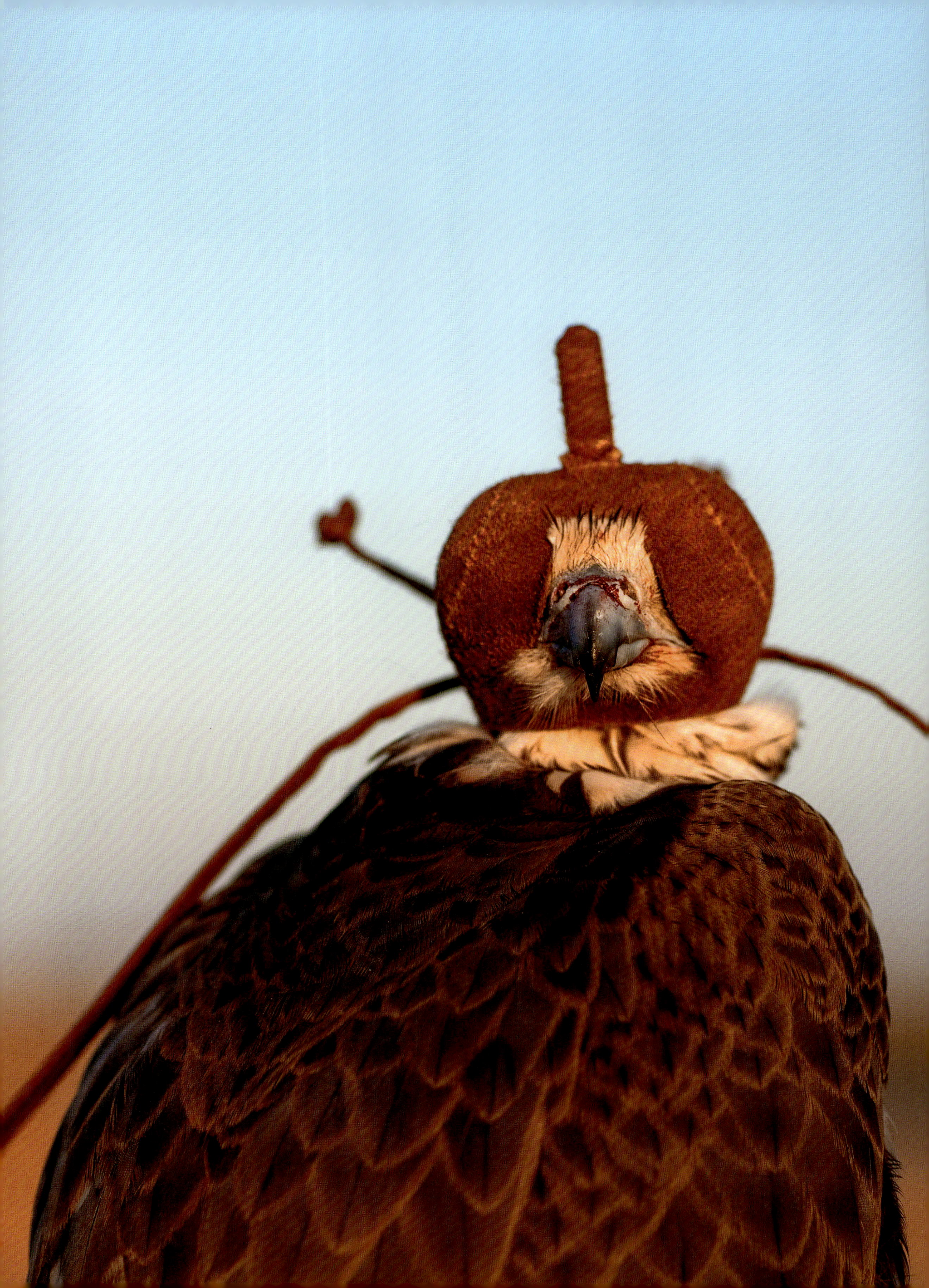

世界上有约60个国家从事鹰猎活动，女性也会参与进来。围绕猎鹰术，国际上有许多相关的研讨会议，为人们提供了很多机会来讨论和交流传统文化、知识和经验。

·114-115 戴着鹰帽的猛禽。鹰帽可以防止猎鹰在训练中受到外界刺激而分心。

·115 迪拜的驯鹰人。驯鹰术在阿拉伯国家广为传播，因其为国家吸引了大量经济投资而深受欢迎。

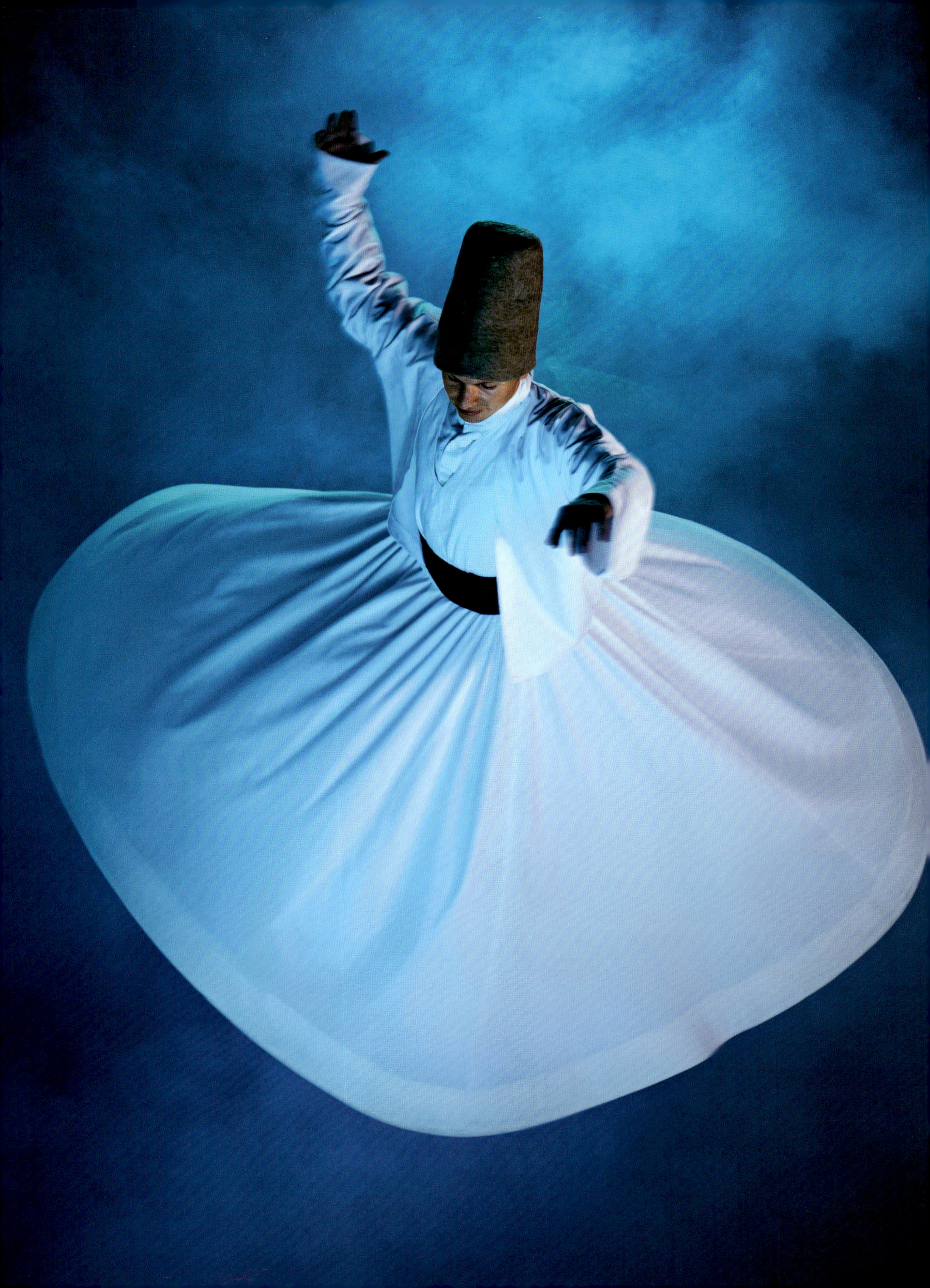

托钵僧舞蹈仪式

所在洲：亚洲

国家：土耳其共和国

2008年入选联合国教科文组织非物质文化遗产名录

对于修道院的苦行者来说，歌曲、祷告、音乐，以及经过严格的身体训练和精神准备之后才能完成的旋转舞，都是他们体验神秘的狂喜的途径。旋转舞代表了神圣的无所不在与生生不息。

托钵僧舞蹈仪式指的是阿拉维-贝克塔什教团的萨玛仪式。如果说音乐是上帝馈赠的礼物，那么舞蹈则是联结人心深处的精神纽带。萨玛仪式（Sema，意思是"我在洗耳恭听"）包括一种旋转和环绕的舞蹈，是苏菲派（Sufism）的一种祷告形式，教徒们通过它获得神秘的狂喜。托钵僧，也就是梅夫列维（Mevlevi）教团的苦行僧，跟随着古老的音乐翩翩起舞，把他们的身体完全托付给了持续不断的旋转运动。在教团的创始人贾拉尔·阿德-丁·穆罕默德·鲁米（Jalal ad-Din Muhammed Rumi，1207—1273）的教义中，抵达神圣的关键要素就是音乐和诗歌。因此，这种仪式只能在适合传承梅夫列维文化的场合才能进行，比如博物馆和清真寺。萨玛仪式的开头是一段简短的诵读，包括《古兰经》及从十七世纪吟诵至今的穆罕默德颂词。接着，严格自律的苦行者们开始用鼓、长笛或乌德琴（Ud，类似于琵琶的梨形木制拨弦乐器）演奏音乐，接着，托钵僧登场表演象征着转世重生和上帝无所不在的旋转舞蹈。身穿白色服装的舞者（有时也穿黑色斗篷）所在的站位参照的是太阳系中行星的位置，而他们的服装则象征着他们必须摆脱的物质负担。

- 116和117 土耳其的萨玛仪式。托钵僧的首领站在中间，以确保舞者与舞者之间保持适当的间距。
- 118-119 在伊斯坦布尔的加拉塔·梅夫列维翰尼斯博物馆（Galata Mevlevihanesi Museum），托钵僧们正在表演他们特有的旋转舞蹈。

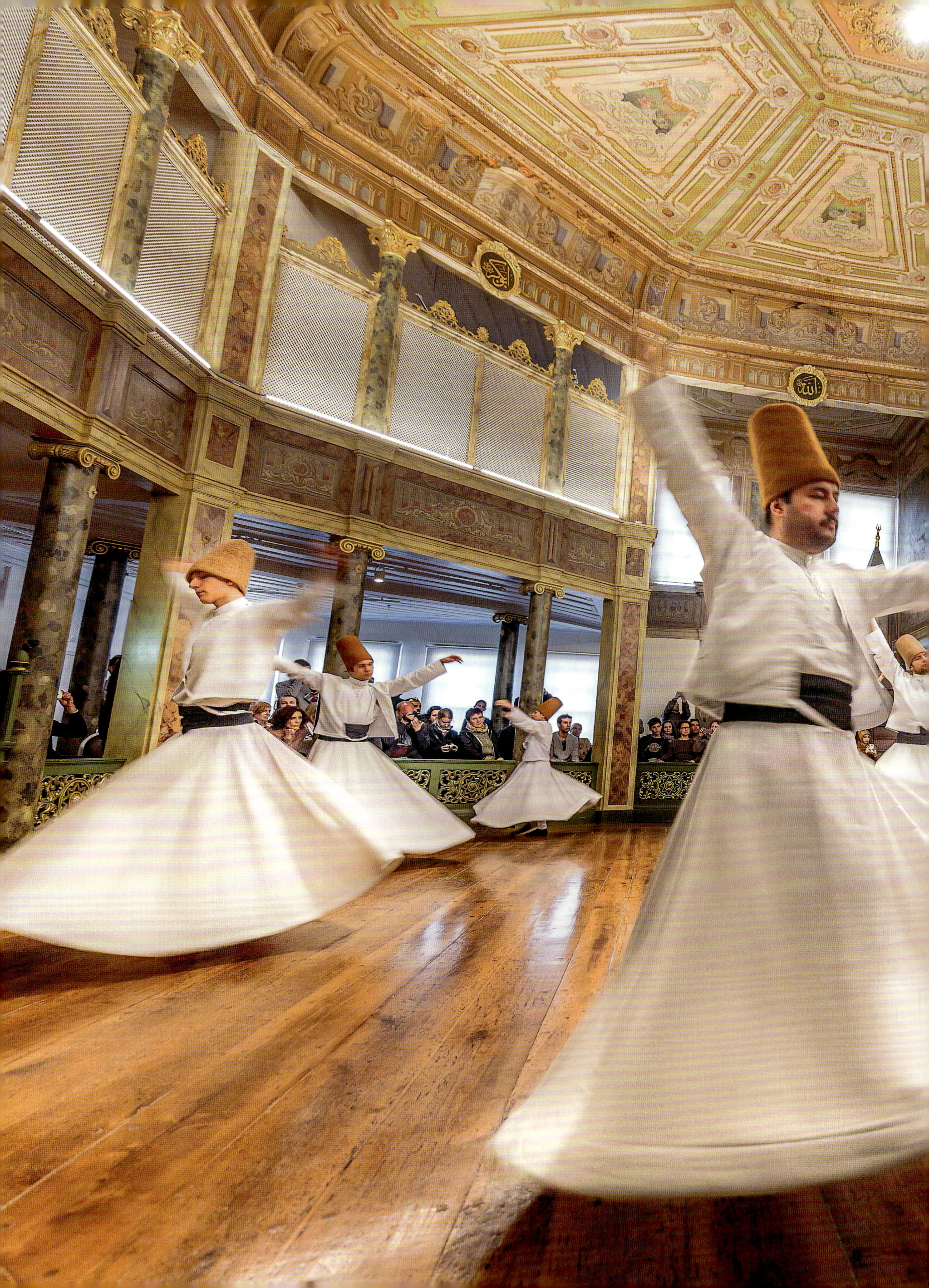

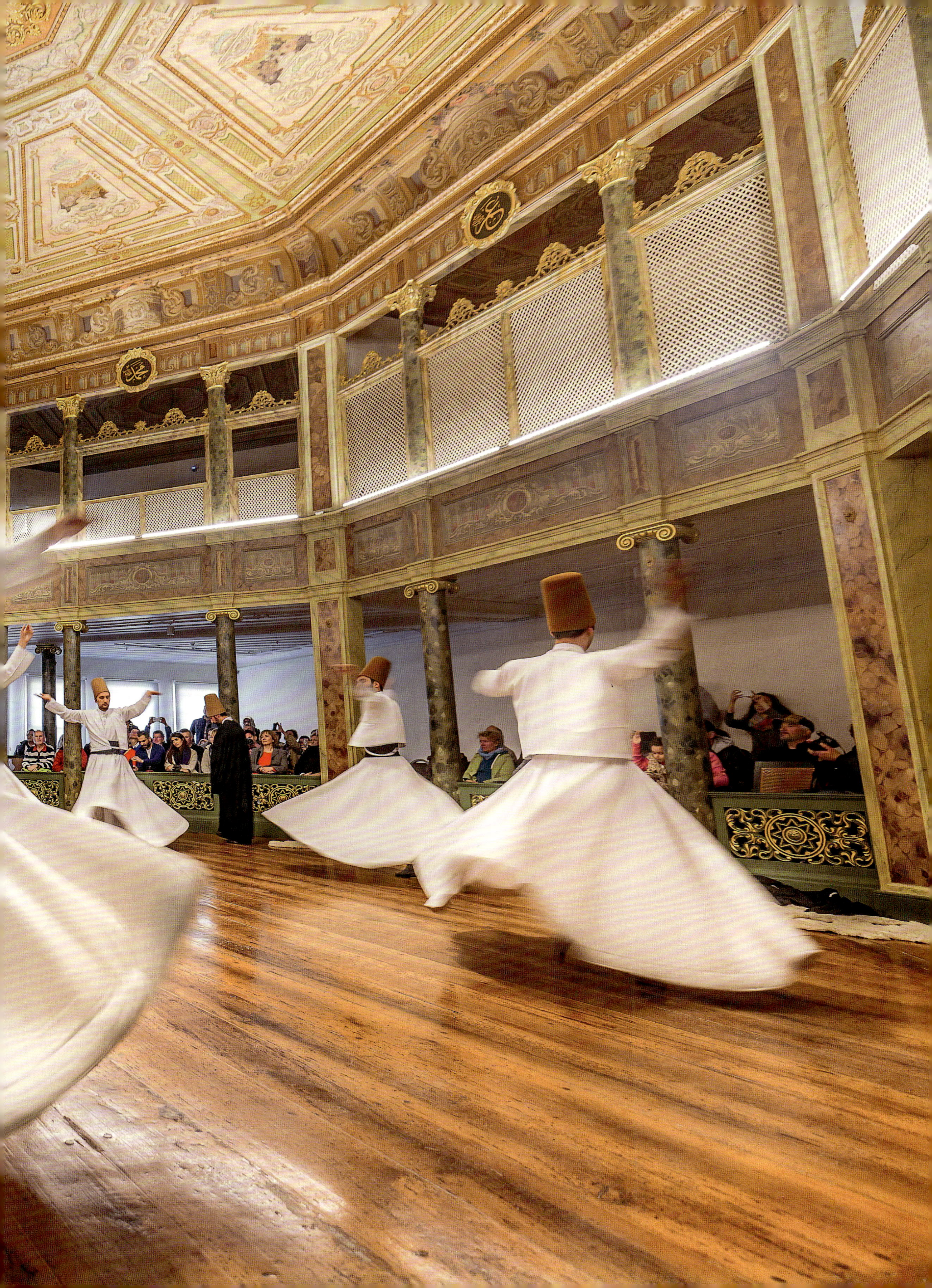

所在洲：亚洲

国家：约旦哈希姆王国

2008年入选联合国教科文组织非物质文化遗产名录

・120-121 贝都人在约旦的沙漠里驯养家畜。他们往往会在一个地方支起帐篷生活数月，直到动物们把所有的牧草吃光。

・121 瓦地伦沙漠（Wadi Rum）是约旦最大的干谷（干涸的山谷或沟壑）。牧羊人正带领他们的骆驼、山羊和绵羊走向水源。

佩特拉和维地拉姆的贝都人文化空间

约旦南部的贝都人拥有一个知识、传统和非物质艺术表达的宝库，他们的文化从沙漠中诞生，也和沙漠一样恒常又富于变化。被贝都人视为家园的地区也是孕育前基督教文明的摇篮。

在约旦的贝都人，一部分是游牧民族，另一部分是定居群体。他们居住在佩特拉（Petra）和瓦地伦沙漠（Wadi Rum）的洞穴附近，靠近沙特阿拉伯边境地带，该地区完全被高原和半干旱沙漠覆盖。在联合国教科文组织的保护下，当地的住民尽可能地保留了他们的传统田园文化。恶劣的环境促成贝都人建构了两种不同的群体生活方式，他们保留了狩猎、畜牧、手工制作帐篷和传统医药等风俗和技能。

对于这片已经生活了超过一万两千年的土地，贝都人已经拥有深刻入微的认知和了解，此外，他们还制定了一套特殊的道德和社会准则。贝都人对宗族和部落十分忠诚，宗族是社会生活的核心，而一定数量的宗族就构成了一个部落。部落内部的一些相当程度的惩罚措施目前仍然存在，用以维持社会秩序和解决社会冲突，比如：从部落放逐，或者献出鲜血以救赎罪责。这些惩罚机制并非通过书面的形式，而是以口耳相传的方式传承了下来。历久弥新的贝都因神话以同样的方式流传了几个世纪，鼓舞人心的诗歌、耳熟能详的故事和歌曲

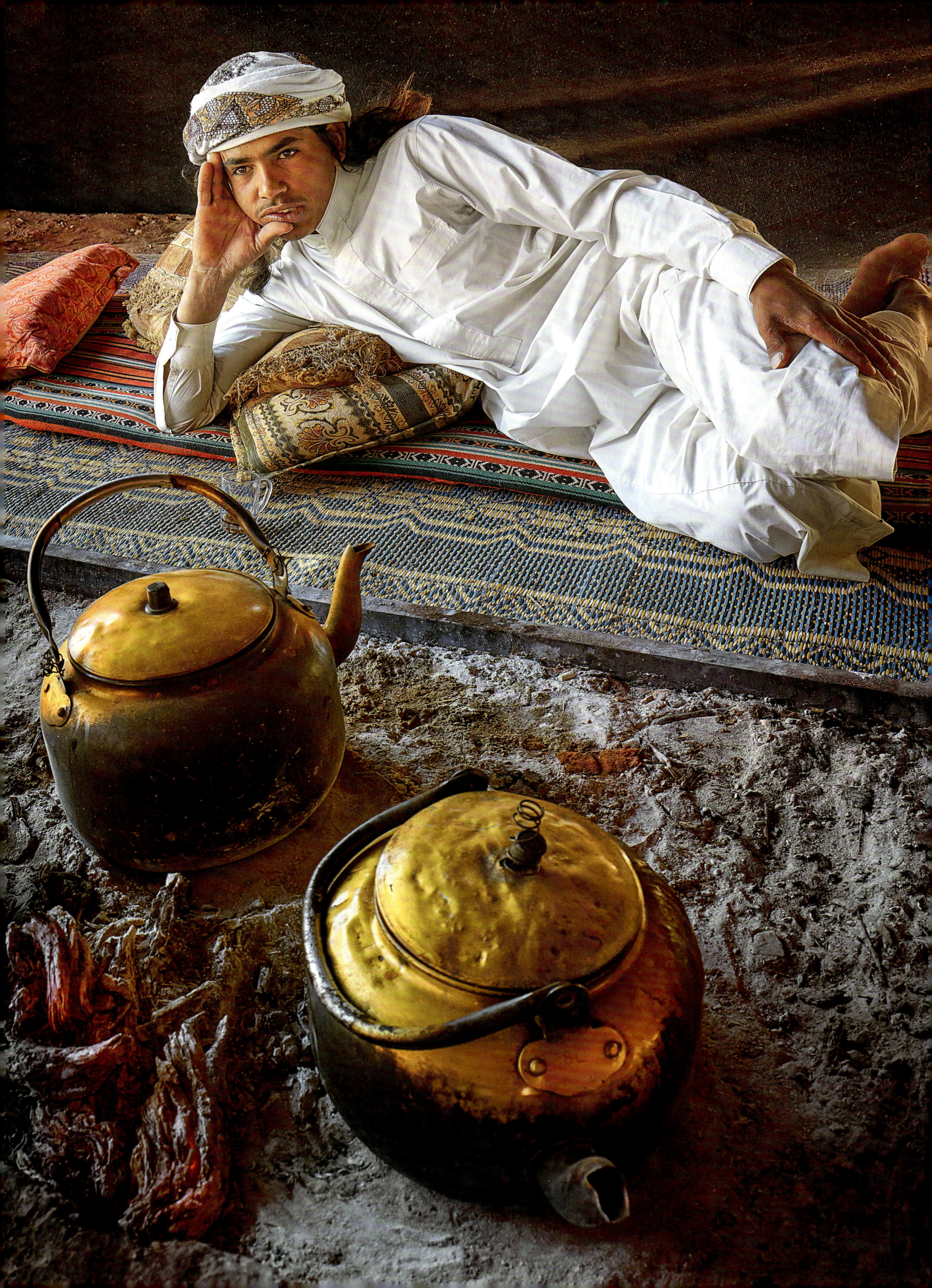

与他们群体的居所和历史都有着十分密切的联系。

　　为了让贝都人的文化不断地传承下去，联合国教科文组织将其列入了人类非物质文化遗产名录，着手保护先人们遗留下来的传统文化，包括表演艺术、社会习俗、仪式和节庆活动等。贝都人的下一代会不可避免地越来越受到外界社会和物质世界的诱惑，致使贝都人的社区认同面临潜在的威胁。实际上，在过去的五十年里，一些贝都人被现代的住房、医疗保障和其他社会服务的前景所吸引，许多部落开始选择定居的生活方式。这对于当地文化的动态转变不无裨益。

・122　贝都人在他们的帐篷里饮茶、喝咖啡，吃一种叫做"扎布"（Zarb）的传统肉和蔬菜料理，这种料理在沙土坑里烹制。

・123　贝都人会为他们尊贵的来客献上一小杯浓咖啡。若他们将咖啡倒满一整杯，则表达了他们对来客的厌恶；而不招待咖啡，则可视为对来客的一种侮辱。

沙特阿拉伯阿色地区的夸特——传统室内墙饰

所在洲：亚洲

国家：沙特阿拉伯王国

2017年入选联合国教科文组织非物质文化遗产名录

阿尔卡特阿色（Al-Qatt Al-Asiri），在阿拉伯被称为"纳伽什"（Nagash），是一种由女性主导创作的传统装饰风格。"纳伽什"以简洁且颜色明亮的图案对室内（特别是为客人准备的房间）的墙壁进行绘画装饰。

"纳伽什"是指在家中的墙壁、走廊和天花板上粉刷和绘画。这种形式的装饰是为了传达对来客的欢迎。在传统阿拉伯家庭，用于招待客人的是客厅的前厅，也被称为"私人场所"（Majlis）。而客厅的装饰工作通常由女性负责，家族中各个年龄层的女性都会一同参与装饰。这种参与感有助于改善社会关系，同时也为这种艺术的代代传承提供了保证。"纳伽什"壁饰与当地人的生活方式、社会经济交融在一起，是沙特阿拉伯西南部的阿西尔省及也门邻近地区的标志性文化特征。

当地社区也会经常举办比赛，竞选最生动、最出众的墙绘作品。沙特阿拉伯有不少女性因她们的墙饰作品而闻名于世。其中最著名的要数法蒂玛·阿布·加哈斯（Fatima Abou Gahas）。她毕生致力于墙绘艺术，在"纳伽什"的支持和教育领域极度活跃，一直到2010年离世。"纳伽什"墙绘图形的创作灵感来源于当地的纺织品的编织图案，常用的几何图案和分支结构图形包括直线、三角形、方块、对角线等。这种墙绘是女性的骄傲之源，往往也可以折射出一个家庭的社会地位——红色、绿色、黄色和棕色的线条是普通家庭壁饰的标配元素，而从绘画的技巧及图案的复杂程度，则可以判断出一个家族的富裕程度。

- 124　在家中用"纳伽什"墙绘创造艺术画廊的女性画家。
- 125　阿色省海米斯穆谢特市（Khamis Mushayt）一个家庭的墙绘作品。迷你阿色房屋模型作为纪念品出售。

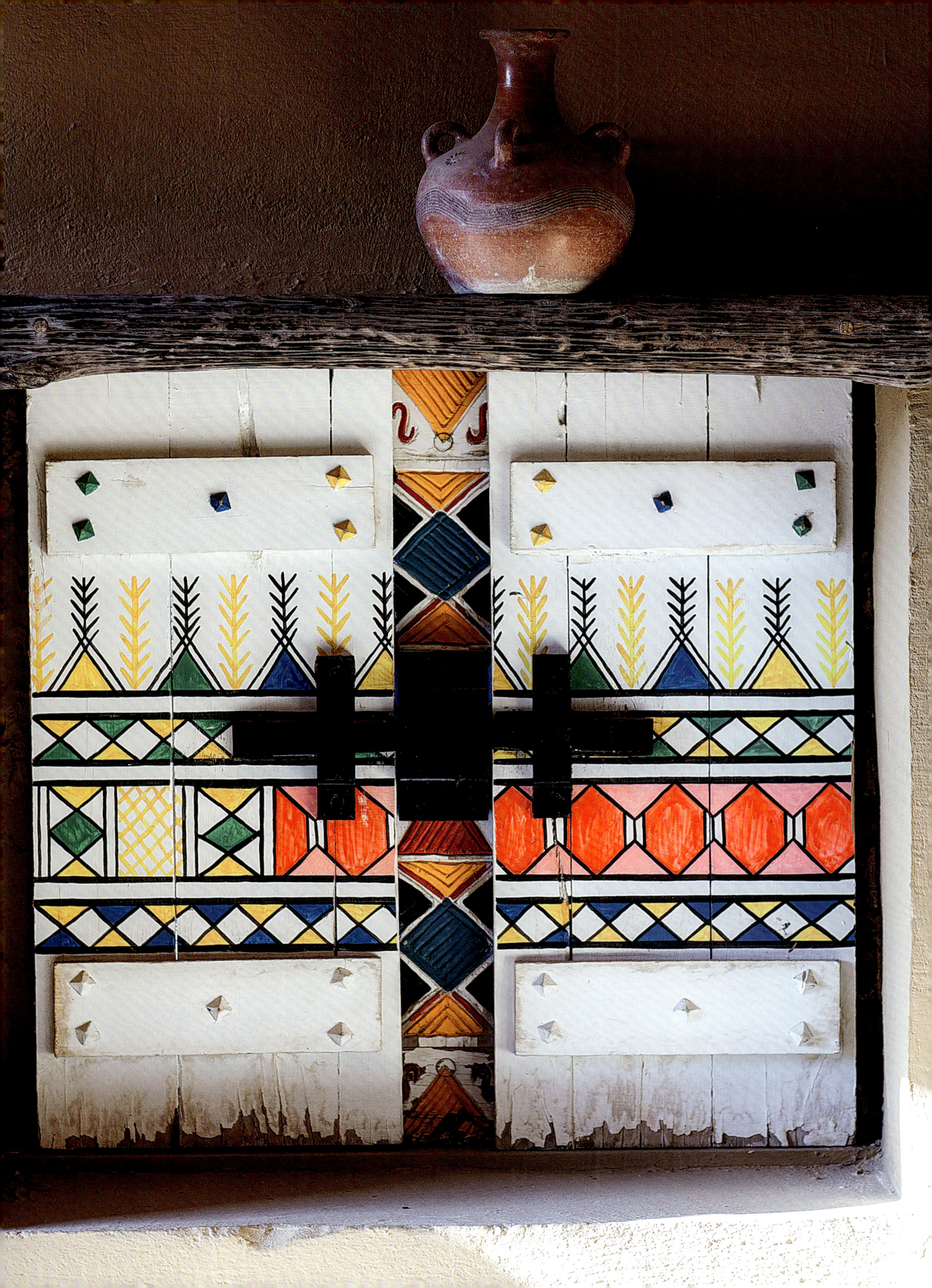

拉法奇：传统亚美尼亚面包的制作

这种由妇女分工共同制作的扁面包不经发酵、形状独特，柔软、薄而绵长是其主要特点。拉法奇（Lavash）扁面包是整个社区通力合作的成果，它承载了深刻的宗教和仪式意义。

面包就是生命。有史以来，世界各地人们的生活中都离不开面包。在亚美尼亚，拉法奇扁面包拥有非常古老的渊源，协调的动作、奇迹般的技巧，它的制作生产被赋予了一种礼节团体的性质。按照传统，拉法奇面包的制备和烘烤都由妇女完成，母亲将制作工艺的秘方传授给女儿。

拉法奇是面包的名字，它的词源与原始亚美尼亚词根"flat"有关。拉法奇由水、小麦面团和盐手工混合制成，制作工序中没有发酵的步骤，也就是说，它不会添加酵母或其他膨松剂。将揉好的面团分割成小球，再用木制擀面杖压平面团，直到它们变成约一米长的薄饼。每张薄饼的厚度仅仅几毫米之差。为了让扁面包最终呈椭圆形，并且确保厚度均匀一致，面包师会在空中旋转面团。这一步和制作那不勒斯比萨有异曲同工之妙。

所在洲：亚洲

国家：亚美尼亚共和国

2014年入选联合国教科文组织非物质文化遗产名录

·126 拉法奇扁面包已被列入联合国非物质文化遗产名录，因为它所蕴含的价值和礼节增强了社群的凝聚力，是社群的真正文化根源之所在。

·126-127 在把拉法奇扁面包送进烤炉之前，人们有时会撒一些烤芝麻仁来增加面包的营养价值。

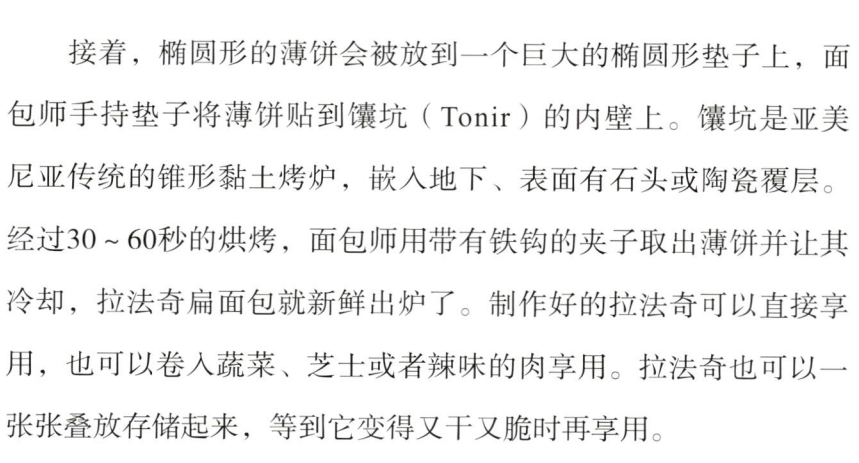

接着，椭圆形的薄饼会被放到一个巨大的椭圆形垫子上，面包师手持垫子将薄饼贴到馕坑（Tonir）的内壁上。馕坑是亚美尼亚传统的锥形黏土烤炉，嵌入地下、表面有石头或陶瓷覆层。经过30～60秒的烘烤，面包师用带有铁钩的夹子取出薄饼并让其冷却，拉法奇扁面包就新鲜出炉了。制作好的拉法奇可以直接享用，也可以卷入蔬菜、芝士或者辣味的肉享用。拉法奇也可以一张张叠放存储起来，等到它变得又干又脆时再享用。

·128　面包师正在将薄饼贴放在垫子上。用这种方式可以让面团"放松"并保持延展的状态。

·128-129　拉法奇扁面包是一整个团队通力合作的成果。面包的制作在愉快的氛围中进行，每位妇女都有一项明确的任务，她们会一边工作，一边聊天、讲故事。

  和其他中东菜一起享用，也是拉法奇扁面包比较常见的吃法。事实上，除了亚美尼亚，伊朗、土耳其和阿塞拜疆等国，甚至整个中东地区都会制作拉法奇。但不同的是，在亚美尼亚，它具有一个十分重要且饱含仪式性的作用——在亚美尼亚使徒教会举行圣餐时代替主耶稣的角色。在婚礼上，人们会把拉法奇扁面包放在新娘的肩膀上，寓意子孙后代繁荣昌盛。

  拉法奇扁面包的制作离不开每位家庭成员的努力。前期的准备工作和烘烤任务通常会由女人们完成，而男人们则负责制作椭圆形垫子和烤炉。亚美尼亚扁面包如此丰富的社会性特征，使它成为社区认同和社会凝聚力的主要推动力。

拉赫季地区制铜工艺

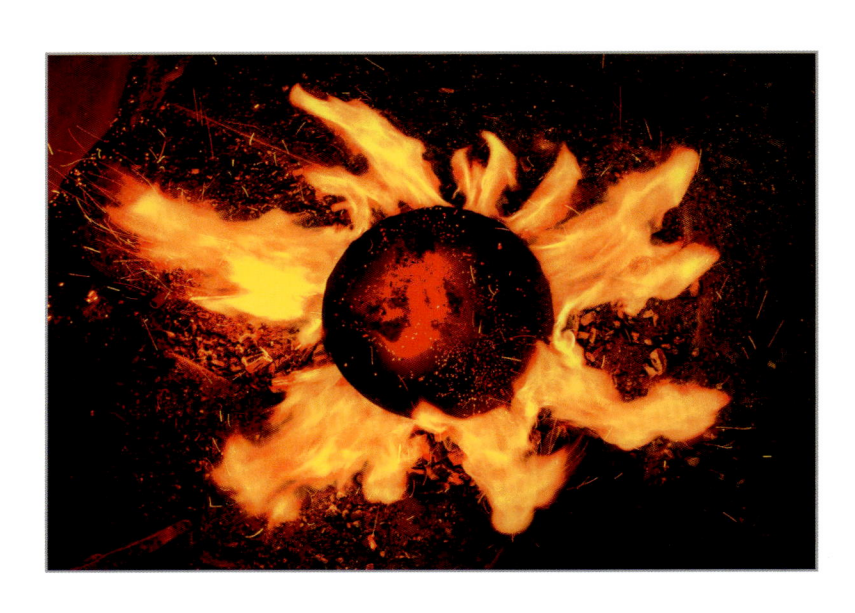

在高加索地区的中心地带，有一座拥有千百年历史的村庄拉赫季（Lahij）。从前，它是众多商队车来人往的贸易中心，这里出产的铜器工艺品在整个东方都曾经备受尊崇。今天，拉赫季的铜制杯盘器皿依然保留着历史传承的精雕工艺。

拉赫季坐落于阿塞拜疆共和国北部的高加索山脉中，是一个奇特而神秘的历史古镇。传说，这个位于"火之国度"（Land of Fire）的偏远村庄是由英雄时代（Heroic Age）的最后一位国王沙凯·霍斯罗（Shah Kai Khosrow）建立的。经过一段长途的跋涉，国王放弃了自己的自由意志，定居在了吉迪曼凯河（Girdimanchay River）陡峭河岸的村庄里。这段传说的真实性有待考证，但拉赫季的确是一个拥有丰厚历史印记的古镇。根据在拉赫季主街道地下发现的一个蓄水池上所镌刻的日期，可以证实它建立于公元3~4世纪。拉赫季的街道是用河底的石头铺成的，二层或三层的房屋使用的也是相同的材料。拉赫季划分了多个区，每个区都有自己的广场、清真寺和公共浴室。吊诡的是，这座小镇没有坚固的城墙或防御工事，唯一的通路就是一条狭窄的小路，而且这条路非常容易因为山体滑坡而被完全堵塞。不过，这条路始终向商队们

所在洲：亚洲

国家：阿塞拜疆共和国

城市：拉赫季

2015年入选联合国教科文组织非物质文化遗产名录

·130　正在受热融化的铜球。最后它会被加工成盘子。在阿塞拜疆，人们相信拉赫季出产的铜器能够改善食物的品质。

·130-131　正在工坊忙碌的拉赫季铜匠。灼烧后的薄铜板，经捶打后可以得到理想的形状。

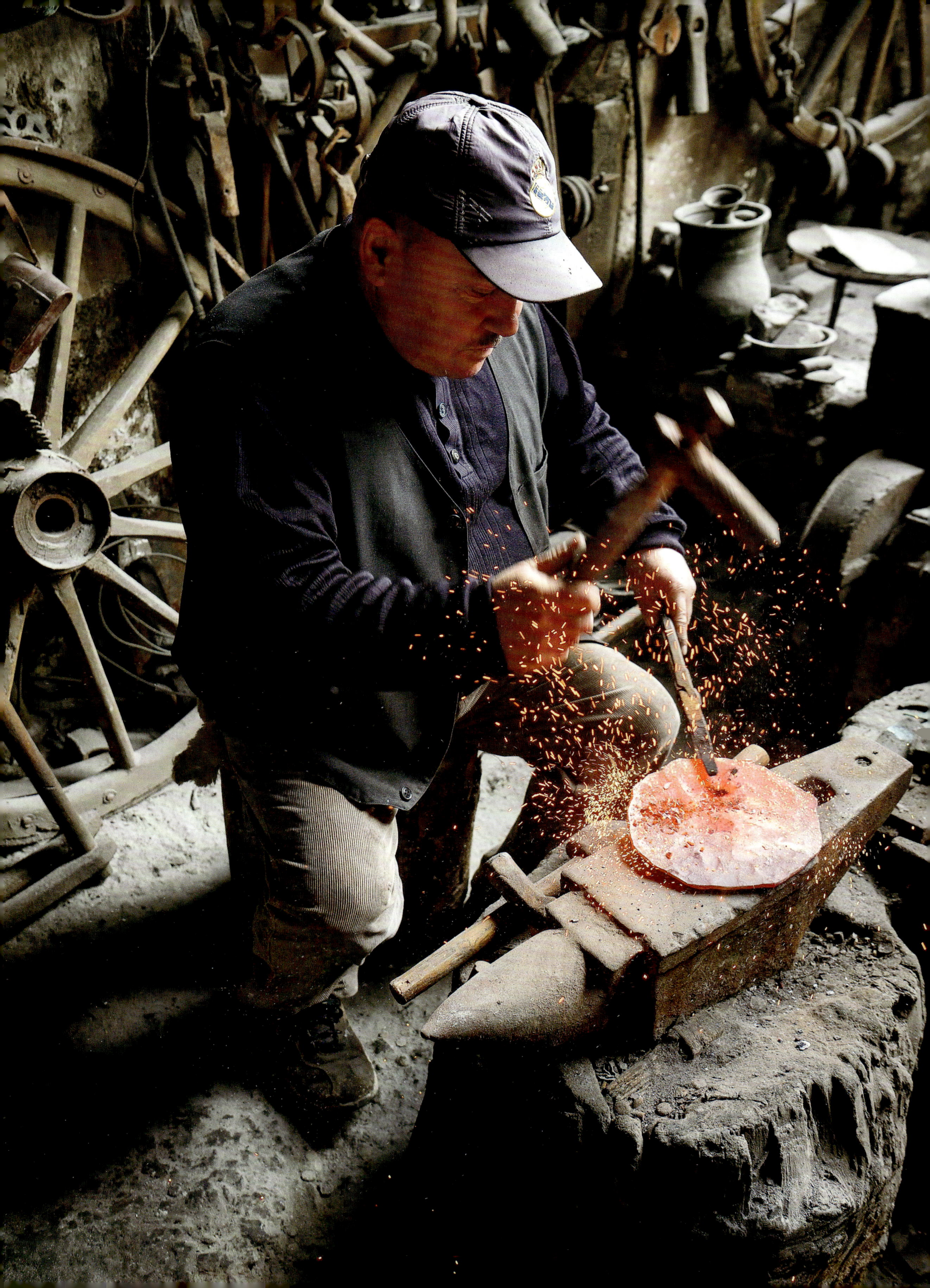

敞开热情的怀抱。

实际上，拉赫季出产的手工制品享誉东方世界，比如锋利而灵活的刀刃，它甚至可以刺穿盔甲。当然还有需求量大且利润丰厚的铜制品，包括制作精良的盘子和容器，上面细致地雕刻着反映社会知识和价值观的铭文。19世纪末，拉赫季有50多种不同种类的铜工艺品，每一件都制作得如此巧夺天工，以至于当时世界上的各大博物馆，包括卢浮宫在内，都必定会买下几件作为收藏品。今天，人们可以通过一条现代化的道路轻松抵达拉赫季，一赏当地铜匠的风采。无论是在铸造、锻造方法，还是在雕刻技术方面，他们都几乎完全还原着祖辈匠人的高超技艺。

一件铜工艺品的制作完工，往往由铜匠师傅带领一名学徒，共同完成。工匠将空气泵入熔炉，用锤子将铸造的金属锤成薄片，而另一名工匠则清洗薄片，为铜器雕刻装饰纹样。铜艺大师还会负责产品的销售。这门代代相传的专业技艺，不仅为当地人带来了高额的收入，也是增强拉赫季人身份认同和社区归属感的骄傲源泉之所在。

· 132　铜匠卡布利伊（Kableyi）是铜器传统制造工艺的第七代传人。学习这种特殊工艺，需要掌握80多种不同工具的使用方法。
· 133　拉赫季铜匠的工作坊。拉赫季位于伊斯梅尔雷（Ismayill）地区，目前约有1.1万人口。

法尔斯地毯编结传统技艺

华美绮丽的地毯是伊朗（古代波斯）设拉子（Shiraz）地区游牧民族的一门古老艺术。这项传统技艺由母亲传授给女儿，千百年来都保持着最初的样貌。

公元前约370年，雅典历史学家色诺芬（Xenophon）在他的《万人远征记》（*Anabasis*）里写道，提马锡（Timasion）拥有一些美丽的波斯地毯。提马锡是曾参加"万人行军"的军事领袖之一，这支由雇佣军组成的军队被年轻的居鲁士三世的收买，企图从阿尔塔萨西斯二世（Artaxerxes II，居鲁士三世的兄长）手中夺取波斯的王位。早在古代，这种地毯就已经被视为非常珍贵的制品，常常作为礼物上贡给贵族和使节。时至今日，波斯地毯的织造依然是伊朗法尔斯省，以及省府城市设拉子周边地区的主要社会经济活动之一。

通常，这些富有艺术感的地毯是由游牧部落里的妇女编织的，她们运用世世代代口耳相传的技巧，在织布机上把经过天然染料染色的羊毛线和棉线编结。打结的方式有两种：一种是不对称的，叫作波斯结织法（Senneh）；另一种是对称的，叫作土耳其结织法（Ghiordes）。土耳其结织法在深受帝国文化影响的波斯也广为传播。波斯地毯的图案来源于传统文化，包括几何形的植物或花卉图案，风格独特、设计精巧。

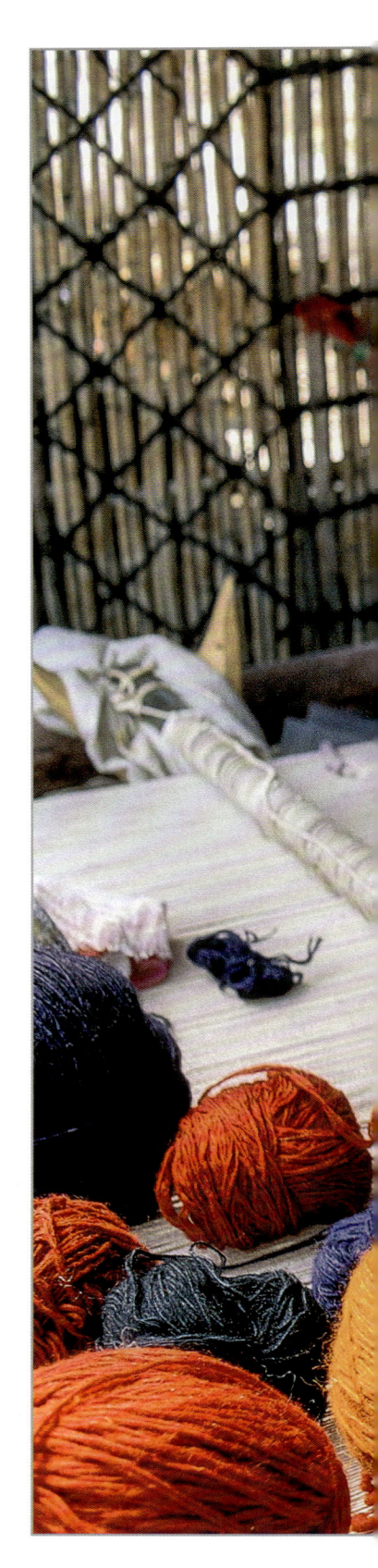

所在洲：亚洲

国家：伊朗伊斯兰共和国

2010年入选联合国教科文组织非物质文化遗产名录

· 134　编结成各种形状的各色波斯地毯。这些地毯由家庭作坊生产，之后运到市场上出售。

· 134-135　正在编织地毯的卡什卡伊斯（Qashqais）游牧部落的妇女。

所在洲：亚洲

国家：印度共和国

2016年入选联合国教科文组织非物质文化遗产名录

瑜伽

瑜伽是一门古老的学科，它鼓励练习者寻求平衡和自我实现，同时摆脱来自物质世界的负担。瑜伽练习者通过冥想和特殊的身体姿势，踏上一条了解自我和他人的道路。

古老的瑜伽运动通过体式（Asana）、呼吸控制、冥想、背诵经文等步骤，提升个人福祉和身心健康。它旨在帮助人们实现自我意识的觉醒，减轻可能遭受的痛苦，进而达到一种解脱的状态。瑜伽不仅仅是一种体育锻炼，从词源来看，瑜伽这个词似乎与"yuj"这个梵语词根有关，意思是"联结与融合"。宗教历史学家米尔恰·伊利亚德（Mircea Eliade）说："无论是在实践层面，还是在定规维度上，瑜伽都显示出了它的独特性。"这句话阐释了为什么一个人不能自学瑜伽，而必须要有灵性上师（Guru）的指导。练习瑜伽的弟子（Shishya）和灵性上师之间，是有一种基于信任的深厚关系。

公元前5世纪左右，瑜伽的定义第一次出现于印度梵文宗教和哲学典籍《卡塔奥义书》（*Katha Upanisad*）中。在后来的《奥义书》中，瑜伽的概念得到了进一步阐述，并逐渐呈现出一种更强烈的哲学性和冥想基调。古印度圣哲帕坦伽利（Patanjali）的《瑜伽经》（*Yoga Sutra*）里，收录了196条便于记忆的经文。在这本书里，帕坦伽利用大量篇幅解释了瑜伽的理论与实践。他把瑜伽分为八部功法，即通过八个阶段的瑜伽修习，最终达到"无种三昧"（Nirbija Samadhi）的最高境界。在这个境界里，个体的意识与冥想和自身融为一体，摆脱了物质世界的纷扰。

瑜伽有许多不同的体式，人们可以在专门学院或参加专业课程修习瑜伽。

· 136-137 一位倒挂在树枝上，正在冥想的印度圣人。通过体式和技巧的运用，瑜伽能使人获得内心平衡的状态，有时甚至达到着实令人震惊的境界。

· 138-139 在印度教圣城瓦拉纳西（Varanasi）恒河岸边的瑜伽修行者。每位修行者一生至少要通过五级不同的河阶（Ghat）走入恒河一次。这些河阶是通向河边圣水洗礼的阶梯。

· 139 拂晓时分，年轻的婆罗门在恒河河阶上修习瑜伽。

· 140-141 正在练习树式的娑度（圣人或隐士）。

其中最著名的体式要数舞王式（Natrajasana），这个姿势来源于湿婆神的形象之一——宇宙舞王娜塔罗伽（Nataraja）；而车轮式（Chakrasana）则对身体的中轴线——脊椎的稳定和健康大有裨益；树式（Vrikshasana），可以帮助平衡和恢复体力；勇士式（Virabhadrasana）则通过属灵争战来找寻一个人存在的真实本质。修习瑜伽还包含一些特殊的技巧，例如清理经络调息法（Nadi Shodhana Pranayama），即通过呼吸控制练习，释放体内堵塞的能量，净化心灵。瑜伽因其联结生命与灵魂的深刻性和功效性，而被认为是一门"对话"的科学。全球目前有数百万人都在修习瑜伽，它已经真正成为世界共同文化遗产的一部分。

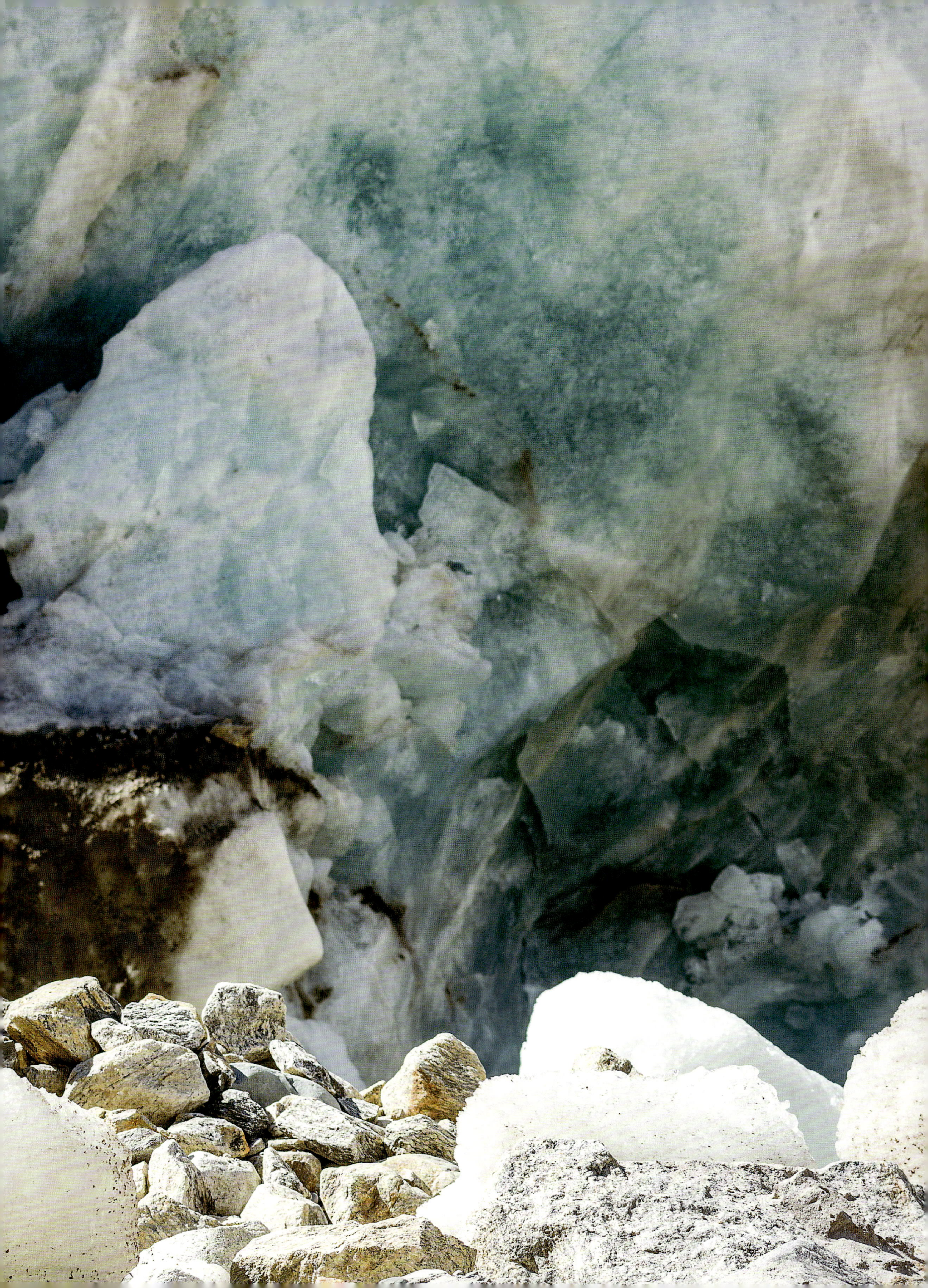

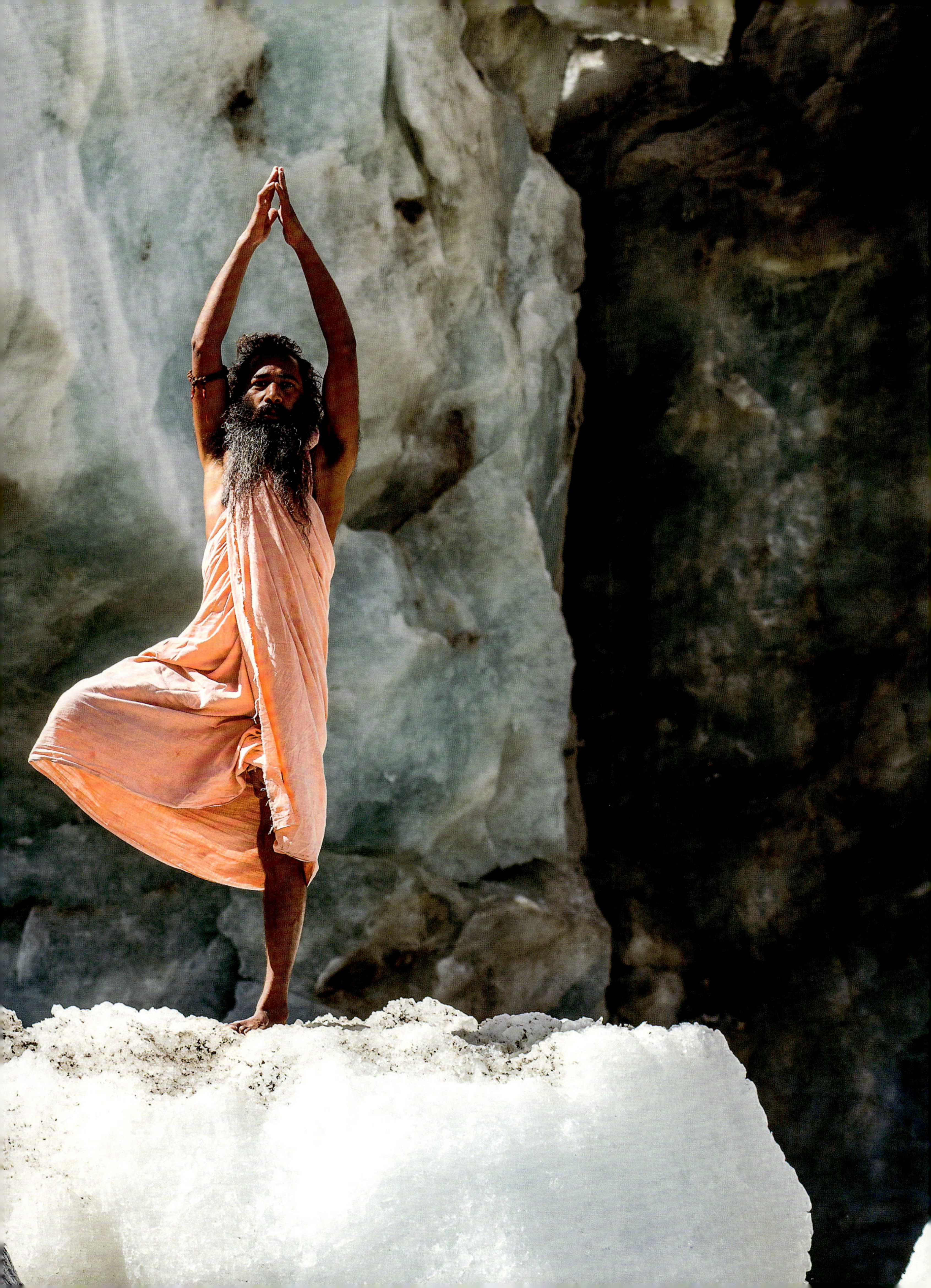

所在洲：亚洲

国家：印度共和国

2017年入选联合国教科文组织非物质文化遗产名录

圣壶节

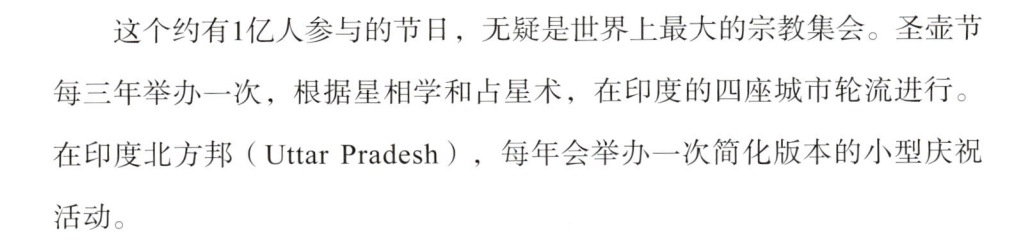

这个约有1亿人参与的节日，无疑是世界上最大的宗教集会。圣壶节每三年举办一次，根据星相学和占星术，在印度的四座城市轮流进行。在印度北方邦（Uttar Pradesh），每年会举办一次简化版本的小型庆祝活动。

新近被列入联合国教科文组织人类非物质文化遗产名录的圣壶节，是一种定期举行的净化仪式。节日期间，数百万印度教信徒聚集在圣河环绕的城市，在圣水中沐浴，他们相信参加这项仪式可以洗净自己所有的罪恶。印度有许多类似的大规模朝圣活动，参与者有苦行僧、信徒，也有游客，各种各样的仪式不分种姓、和平和谐地进行着。圣壶节最大的参与群体是乞讨生计的印度教僧侣团体。

圣壶节（仪式最为完整的节日）每三年在钵罗耶伽（Prayag，阿拉哈巴德附近）、赫尔德瓦尔（Haridwar）、乌贾因（Ujjain）和纳西克（Nashik）这四个城市举行。前两个城市每六年主办一次圣壶节。同时，简化版的仪式，称为圣浴节（Magh Mela），则在钵罗耶伽每年举办一次。而每十二年举办一次的仪式则被称为摩诃壶节（Maha Kumbh Mela）。至于选择哪座城市作为仪式的举办地点，则取决于木星和太阳在天空中黄道十二宫中的位置。当它们落在狮子座时，举办城市就定为纳西克；当太阳落在水瓶座，则定为赫尔德瓦尔；而当木星落在金牛座、太阳落在摩羯座时，则在钵罗耶伽举办；而当两颗天体都落在天蝎座时，则在乌贾因举办。不仅节日的举办地点不固定，举办的确切时间也不是固定的。因为人们不仅仅会观察木星和太阳的位置，还会根据月亮的位置共同定夺，所以日期也会改变。节庆活动包括宗教集会、圣歌吟唱，给圣人、女人和穷人捐赠食物等。

· 142-143 赫尔德瓦尔的圣壶节上，身上涂抹着烟灰的裸体圣僧。他们最先跳进恒河净化河水，并用湿婆神圣火中的灰烬庇佑朝圣者。

所有活动中最重要、也是最受欢迎的便是圣河两岸的洗礼仪式，分别在赫尔德瓦尔的恒河、乌贾因的西普拉河（Shipra）、纳西克的哥达瓦里河（Godavari）以及阿拉哈巴德（Allahabad）的桑伽姆河（Sangam）举行。

与圣壶节相关的最早的文献记录，可以追溯到公元7世纪。印度神学家认为其起源可在《薄伽梵往世书》（*Bhagavata Purana*）中的一个篇章中找到：天神和群魔为了争夺一只装有长生不老琼浆的仙壶，展开了一场持续了十二个白天黑夜（相当于人间的十二年）的战斗。在争斗的过程中，不慎把壶打翻，而壶中琼浆掉落的地方正是举办圣壶节的四个城市。

举办次数最多、参与人数最多的仪式，要数在钵罗耶伽举办的圣浴节。2013年，约有8000万至1亿名朝圣者聚集在恒河、亚穆纳河（Yamuna）和史诗中的萨拉斯瓦蒂河（Sarasvati）三河交汇处的桑伽姆河河岸。这个神圣之地被一些人认为是地球的中心和宇宙的起源，因此在这里朝圣便有了深刻的宗教意义和宗教美德。

· 144-145　阿拉哈巴德的摩诃壶节期间，印度朝圣者穿行在恒河、亚穆纳河和萨拉斯瓦蒂圣河三河交汇处的浮桥上。

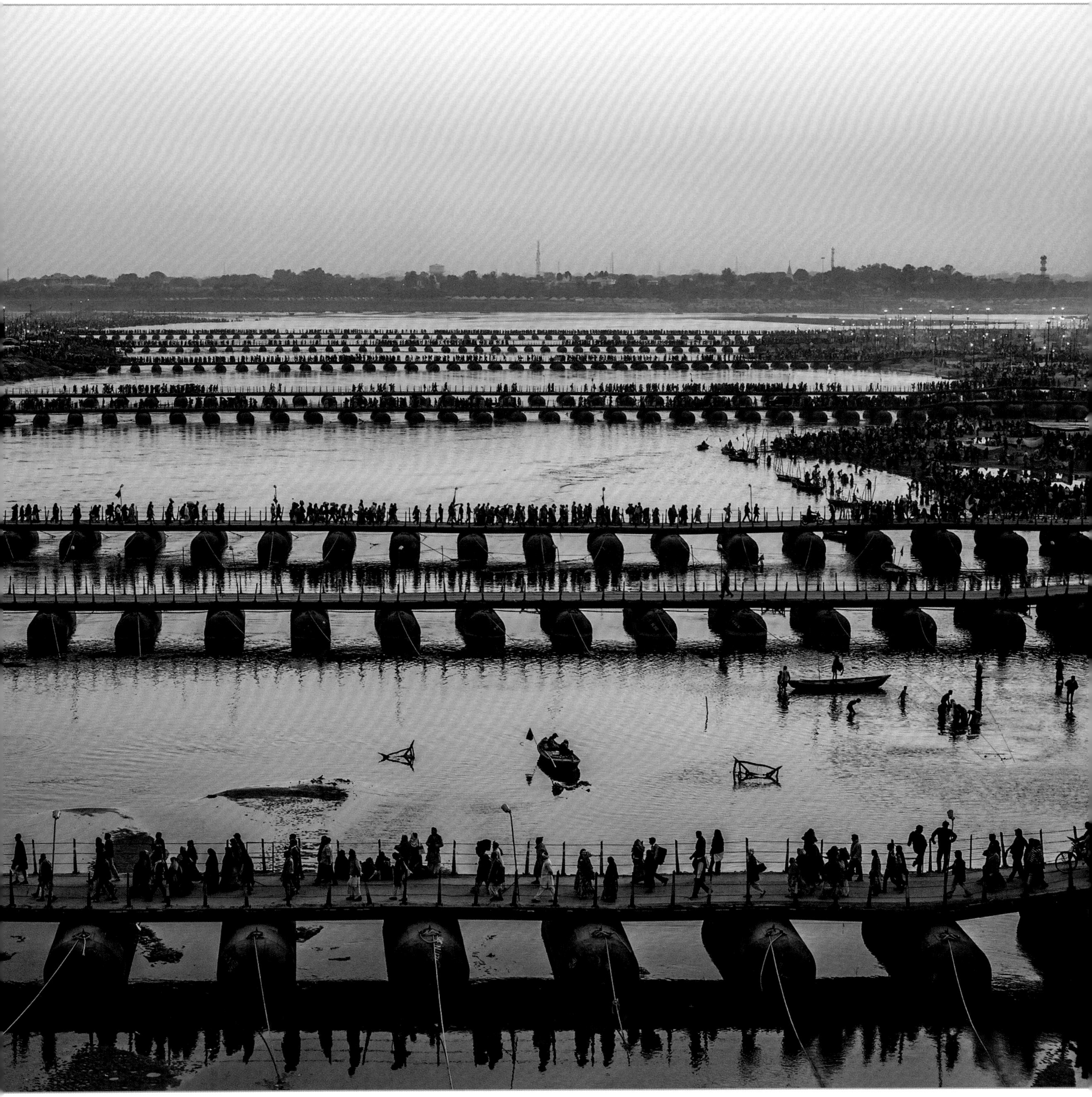

圣壶节在精神层面引领着印度社会。此外，从天文学到占星术，从礼仪传统到社会习俗，它还对各个领域产生了极强的文化影响，进而加速了其价值观的延续和传播。

·146　摩诃壶节上的那迦苦行僧（Naga Sadhu）。为期55天的摩诃壶节每12年在钵罗耶伽举行一次。

·147　在桑伽姆河岸禁欲修行了1个月，希望能戒断一切欲望的那迦苦行僧。

在为期41天的圣浴节（Magh Mela）期间，朝圣者们白天跳进桑伽姆河沐浴、祷告。夜晚，他们回到家里或帐篷里睡觉。而镇守河边，见证整个仪式过程的苦行僧叫作卡尔普法西斯（Kalpvasis）。在圣浴节期间，卡尔普法西斯在圣浴节期间每天黎明时分必须进入恒河，向初升的太阳祷告，他们一天中其余的时间则分配给了游行、诵颂咒语、歌唱赞美诗、跳舞和洗净化浴等仪式。到了晚上，人们开始焚烧尸体。根据《吠陀经》（Vedic Scripture，印度教最古老的宗教哲学典籍）记载，那些死在恒河岸边的人们可以获得无上的幸福和涅槃，而那些在三条圣河交汇处停留至少三天的人会得到救赎。乐声、气味和色彩渲染出了更加强烈的神秘氛围。数不胜数的朝圣者被卷入虔诚的浪潮之中，世界仿佛已经属于另一个维度。

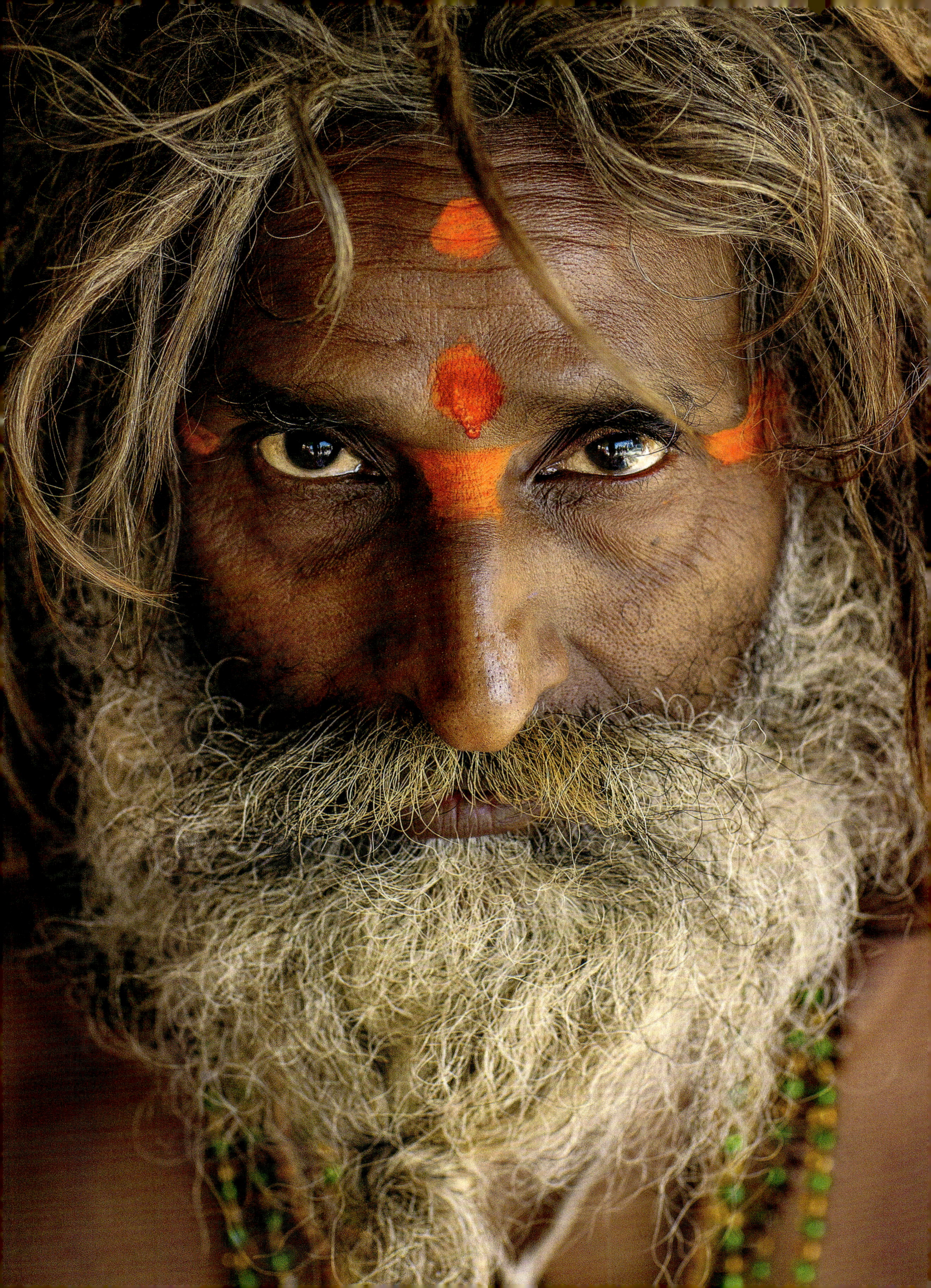

·148-149　黎明时分在桑伽姆河中沐浴的朝圣者。桑伽姆河的河水净化了十几代先祖，让他们获得了救赎。

·149　阿拉哈巴德的传统祭品。参加过一次圣浴节的人便可以寄希望于从尘世中获得永恒的解脱。

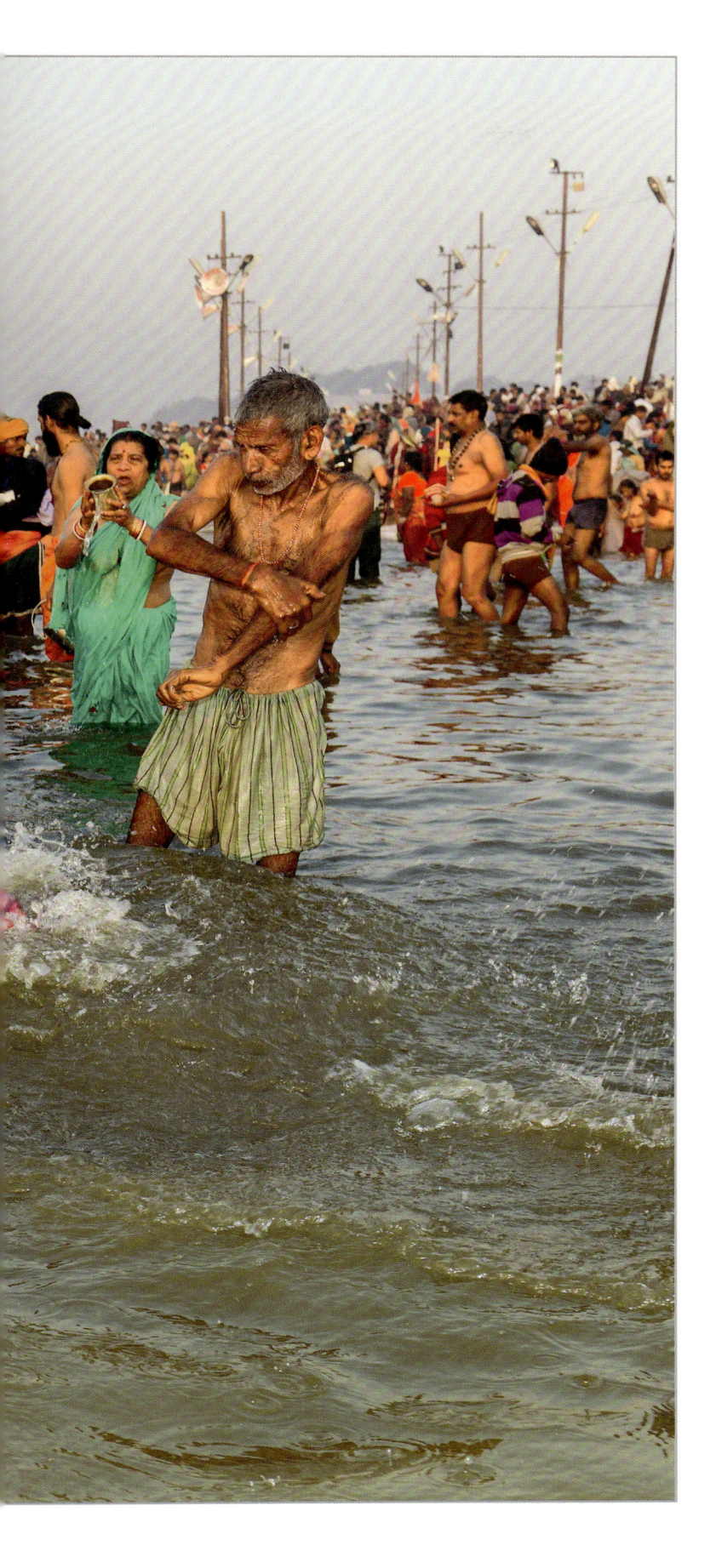

在钵罗耶伽，节庆仪式在桑伽姆河周围数千公顷的区域内进行。这也催生了世界上最大的临时城市。多年以来，政府为前来朝圣的人们提供了各种便利设施，例如路灯、安保、洗浴设施、厨房及交通管控措施。

·150　印度信徒在桑伽姆河岸举行仪式。桑伽姆河被他们认为是宇宙的起源，受到众神的保佑。

·150-151　整个赫尔德瓦尔圣壶节期间，信徒们在临时搭建的广阔城市空间内活动。夜晚，他们通常都会在大帐篷里就寝。

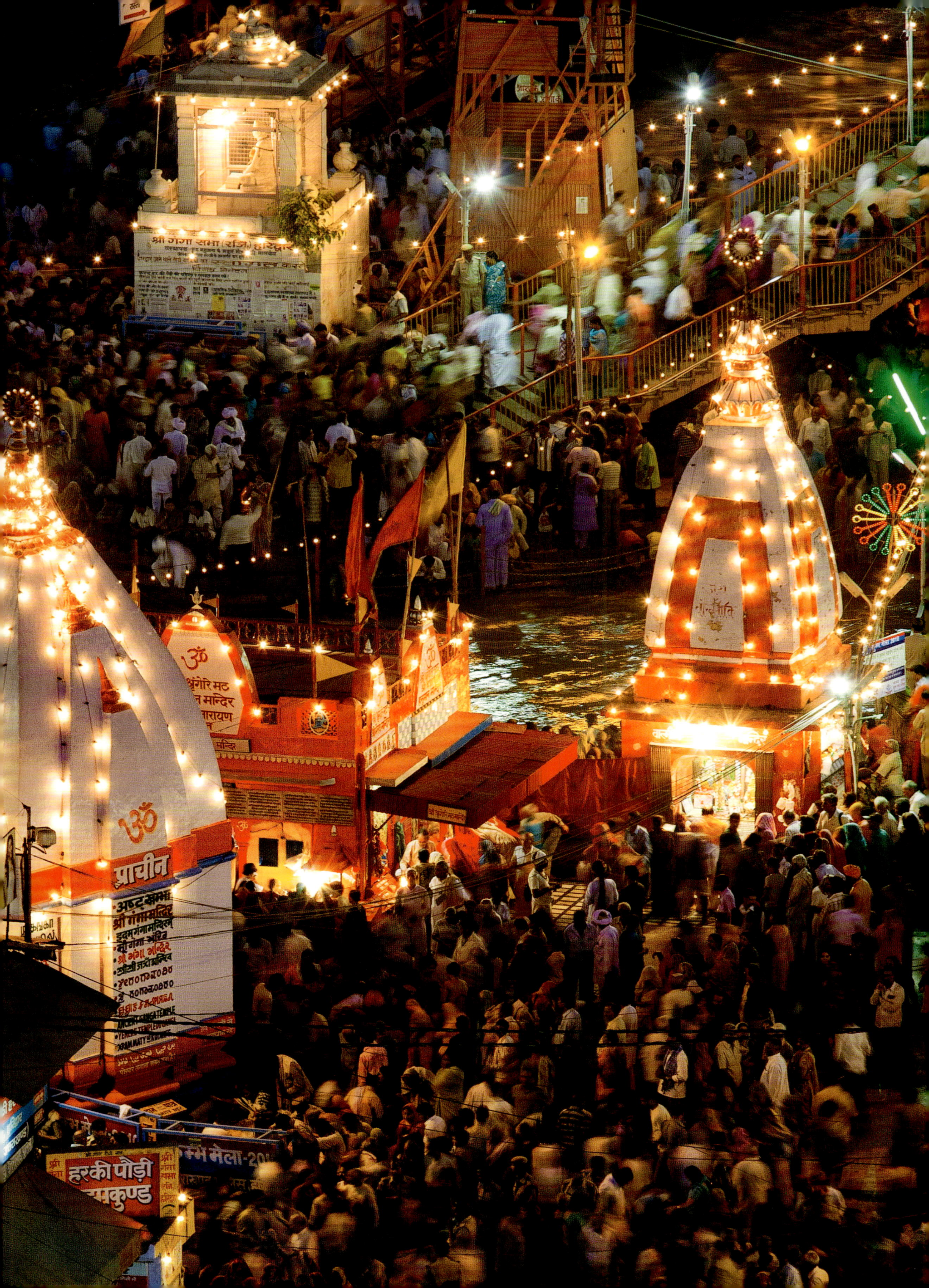
प्राचीन
हरकी पौड़ी

所在洲：亚洲

国家：吉尔吉斯共和国

2012年入选联合国教科文组织非物质文化遗产名录

·152-153　身着传统服饰的女子坐在吉尔吉斯地毯上。地毯是新娘嫁妆里不可或缺的艺术品。

吉尔吉斯族传统毛毡地毯工艺

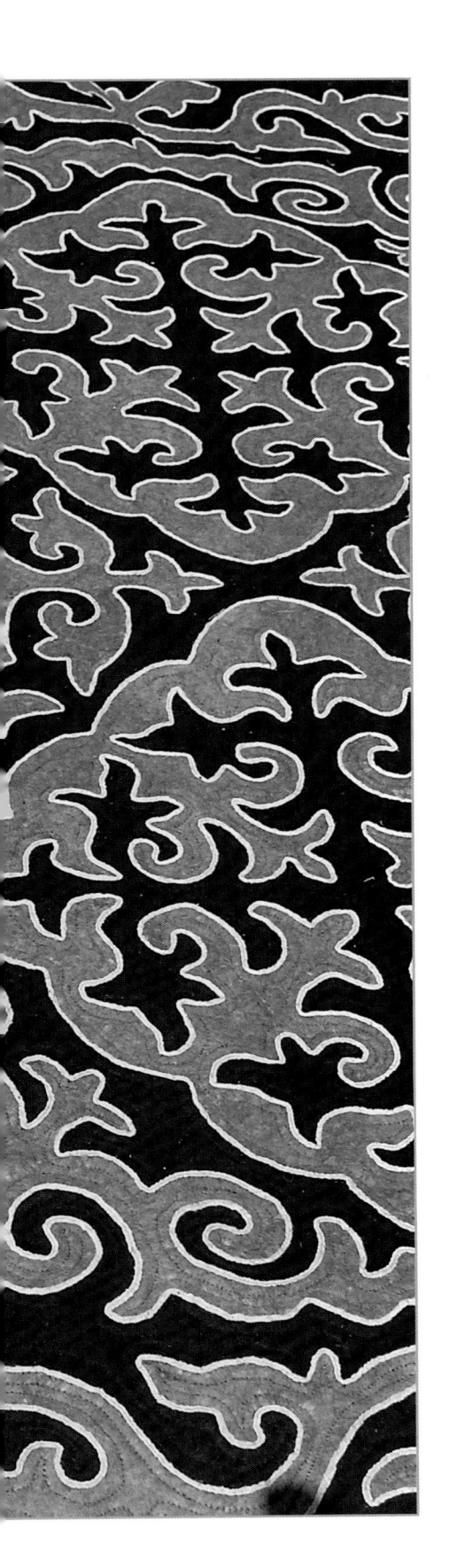

在中亚，吉尔吉斯族人从游牧民族那里学会了制作传统的毛毡地毯，用以装饰他们的家，同时也为他们在冬季防寒保暖。吉尔吉斯斯坦这份珍贵的文化遗产，正在面临消失的严峻挑战。

色彩明艳的吉尔吉斯地毯是用山区动物的皮毛制成的。地毯上的图案表现着各种主题，包括地球和天体、农田、河流、山脉等。制作地毯所需要的技能和知识通常是由家族中较年长的妇女传授给年轻一代，尤其在山区农村地区，情况基本如此。当气温降至 –24℃（33.8 °F）时，地毯可以帮助人们抵御西伯利亚凛冽的寒风。传统的吉尔吉斯毛毡地毯有两种类型：施尔达克（Shy-rdak）和阿拉齐叶兹（Ala-kiyiz）。较小的施尔达克地毯由单人制作完成。毛毡地毯上铺着的彩色装饰图案，是夏季时节将一片片羊毛毡用驼毛线手工缝制上去的。地毯上的装饰图案通常是植物、山羊角或者阿拉伯式的花纹。过去，地毯的染色只使用取自根茎和叶子的天然颜色，但现在使用的颜色大多数是合成的。毛毡地毯需要经过数周的浸洗、干燥、染色和防蛀，耗费两到三个月的时间，才能最终制作出成品地毯。它的使用寿命很长，可达30年。

而阿拉齐叶兹（Ala-kiyiz）地毯采用压毛花纹工艺制成，需要一个团队通力合作。将新鲜剃下的羊毛按照图案或花纹摆放在以毡毛打底的芦苇席子上，然后进行染色。接着把热水喷洒在地毯上，一遍遍地将其卷起压紧再展开，直到羊毛图案变得紧实。通常，由年轻女性操作这些步骤，年长的妇女在旁指导监督。而男人们则负责剪羊毛、砍柴、烧水，帮助压实地毯，并将这些成品拿到市场上出售。这些图案由妇女们徒手勾勒出来，事先并没有打任何底稿，可见吉尔吉斯族人拥有一个充满了想象力的图案宝库。这也是他们赢得如此崇敬的原因之一。族群中的长辈始终保佑和守护着地毯制作的整个过程。

毛毡地毯不仅是吉尔吉斯族人最主要的艺术形式之一，也是维护社区团结的重要载体。正如联合国教科文组织所认可的一样，毛毡地毯为社区提供了一种认同感和延续性。今天，在北部伊斯库尔（Issyk-kul）和纳伦（Naryn）两大州的遥远山区，特别是阿特巴希（At-Bashy）地区，依然延续着制造这种地毯的传统。目前为止，地毯工匠所使用的图案一般都使用模板，因此，没有人对自己设计的图案、形式或颜色进行版权保护，这也导致它们经常被复制或挪用。

· 154上　纳伦州的工作坊里，地毯工匠正在绘制图案。
· 154下　画好的图形先用彩色羊毛线勾勒出来，再用驼毛线与底部缝合。
· 154-155　全国各地的地毯工匠聚集在阿特巴希，参加吉尔吉斯应用艺术节。

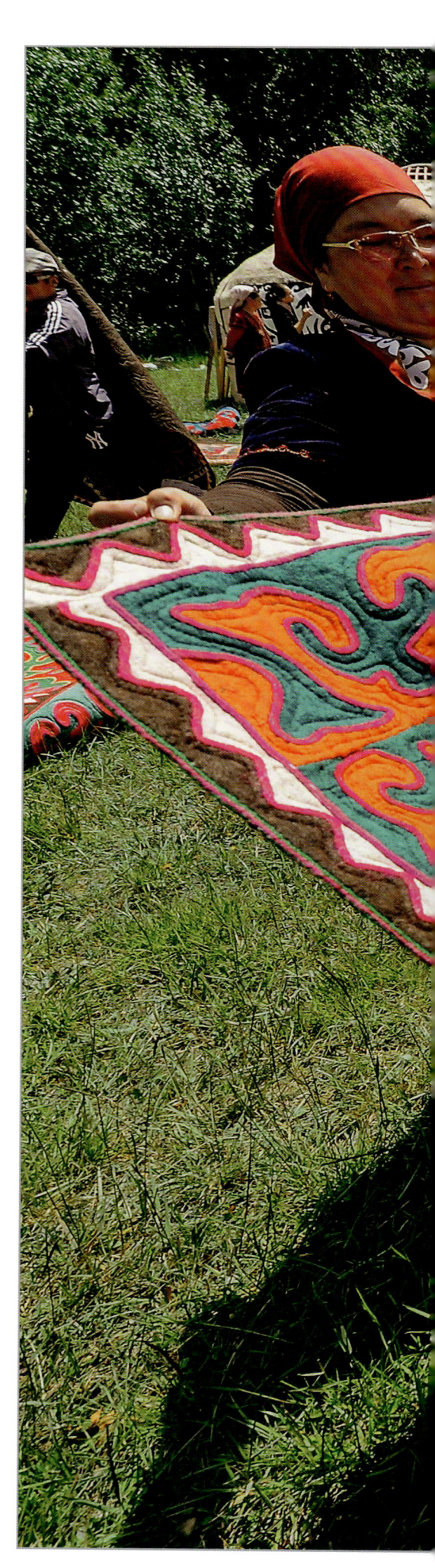

155

所在洲：亚洲

国家：蒙古国

2013年入选联合国教科文组织非物质文化遗产名录

· 156-157　在公元前5世纪古希腊历史学家希罗多德（Herodotus）的著作《历史》中，建在戈壁大沙漠上的蒙古包第一次被提及。

· 157　搭建蒙古包的第一步需要将木架组装成锥形栅格框架。

传统蒙古包制作工艺及相关习俗

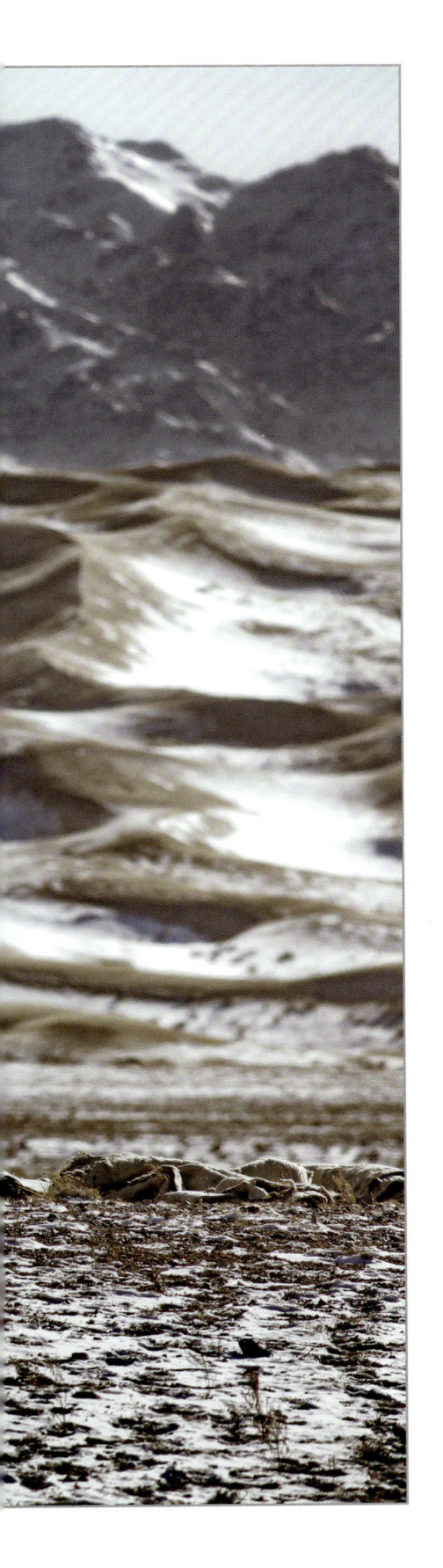

蒙古人的传统民居易于拆除和移动。其设计初衷是帮助人们抵御沙漠的严酷气候，创造舒适的居住环境。从建造方式，到内部陈设和功能用途，一切都按照精确的礼仪规矩进行。

蒙古包是可移动的帐篷之家。几个世纪以来，在中亚辽阔的平原地区，蒙古人、哈萨克人、乌兹别克人等游牧民族都依靠蒙古包在极端生存环境下的沙漠生活。沙漠的温度在冬季会降至-40℃，而到了春季，风沙又会十分强劲。今天，许多蒙古人依然使用蒙古包。它低而圆，温暖、纯白且闪耀，方便拆除、移动和重新组装，是游牧民族的理想居所。

蒙古包的结构很轻，因此可以轻松搬移，而且它非常灵活，折叠、打包和再次组装只需要3小时。蒙古包的搭建不需要钢铁，也不用一颗钉子或螺丝，它是在用约1.3米长的木杆搭成的锥形骨架上，覆盖毛毡和帆布搭建而成的建筑。蒙古包的中间有两根支撑顶棚的木杆，与栅格框架相连接。几千年来，蒙古包的搭建都遵从相同的步骤，从准备羊毛制作毛毡，到缝制帆布，整个家族都会共同参与搭建。男人砍伐木材，和女人们一起缝制毛毡，而孩子们则在一旁观察学习，以备未来所需。资历较深的族人会教导年轻人制作毛毡、帆布

层、地板、地毯和用动物毛做成的绳索。蒙古包的大小和外观各有不同，但基本的形态都是一样的：主体是装饰着传统纹样的圆柱体结构，顶部是一个带有小排烟口的圆锥形屋顶。利用压绳和坠绳，借助顶部帆布的张力，可以增强蒙古包的抗风能力。

蒙古包和迁徙的牧羊人、宗教信仰及复杂的家庭等级制度一样，都是生活在大草原上的游牧民族文化特征的重要组成部分。近年的城市化进程改变了这些草原建筑的形式和功能，它们变得越来越"商业化"，更能适配现代生活的需求。

·158　遵从古老的习俗，蒙古族家庭搭建蒙古包，以庆祝年轻的家庭成员第一次理发。
·159　蒙古包在游牧家庭中扮演着重要的社会和文化角色。蒙古包的建造者也备受人们尊崇。

·160　为了辟邪，进入蒙古包时，不能踩到门槛，也不能从中间的两根柱子之间走过。

·160-161　蒙古包的地板上铺着厚毯，家居内饰十分简朴。通常会摆放多张床铺，白天可以当沙发使用。

蒙古包的毛毡顶棚具有很好的保温性能，可以使室内保持温暖。室内的陈设十分简朴，完全符合游牧民族的生活风格。地板上覆盖着地毯，白天所坐的"沙发"就是晚上的床铺。一只衣柜和一张低矮的小餐桌也是常见的摆设。蒙古包只有一个入口，面朝南方。最靠近门口的空间会留给厨房和一家之长的床铺，孩子们的床铺则靠墙摆放。客人的床铺通常在入口的对面。

蒙古包，如同迁徙的牧羊人、坚定的宗教信仰及复杂的家庭等级制度一样，都是生活在大草原上的游牧民族文化特征的重要组成部分。近年来，城市化进程改变了这些草原建筑的形式和功能，它们变得越来越"商业化"，更能适配现代生活的需求。

所在洲：亚洲

国家：中华人民共和国

2009年入选联合国教科文组织非物质文化遗产名录

·162-163 中国书法是博学和智慧的象征。不是所有人都可以驾驭这种艺术，很多人自年幼起就开始练习书法。

·163 这种毛笔是文房四宝之一。文房四宝是中国独有的四件书画用具，在东方广受尊崇。

中国书法

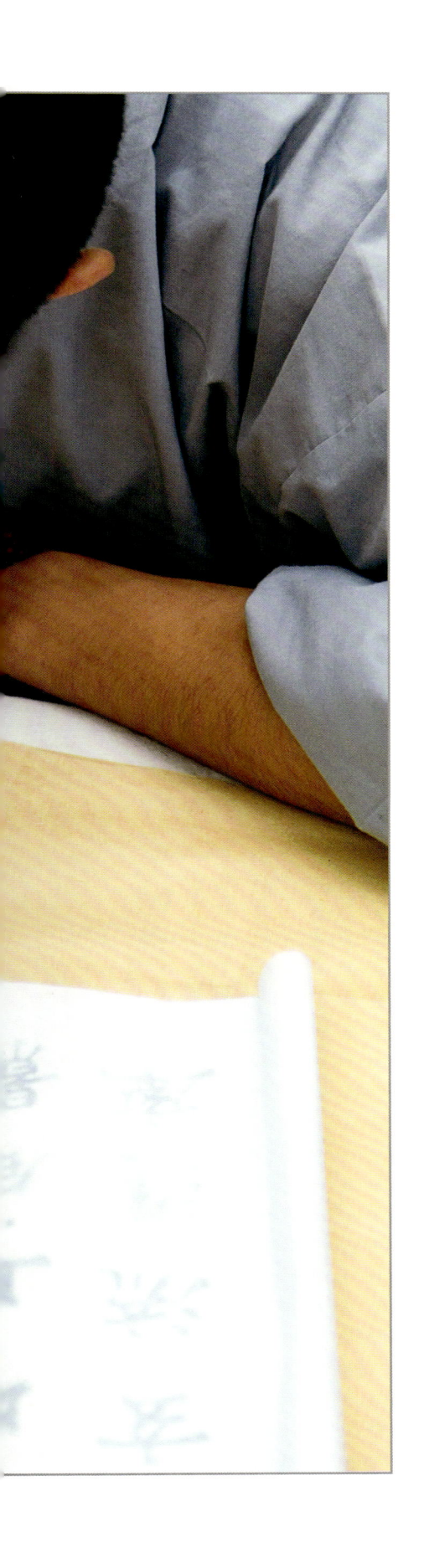

笔酣墨畅的中国书法博大精深。在中国古代几千年的历史中，书法一直都是能够识文断字的饱学之士才会涉猎的艺术。今天，书法依然是一门经过多年学习才能领会的艺术。在一套中国独有的书画工具——"文房四宝"的辅助下，书法艺术得以源远流长。

书法不仅仅是一种交流的方式，也是中华文明灵魂和精神的重要组成部分。在几千年前，只有达官显贵和知识分子才会修习书法，因为他们更易自幼接触表意文字和礼仪规范，并且能够将之用笔墨诉诸纸上。而如今，书法早已成为表现中国人思维方式、人格精神与性情志趣的大众艺术实践。学习中国书法的第一步，就是掌握"文房四宝"的使用。"文房四宝"分别是：毛笔、墨水、宣纸、砚台。毛笔是用马、鹿、獾、狐狸、兔子或山羊的软毛或者鬃毛制成的；墨水是保存在墨锭中，由树脂漏或者油烟煤混合动物胶质以及各种香料制成的；砚台，也就是把墨锭研磨成墨水的器具；宣纸，是利用大麻、竹子、桑皮、稻草等植物纤维制成的毛笔书画用纸。中国书法有五种不同的字体：篆书、隶书、楷书、行书、草书。书写表意文字需要高度集中的注意力和强大的自我控制能力，这也解释了为什么书法还会被称为是一种高雅的冥想方式。

中国传统桑蚕丝织技艺

据说，远古时代在一个完全偶然的情况下，丝绸被人们"发现"了。自那时起，种桑养蚕不仅成为中国多个省份的社会生活习俗，也是中国经济的一个重要特征。

神话传说中，黄帝轩辕氏的元妃——出生于西陵的嫘祖在一棵桑树下喝茶时，一只茧从树枝上掉进了滚烫的茶水中。嫘祖试着把它取出，却发现它开始离解开来，形成了一根长而韧性又很难抓住的细丝。嫘祖于是命令仆人收集其他的丝线并用于编织。这就是中国蚕桑文化的起源。嫘祖因此而赢得了女神的称号，她被人们称为"蚕之母"。

这个传说证实了中国人从远古时代就已经开始从蚕茧中提取丝线。关于丝用蚕茧的考古发现，最早的可以追溯到公元3000年前。而第一件丝绸织品的残片是在殷商时期的古墓中被发现的。

所在洲：亚洲

国家：中华人民共和国

2009年入选联合国教科文组织非物质文化遗产名录

· 164　中国江苏省苏州市一家老铺中的家蚕蚕茧。
· 164-165　丝绸制作的工序之一。传统的丝绸制造厂往往是家族经营的。

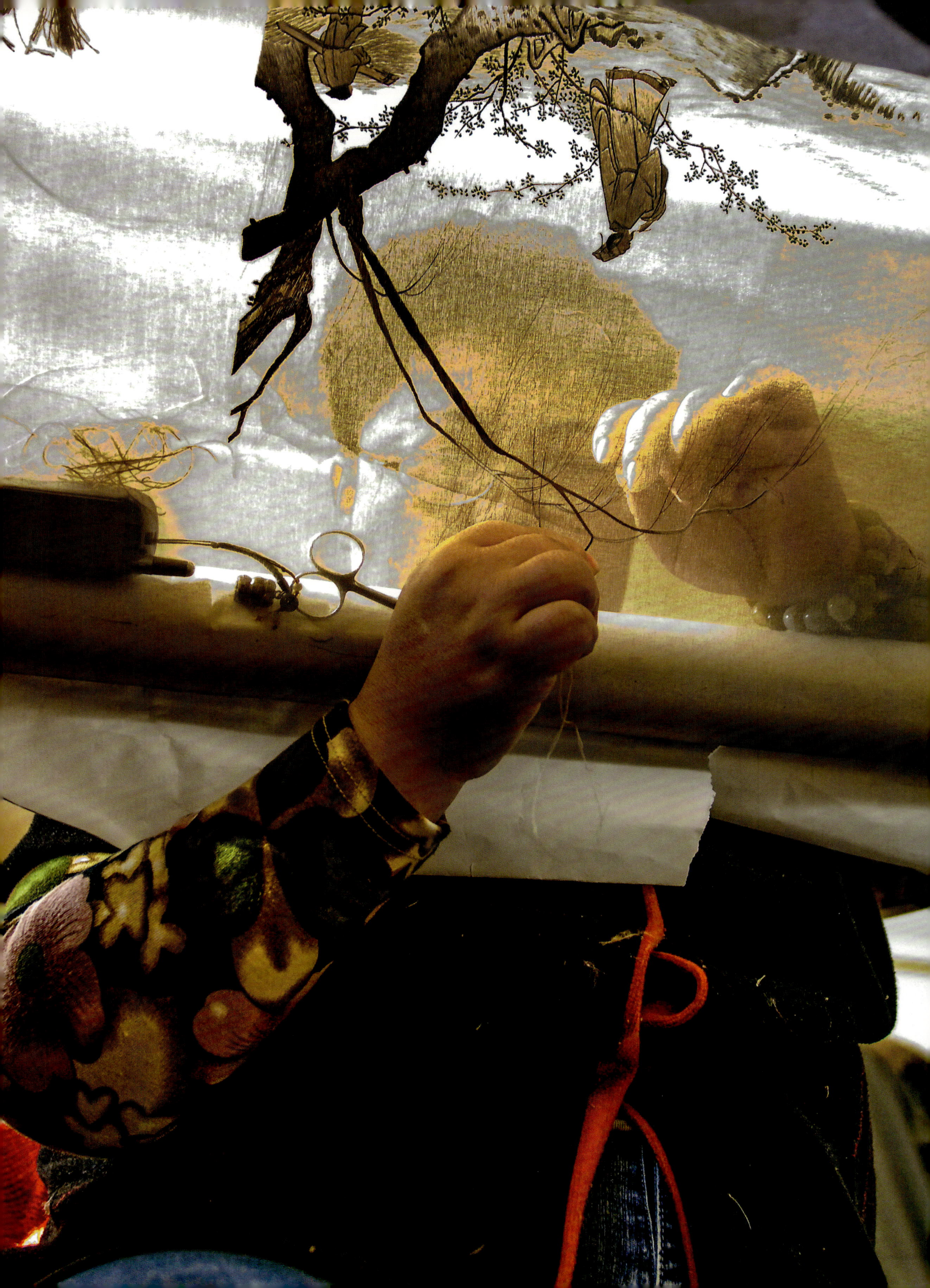

· 166　丝线也可以用来刺绣雅致的图案，创造出瑰丽的艺术作品。

· 167　苏州刺绣研究所的刺绣艺术家正在创作。

· 168-169　丝线用途广泛。染上华丽色彩的丝线是创作复杂装饰品的完美材料。

在古代很长的一段时间里，养蚕缫丝的技术一直是保密的，因为这些珍贵的织物是皇室成员的特殊贡品。随着时间的推移，这项技术开始在其他社会阶层传播开来。丝线不仅可以用来编织衣服，也可以用于包装物品或制作成琴弦和渔具。而丝绸产业的欣欣向荣，则离不开延伸至地中海东部的"丝绸之路"带来的贸易机遇。当时，古埃及和罗马商人会买下这些轻薄奢华的丝织品，然后再卖给最富裕的家族。公元6世纪，丝绸制品被一些僧侣带进了东罗马帝国当时的首都君士坦丁堡的皇宫中，丝绸大受君王的钟爱，并且逐渐成为贵族阶层地位的象征。13世纪，丝绸征服了欧洲世界。意大利丝绸产业的兴起也正是在这个时期。

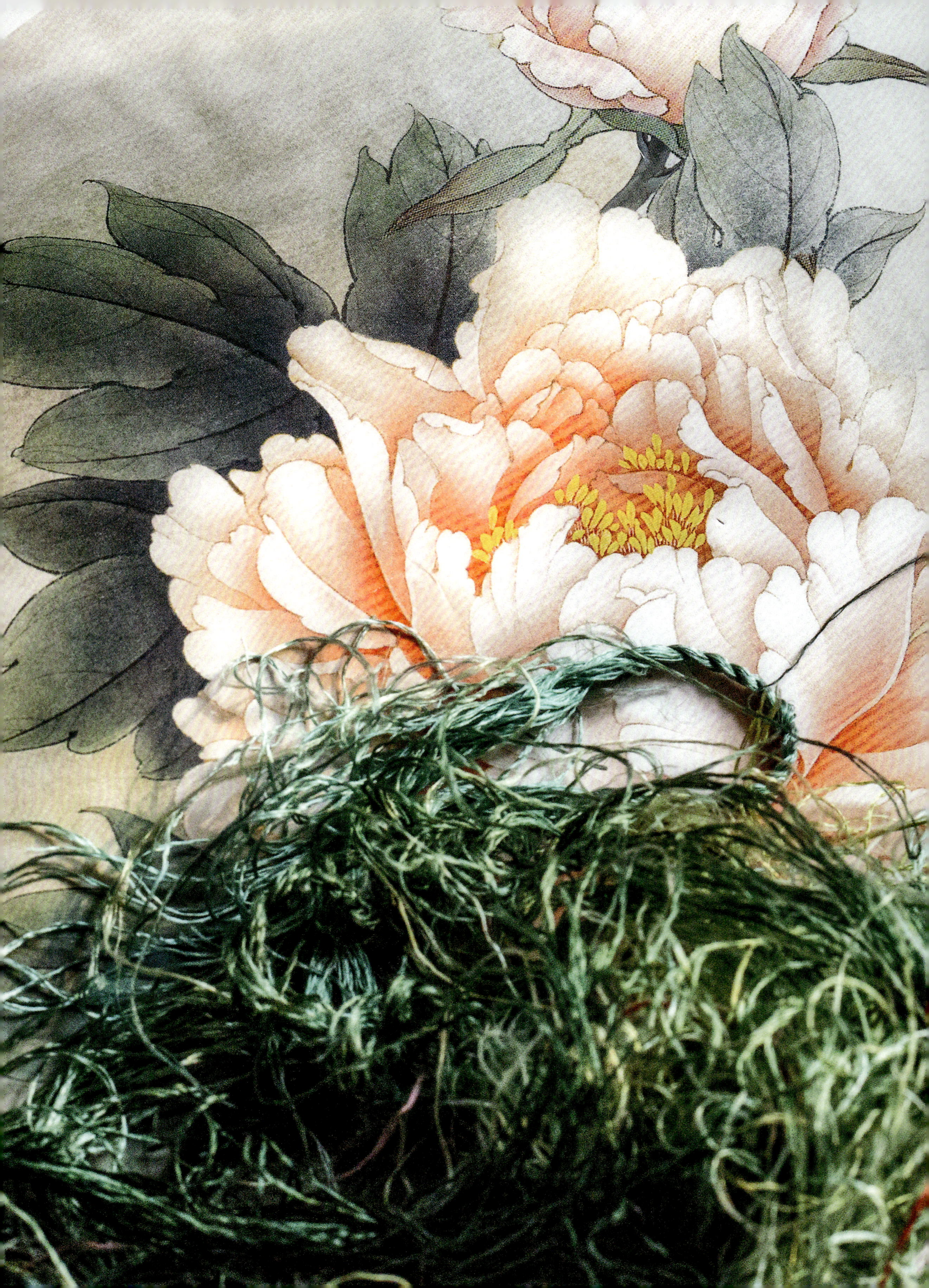

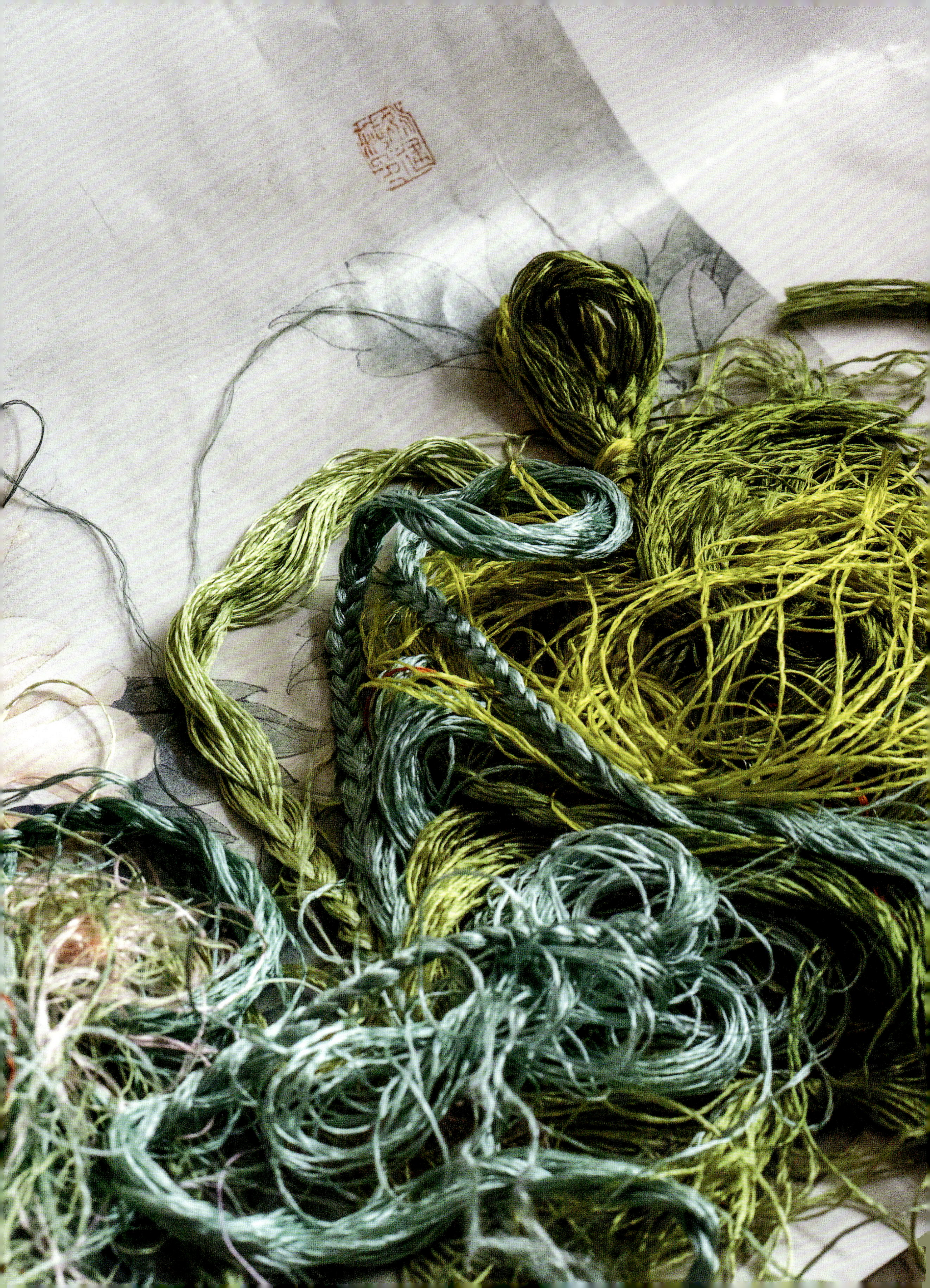

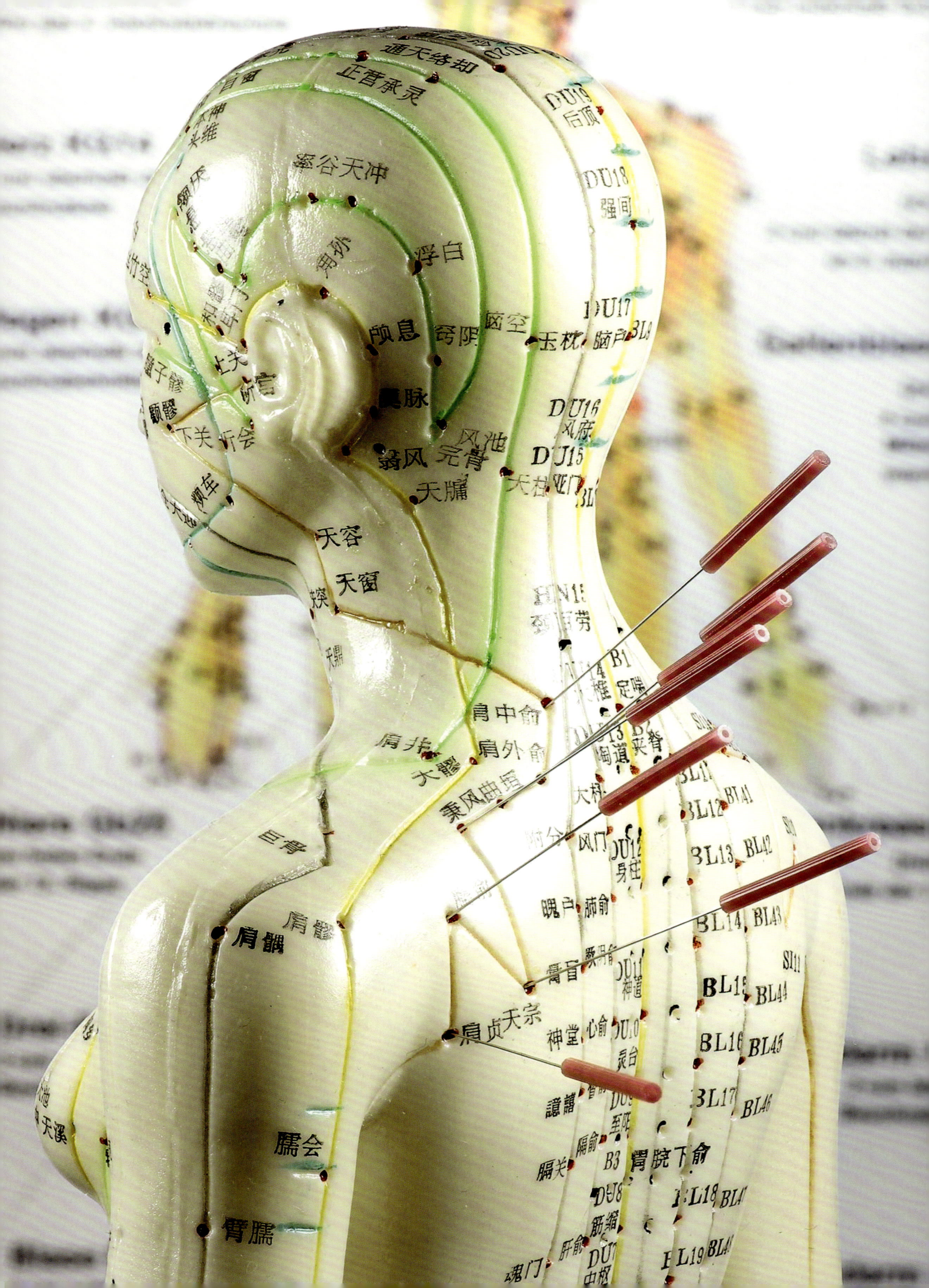

通天络却
正营承灵
DU19
后顶
率谷天冲
DU18
强间
浮白
DU17
脑户
颅息
窍阴
颅空
玉枕
瘈脉
DU16
风府
风池
DU15
哑门
翳风
完骨
天牖
下关
颊车
天容
天窗
肩中俞
肩外俞
肩井
大椎
陶道
秉风曲垣
大杼
巨骨
附分
风门
身柱
魄户
肺俞
肩髎
肩髃
膏肓
神道
天宗
肩贞
神堂
心俞
灵台
譩譆
膈俞
至阳
膈关
胃脘下俞
臑会
筋缩
肝俞
魂门
中枢
臂臑
BL12
BL13
BL14
BL15
BL16
BL17
BL18
BL19
BL41
BL42
BL43
BL44
BL45
BL46
SI11

中医针灸

所在洲：亚洲

国家：中华人民共和国

2010年入选联合国教科文组织非物质文化遗产名录

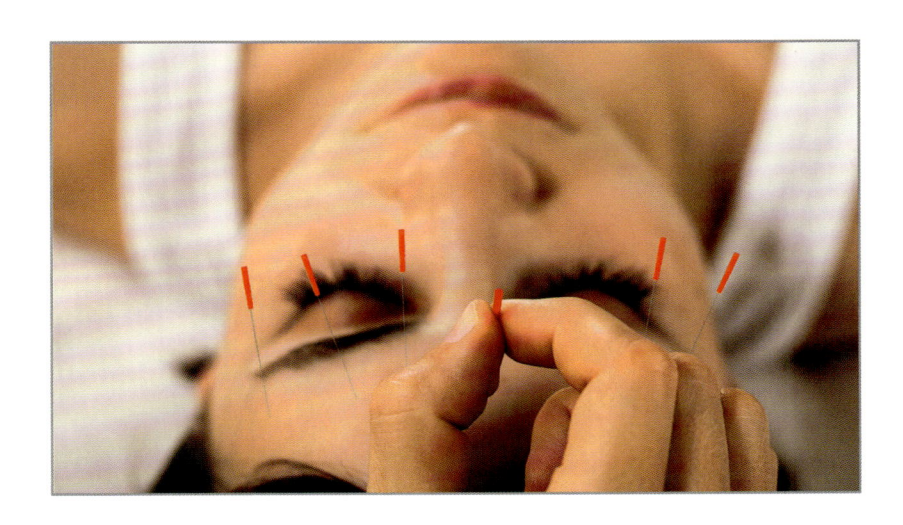

这种疗法在原始社会就已经开始被人们使用。其原理是将人体看作一个微观世界，它的平衡取决于经络的健康，以及宇宙五大基本元素（金、木、水、火、土）之间的关系。

中医已经有2500多年的历史，近年来，它和其他一些替代疗法（Alternative Medicine），共同在全世界掀起了一股新的热潮。尽管中医的有效性并不代表其科学性，但毫无疑问，其方法和哲学具有人类学和文化价值。这也是为什么中医的一些实用技术，例如针法和灸法，被联合国教科文组织于2010年录入了人类非物质文化遗产的名录。基于整体性的思维，针法和灸法这两种疗法都是基于人体是一个微型宇宙的概念。由于身体的各个部分都是相互连通的，疾病与患者的精神和心理状态都相互影响。通过刺激经络的方法可以改善这些状况，让器官恢复其功能，从而祛除疾病。结合这些原理，针法是沿着经络将针插入特定的穴位，纠正人体内能量流的运动轨迹；而灸法则是通过在皮肤上方或附近燃烧艾条，温热经络穴位下的内部脏器。

·170 女性身体模型上的确切经络针法点。
·171 经过几个世纪的临床实践，针法和灸法已经成为专业医学院的一门课程。通过刺激特殊的穴位，改善经络状况，可以有效治疗疾病。

歌舞伎

所在洲：亚洲

国家：日本国

2008年入选联合国教科文组织非物质文化遗产名录

17世纪初期，歌舞伎诞生于京都一带，它是日本古典戏剧中最受欢迎也最复杂的程式化流派。歌舞伎表演者不仅是专业的演员，还必须擅长唱歌和舞蹈。最初只有女性参与这种艺术表演，但很快男性就加入了进来，他们扮演女性角色，化妆并穿戴女人的服饰。女性演员的表演逐步被禁止。

传说在1603年，即江户的鼎盛时期，巫女出云的阿国（Izumo no Okuni）和一群下层社会的女子在京都鸭川的岸边一起跳舞，她教导女孩子们用舞蹈表达自己。出云的阿国穿着鲜艳夺目的华服，作"倾奇者"（kabukimono，指穿着醒目、举止超越常规的人）装扮。她编排的舞蹈动作别出心裁，而且富有暗示意味。歌舞伎中的歌代表歌曲，舞即舞蹈，伎代表表演技巧，也就是说，这三个字代表了歌舞伎演员必须具备的三种艺术才能。起初，歌舞伎的题材来源于历史事件和爱情故事，表演者只有女性，由女角同时担当男性和女性角色。

·172 在市川猿之助（Ichikawa Ennosuke）的剧团表演歌舞伎的演员。
·173 化着浓妆的市川海老藏（Ichikawa Ebizo X）十代目。他出身于自17世纪开始就活跃于世的歌舞伎宗家名门。

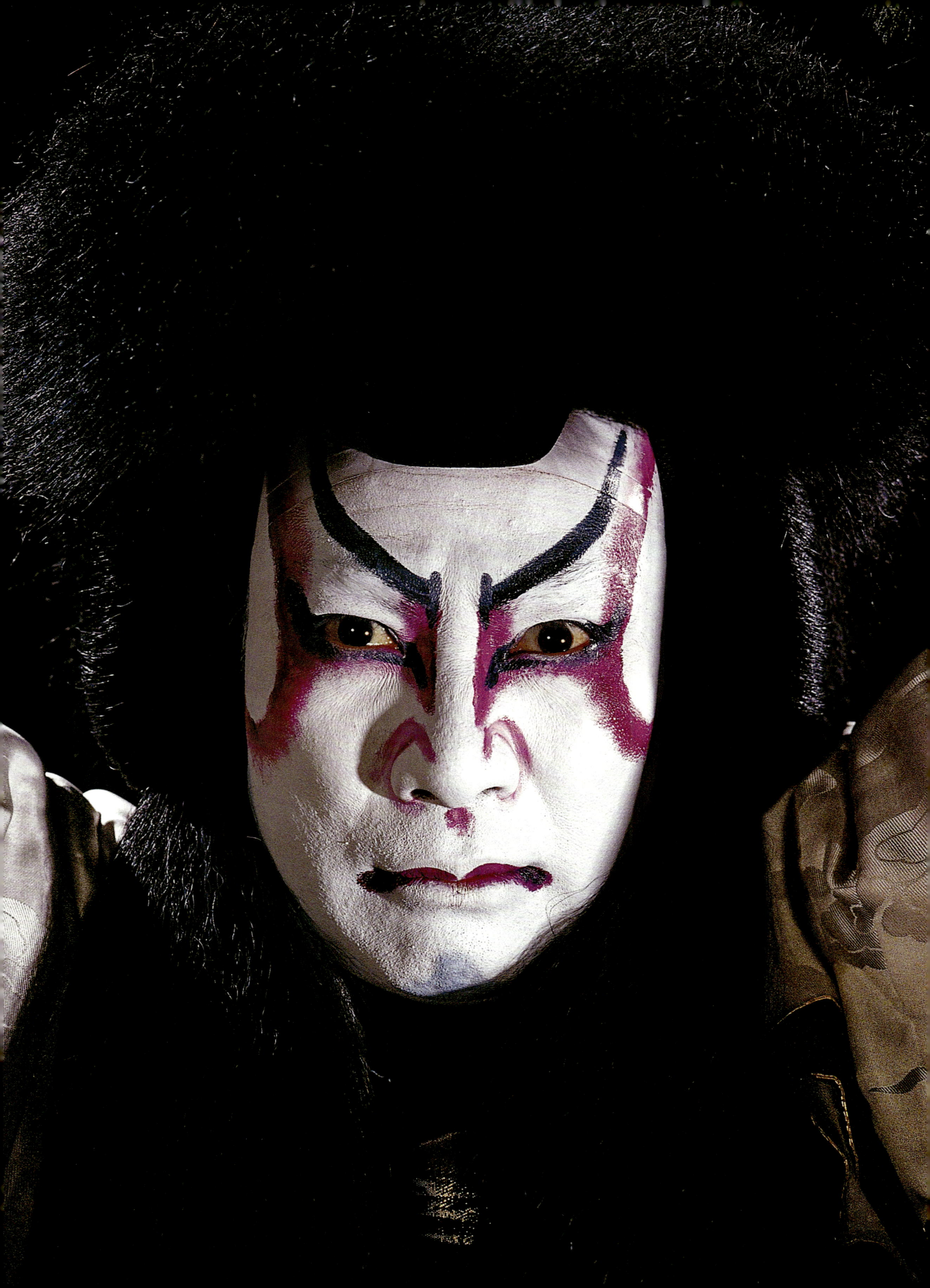

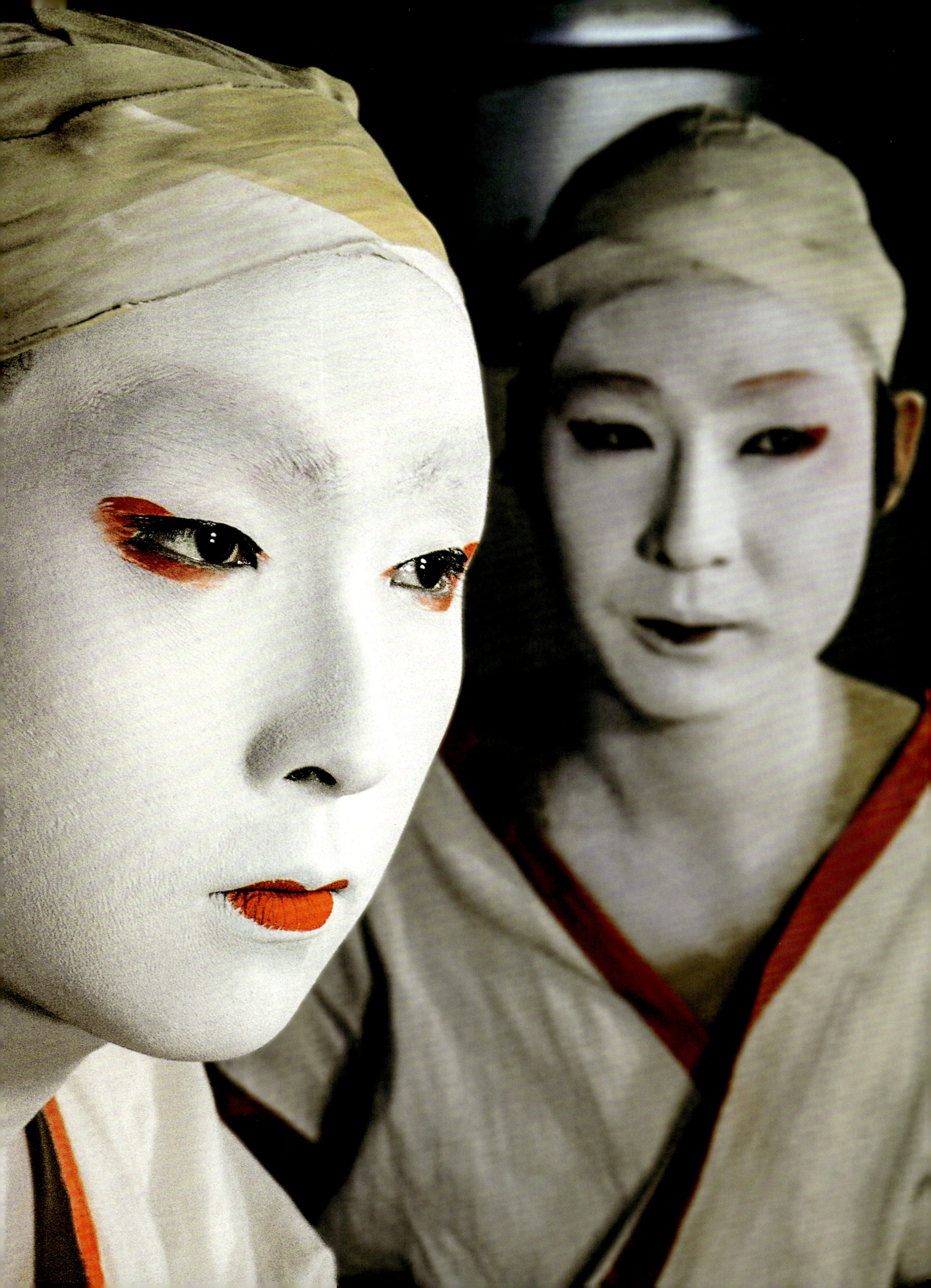

然而，德川幕府严格的道德规范逐渐禁止了女性登台表演。起初，还有部分女性和男性一起演出，接着就完全被"女形"（扮演女性角色的男性演员）所替代，至今依然如此。歌舞伎是最受日本中产阶级喜爱的戏剧类型，因为它涉及的主题和表达的情感与中产阶级的精神需求十分契合，比如一些歌舞伎演出会再现周遭发生的真实事件。由此，歌舞伎也成为日本大众传播的一种媒介。

歌舞伎演员用固定的声调表演，他们会做出程式化的动作和姿势，展现固定的造型，通常会与角色性格相一致。歌舞伎剧场的重要元素，除了乐器演奏，还有舞台布景配合演出，例如旋转舞台、暗门，以及贯穿于观众席中的花道（Hanamichi）。这些设施使得故事情节更加生动，增强观众的互动和参与度。歌舞伎演员会由身着黑色衣服（为了在观众面前"遁形"）的舞台助演辅佐，他们负责更换布景、操纵动物形象和传递道具。歌舞伎表演的服装和化妆包括华丽的假发、衬托出人物性格和女形柔美女性形象的白色妆容。自1868年西方世界开始影响日本开始，歌舞伎进行了一些现代化的尝试，但始终都保留着其独特的历史传统。

·174 "隈取"（Kumadori，即歌舞伎的脸谱）是一种大胆的妆容。它通过夸大演员的面部特征来突出角色的个性。初代市川团十郎（Ichikawa Danjuro）于1673年构思了这种妆容。目前基于此妆容，已经衍生出百余种新的妆容。

·175 "隈取"妆容取红色、蓝色、黑色涂于白色的底妆之上，再用香油将颜色调暗，使得线条在远处也能清晰可见。

元禄时代（1688—1703）是歌舞伎的黄金时期，而其发展到文化顶峰则是在江户时代（1603—1867）。江户时代诞生了不少名作，在此期间，歌舞伎也受到了人形净琉璃（Bunraku，即文楽，日本木偶戏）的影响。歌舞伎有三种主要的剧目类型，分别是：时代物（借古喻今的神话历史剧）、世话物（世人当代故事）和舞踊剧（舞蹈）。

·176 舞蹈是歌舞伎最具特色的元素之一。最初的舞蹈形式是由出云的阿国编排的，民间一般把她看作歌舞伎的创始人。

·176-177 歌舞伎于2008年被联合国教科文组织列入非物质文化遗产名录。它是日本戏剧文化的代表，其戏剧题材来源于日本历史和神话故事。

和纸：日本手工纸技艺

7世纪，古代中国的造纸术经由高句丽传到日本后，日本人用独特的原料和方法创造了一种新的手工纸。这种纸用途广泛，可以用于折纸、书道和浮世绘等传统艺术创作。

众所周知，纸起源于中国。据史料记载，公元105年，东汉和帝的内廷官员发明了纸，他用楮皮作为原料，经过打浆、抄造、干燥等步骤制作出了纸张。事实上，甘肃省敦煌的考古发现证实，早在公元前2世纪，人们就已经开始使用这种纸。也就是说，纸发明的时间比文献所记载的还要早4个世纪。中国人对这项发明十分自豪，但造纸术在世界范围内传播缓慢，直到中世纪才传到欧洲。在欧洲，造纸术催生了印刷机的发明。

所在洲：亚洲

国家：日本国

2014年入选联合国教科文组织非物质文化遗产名

·178 去除楮皮纤维里的杂质是和纸制作的步骤之一。

·178-179 美浓（Mino）地区的和纸手艺人。将干燥好的楮皮放入流动的冷水中长时间浸泡，以使其软化。

据传，7世纪初，一位僧人将纸从高句丽带到了日本。日本人对原始的造纸技术作了根本性地革新。京都第一家官办的造纸厂（纸屋院）生产的纸被称为和纸（washi，wa，也就是"和"，代表日本；shi，在日语中是纸的意思）。制造和纸的原材料不仅有楮皮，还使用雁皮（Ganpi）和结香（Mitsumata），因而和纸的制造工艺相对更加复杂，用途也更加广泛。

实际上，和纸比用纤维素制造的纸更加耐用。因此，它为各种传统艺术品提供了完美的材料保证，比如折纸艺术（通过折叠纸张创造出生动的形象）、书道（书法），以及江户时期盛行的木版画浮世绘（字面意思为"虚浮世界的绘画"）。此外，过去和纸还会被用来制作衣服、日常用品、提灯、屏风、推拉门、祭礼用品和祭衣。

· 180　和纸是日本十分重要的文化财产。19世纪时，它曾被用于印刷纸币。

· 180-181　蒸煮楮皮用于制作和纸中最常见也是最耐用的一种纸张——楮纸。

今天，和纸在滨田（属岛根县）、美浓（属岐阜县）、小川/东秩父（属埼玉县）这三个特定地区限定生产。和纸的制造在很大程度上受到季节的影响，因为冬季冰凉的河水，赋予了和纸相当的柔韧度，并且能抑制细菌滋生，保证了出产的和纸拥有轻盈耐用的优良品质。和纸对于社区的重要性，也可以从乡村社会经济结构的角度来窥探一二。在制造和纸的过程中，通力合作的家族成员们互换着技术知识和技巧，同时，因为对和纸怀抱着共同的激情，人与人之间的联系也会因此变得更加紧密。

新潟县鱼沼地区苎麻布织造工艺

日本使用苎麻纤维织成布料的传统工艺非常古老。生产这种具有独一无二的柔韧性的布匹，不仅依赖特殊的织造技艺，还需要得天独厚的环境和气候条件。

冬天，日本东北部城市小千谷周边是一片梦幻般的地带，一望无际的田野被柔软的瑞雪覆盖着。当地人民运用古老的智慧洞察到，这种独特的环境非常适合处理苎麻纤维——一种从苎麻的地上茎里提取的植物纤维。苎麻是荨麻科植物，可以用来织造越后国（Echigo，日本旧国名，现属新潟县管辖）的一种特殊麻布。根据苎麻产地的不同，这种织布工艺的名称会有所不同，小千谷产的叫作"小千谷缩"，越后国产的叫作"越后上布"。采集麻布的原材料需要耗费大量的时间和精力，但直到今天，这道工序始终都是由手工完成的。将苎麻纤维提取出来后，手工将其揉搓成线，再把这些线捆扎成一束。最后用日本传统织布机"地机"（Jibata）编织成布匹。2～3月期间，把布匹用热水浸洗后，带湿直接铺在积雪覆盖的田野上，曝晒10～20天。太阳的光和热，连同融雪释放的臭氧，会让布匹变得更加轻盈、洁净和柔软。因此，越后上布非常适合用来制作传统服饰，苎麻布和服就是一个典型的例子，它会让人在潮湿炎热的夏天感到清凉舒适。

· 182-183　人们正在把苎麻布铺在白雪覆盖的田野上，进行约20天的曝晒。这道工序叫做"雪晒"（Yuki-zarashi）。

所在洲：亚洲

国家：日本国

城市：鱼沼

所属县：新潟县

2009年入选联合国教科文组织非物质文化遗产名录

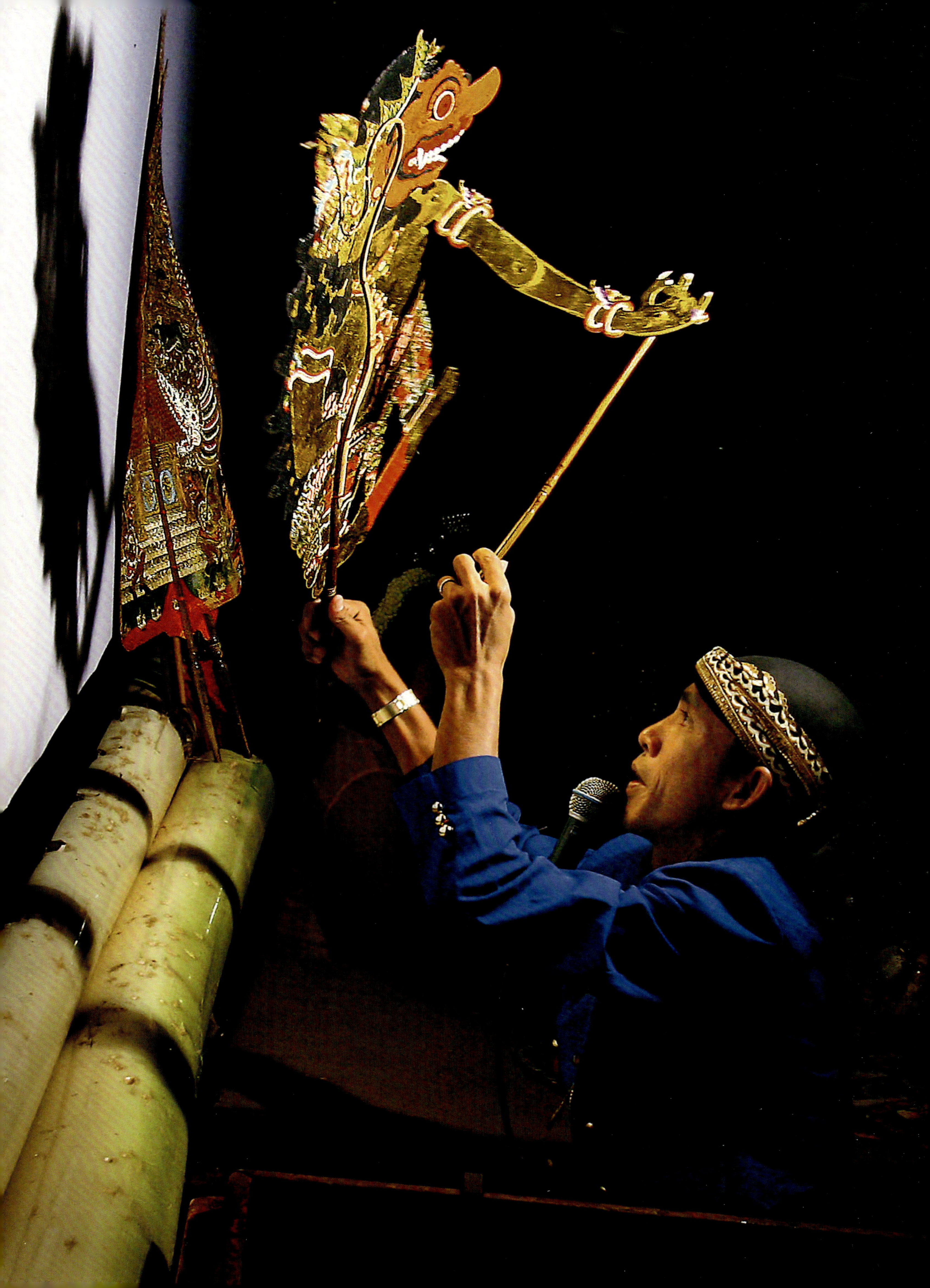

哇扬皮影偶戏

所在洲：亚洲

国家：印度尼西亚共和国

2008年入选联合国教科文组织非物质文化遗产名录

哇扬皮影偶戏集戏剧、诗歌、雕刻、绘画、音乐、神话传说于一身，融合了丰富多样的民族与文化。哇扬皮影偶戏始终与当地的社会和政治热点事件保持一致，不断创新着自身的内容和形式。

"哇扬"是一个术语，它既可以指一种戏剧，也指专门为这种艺术表演而创作的木偶。哇扬皮影偶戏已经有一千多年的历史。公元930年，哇扬皮影偶戏作为贵族的享乐活动供爪哇和巴厘岛的印度尼西亚王室观赏。仅仅几百年之后，它就被传扬到了龙目岛（Lombok）、马都拉（Madura）、苏门答腊岛（Sumatra）和婆罗洲（Borneo）等印度尼西亚的其他岛屿，与当地的民俗风土相互交汇、融合。今天，皮影偶戏的人物和故事灵感主要来源于生活在印尼群岛上的各族人民的神话传说和史诗，还有来自印度和波斯等遥远国度的传说。

· 184　爪哇岛上，表演皮影偶戏的幕后演员正在操纵木偶。
· 185　葛布拉克（Ngablak）爪哇村的木偶剧院。在这里上演的有史诗故事、爱情故事，此外，还会针砭时弊一些敏感的社会和政治事件。
· 186-187　幕布上的人偶剪影。丰富的文化、宗教和政治意涵是哇扬皮影偶戏深得民心的根本原因。

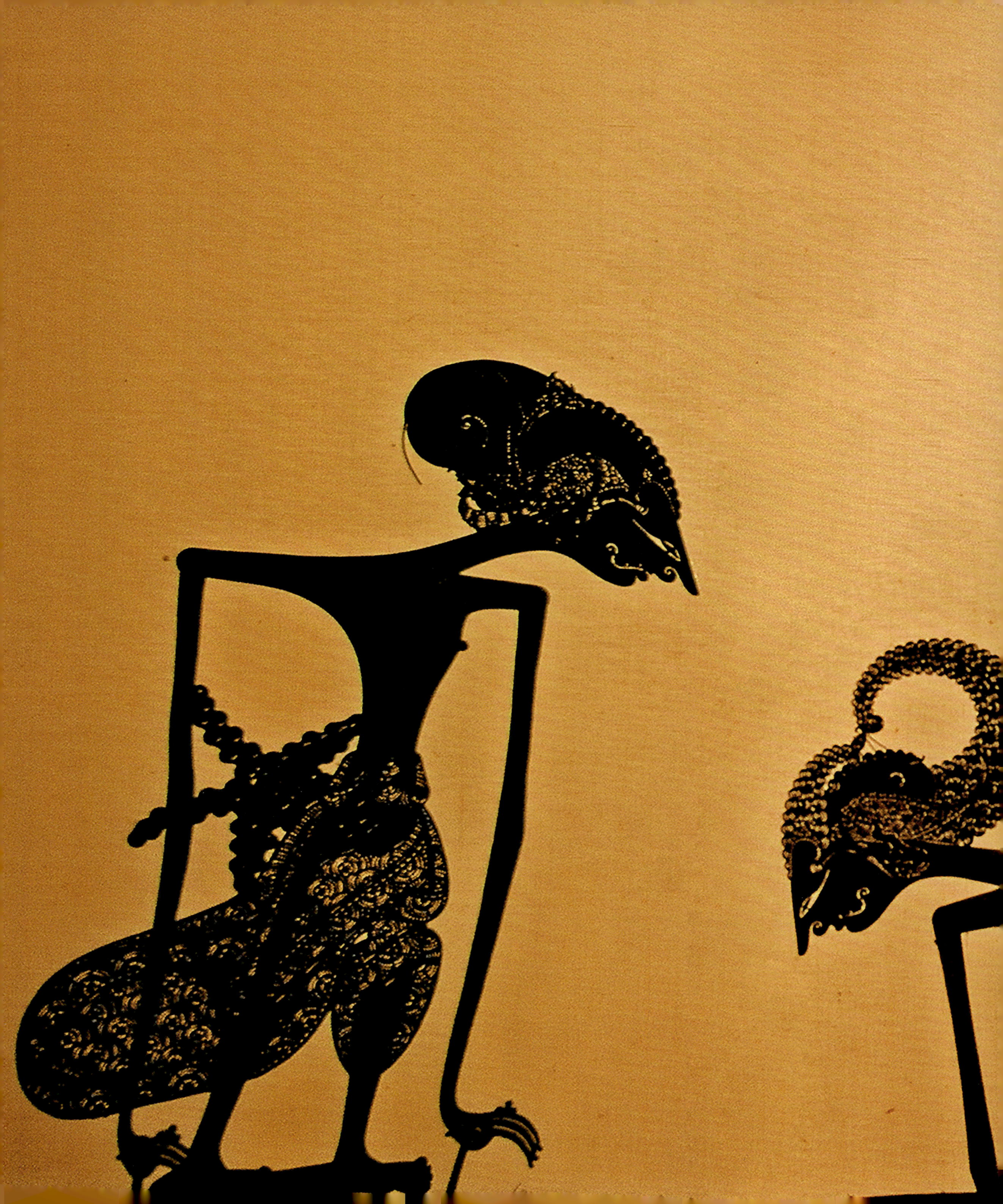

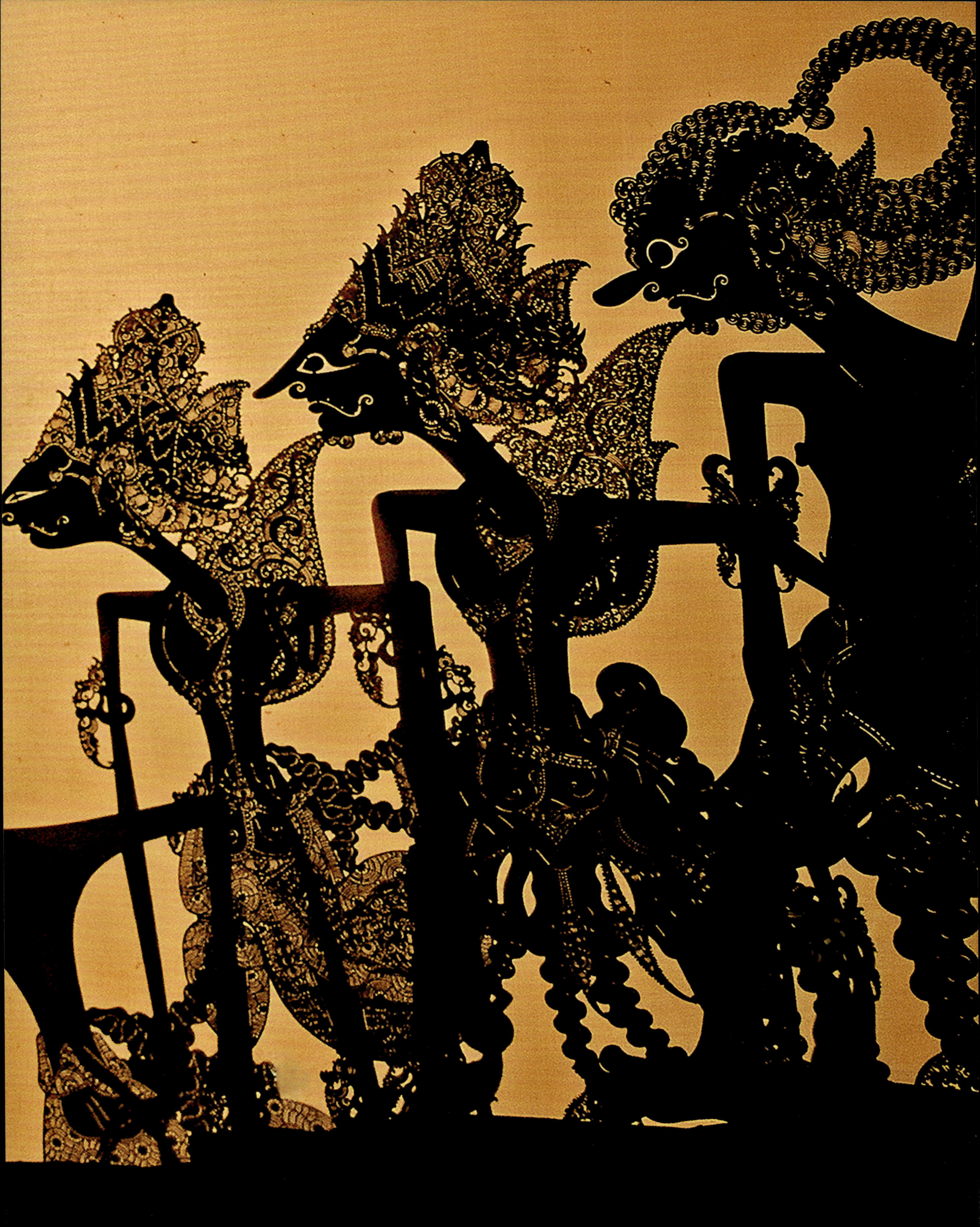

表演中所用到的工具至今传承完好。它们看似简单，实际上非常精妙复杂、难以操纵。这些工具当然就是指木偶。皮影戏中的木偶有两种类型，一种是三维木质人偶，另一种是手臂和腿可以转动的平面皮影人偶。平面皮影人偶一般是用皮革做的，人偶的动作会被投影到一块背面被打亮的幕布上。人偶制作是一项非常需要耐心的手工细活，人偶的形态、大小、风格、装束都不尽相同，而且它们身体的各个部分是可以活动的。木偶的主要制作中心在苏卡瓦堤（Sukawati）附近的普阿亚（Puaya），精细的手工制作技艺经历了几代人的悉心研究和传承。印尼巴厘岛的巴龙舞和面具舞中所使用的生动面具也是如此，它们同样也是联合国教科文组织所保护的非物质文化遗产。让这些木偶灵动起来的木偶匠人，被当地被称为"德郎"（Dalang），他们通过操纵连接在人偶四肢上的木杆来表演。

·188-189 哇扬木偶的装束由水牛皮制成。将裁减好的人物放置在布面上"穿上"衣服，再进行手工彩绘。

·189 德郎不仅是富有修养的文人，擅长唱歌，经典故事信手拈来，还是技艺卓群的匠人。

一代代博学多识的"德郎"将哇扬皮影偶戏完好地传承了下来，对于故事情节和人物性格，他们早已驾轻就熟。"德郎"是集皮影戏匠人、历史哲学家、幕后演员于一身的多面才子。除了决定戏目的题材，木偶戏配乐曲目也是由"德郎"选定的。配乐由印尼著名的"钢美郎"（Gamelan）打击乐团演奏。

哇扬皮影偶戏雅俗共赏的另一大原因，在于它的演出时长。人们可以在寺庙和历史建筑中连续观戏几个小时，甚至一直到日落之后。黑暗的天色更好地平衡了光亮与阴影，使得幕布前的人偶剪影更加清晰而富有质感。

巴厘岛的三种传统舞蹈

在号称"火山之国"印度尼西亚的群岛上,舞蹈被看作当地文化的精髓。历史悠久的传统舞蹈凭借其丰富的主题和极强的感染力,演化成了一种戏剧表演形式。当地无论男性还是女性,从很小的时候就开始学习这种戏剧表演。

舞者们在空中摇曳着灵动有力的双臂,他们展膝微步、收腹曼舞,面部神色在喜悦、悲伤、愤怒和恐惧之间,不断地变换着——在印尼,这是十分喜闻乐见的艺术场面。为舞蹈伴奏的是传统印度尼西亚"钢美郎"(Gamelan)和奏音乐,乐器的配置包括打击乐器(木琴、鼓和锣)、吹奏乐器(竹笛)和管弦乐器。印尼的传统舞蹈种类繁多、风格各异,是700多个族群共同文化的一部分,每个族群都会用自己的方式随着音乐节奏舞动。甚至有人会把这个国家称为世界舞蹈的中心地。尽管把这种艺术表演形式,简单地称为"舞蹈"过于笼统了。实际上,它拥有许多戏剧的特质。

所在洲：亚洲

国家：印度尼西亚共和国

地区：巴厘岛

2015年入选联合国教科文组织非物质文化遗产名录

·190-191 演绎世间善恶力量斗争的神圣舞蹈巴龙舞（Barong）在巴厘岛的巴土布兰村（Batubulan）上演。

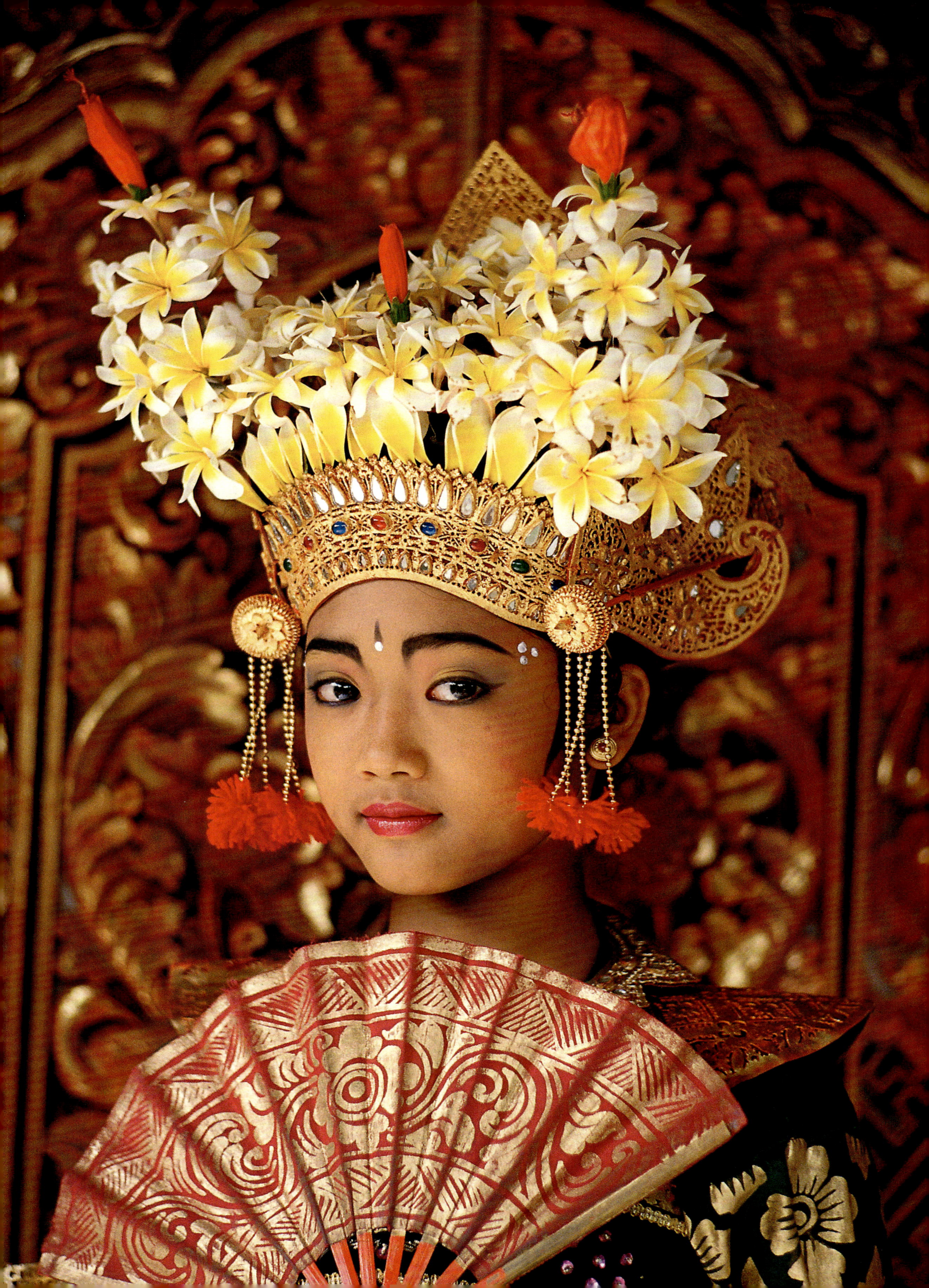

除了非凡的舞蹈技巧，舞者们需要在具备强大的表现力和感染力的同时，与其他舞者保持和谐统一的步调。巴厘岛的舞者有男有女，他们身穿色彩明艳的传统服饰，上面装饰着各种金色叶片、各种珠宝和镀金花卉和动物图案。在村庄，以及散布在岛上的成千上万的寺庙里，或者当地不计其数的舞蹈学校里，都可以欣赏到这种表演。

巴厘岛的孩子们从小就开始学习舞蹈，即使是难度最大的舞蹈姿势和动作也从小练习。舞蹈有三大类型：神圣舞蹈、半神圣舞蹈和娱乐舞蹈。在神圣舞蹈中，最风靡的要数巴龙舞，它演绎的是象征正义和新生的圣兽巴龙与象征邪恶的女巫兰达（Rangda）之间的斗争。这种巴龙舞在印度尼西亚的任何地方都可以欣赏到。

· 192　表演黎弓舞（legong）的舞者身着贴身且色彩鲜亮的传统服装。
· 193　黎弓舞者的配饰还包括鲜花和金片制成的彩色珠宝。

桑扬舞（Sanghyang Dedari）也是神圣舞的一种，两个年轻女孩通过催眠舞表演，来抵挡超自然的负面力量。克差舞（Kecak，又称猴子舞）的灵感来源于印度史诗《罗摩衍那》（Ramayana），男性舞者们扮演的是拥有超能力的猴子，他们呈同心圆式席地而坐，如前赴后继的海浪般地来回摇摆、挥舞手臂，一边鼓掌一边模仿猴子的叫声。表演在现场点燃的熊熊篝火中结束，其中一名舞者赤脚在火炭上踩踏蹦跳，场面惊心动魄。而说到娱乐舞蹈，就不得不提到黎弓舞（Legong），手指和脚趾的繁复动作是这种舞的特别之处。在巴厘岛上，无论是哪种类型的舞蹈，都将当地的各种文化元素都融入了进去，包括自

·194-195 姆杜克（Munduk）传统舞蹈学校的孩子们。巴厘岛上有众多这样的舞蹈学校，有公立学校也有私立学校。

·195 黎弓舞的点睛之笔就是手和手指的形态，舞蹈老师会在这方面加强指导。

然环境、当地的神话传说、居民的生活习俗和宗教信仰。

印度尼西亚有上千种传统舞蹈，基本上可以归为三大类：神圣舞、半神圣舞和娱乐舞蹈。有着百年历史的传统舞蹈艺术，正在通过新的表达和诠释不断创新，这也折射出一个由众多不同族群组成的多元化国家，所拥有的文化财富之丰美。

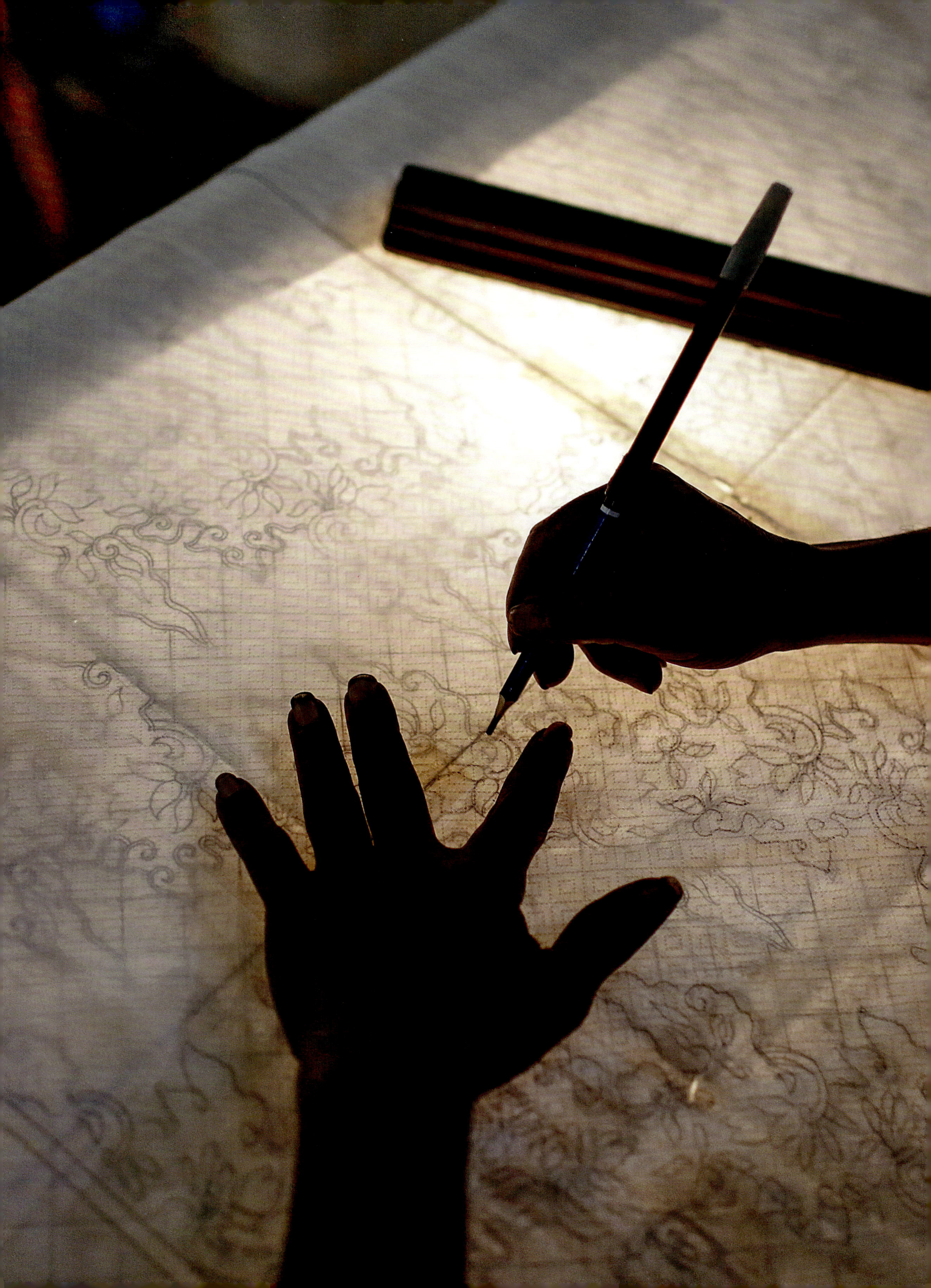

印度尼西亚的蜡染印花工艺

所在洲：亚洲

国家：印度尼西亚共和国

2009年入选联合国教科文组织非物质文化遗产名录

  爪哇岛的蜡染（Batik）布艺之于印度尼西亚人，是至关重要的文化认同和精神遗产。蜡染布使用热蜡手工设计染色而成，其纹样和图案往往会展现其他民族的时代和文化，同时也会呈现浓郁的异域风格、甚至会涉猎新艺术风格（Art Nouveau Style）。

  印度尼西亚蜡染是技艺、想象力、艺术的同义词，也是当地人民世代相传的秘密技艺。印尼妇女发明了一种利用热蜡染布的特殊方法，她们不但是这种技艺的开发者，也是唯一掌握如何在染色过程中获得理想颜色的专家。蜡染的起源至今是一个谜。在印度尼西亚语中，表示蜡染的"Batik"一词由"Amba"（描绘）和"Titik"（点）两个单词再生而成。这种拥有千年历史的纯手工织物，在爪哇岛发展成为了一种高雅艺术。

  蜡染布的制作工序大致如下：在布料（棉布、亚麻或丝绸）的两面都画好图案后，用融化的蜡液以点和细线的笔触描出图案的轮廓。蜡是防水的，因此这些图案的轮廓在染色的过程中不会沾上颜色。接着将布料晾干，用开水去除蜡线。每次染不同的颜色都需要晾干后重复以上步骤。蜡染布工艺精细，往往要耗费数百个小时去染制。

- 196 制作蜡染布的第一道工序就是将设计好的图案描绘在棉质或丝绸布料上。
- 197 染布工匠正在用一种叫做"詹廷"（tjanting）的爪哇式涂蜡器为不需要上色的部分涂蜡。

这些华美耀目的蜡染花布被用于各种纪念仪式上，见证一个人从出生到死亡的所有重要时刻。人们会用蜡染布来包裹新出生的婴儿，为他们带来庇护和好运；标志着青春期结束的成人仪式上也会使用蜡染布；除此之外，婚礼、怀孕、疾病，甚至在丧葬活动中，蜡染布会用来陪伴往生者。蜡染布也是一个人社会地位的象征。高品质的蜡染布既反映了具有鲜明象征意义的当地传统，也体现了它与世界各地紧密相连的文化纽带。蜡染布涉及的艺术主题包括阿拉伯书法、日本樱花、印度或波斯孔雀、花酒筵席和其他欧洲器物，印度尼西亚人将原始的素材与全新的灵感作了完美的结合。

印尼蜡染花布在1900年的巴黎万国世博会上展出，收获了巨大的反响。装饰着花朵、植物、动物，例如印度神话中象征权力的金鸟"嘉鲁达"（Garuda）及自然元素（比如火山图案）的蜡染布也是上乘的衣物布料，可以用于制作家常及通勤服装。在爪哇岛的传统皇家蜡染仪式上，人们会把一种过去用来进贡皇室的蜡染布投入火山口，以祈愿火山不再喷发。古老的艺术创造活动，总是不断丰富着当代人的生活，印尼蜡染布就是一个鲜活的典例。

- 198　除了爪哇岛，苏门答腊岛、苏拉威西岛和巴厘岛上的工匠也会制作蜡染布。
- 199　妇女们正在使用植物的根、树皮、叶子、种子和花朵来为布料上色。

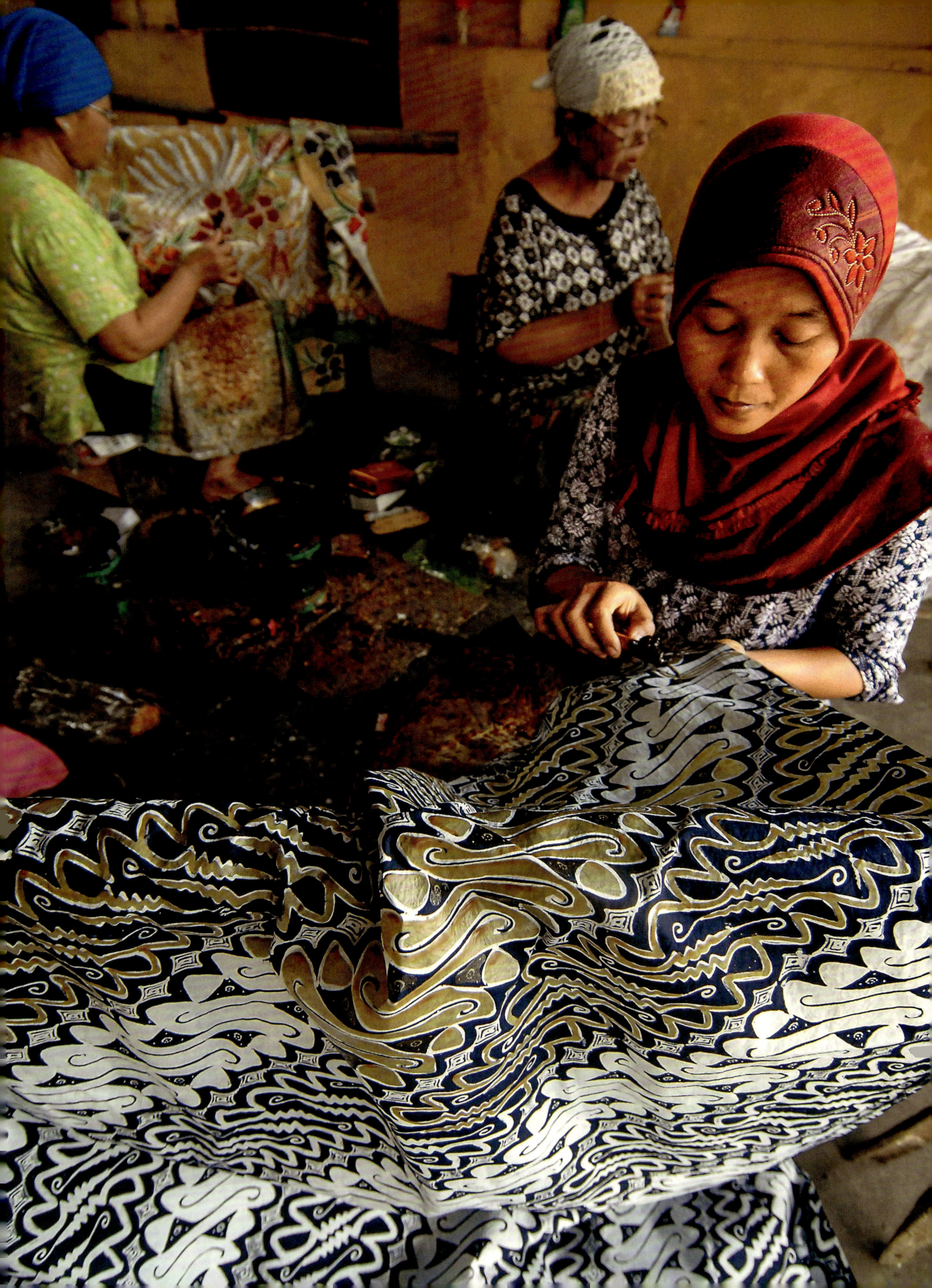

·200-201，201和202-203　位于巴厘岛苏科哈焦（Sukoharjo）的蜡染布作坊。成品布的花纹鲜亮而分明。

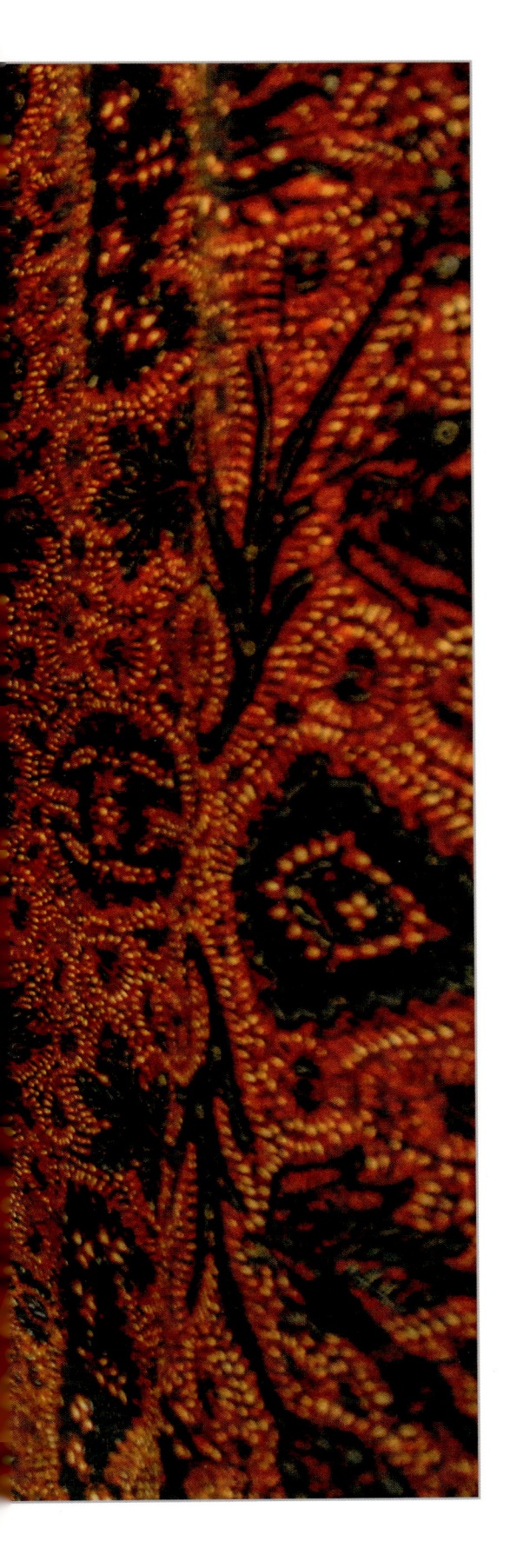

蜡染布作品及其传统工艺是当代印尼布艺工匠的骄傲源泉，这种精美细致的染布工艺通常会在家族成员中传承。印度尼西亚传统哇扬皮影偶戏的道具也会使用蜡染布。

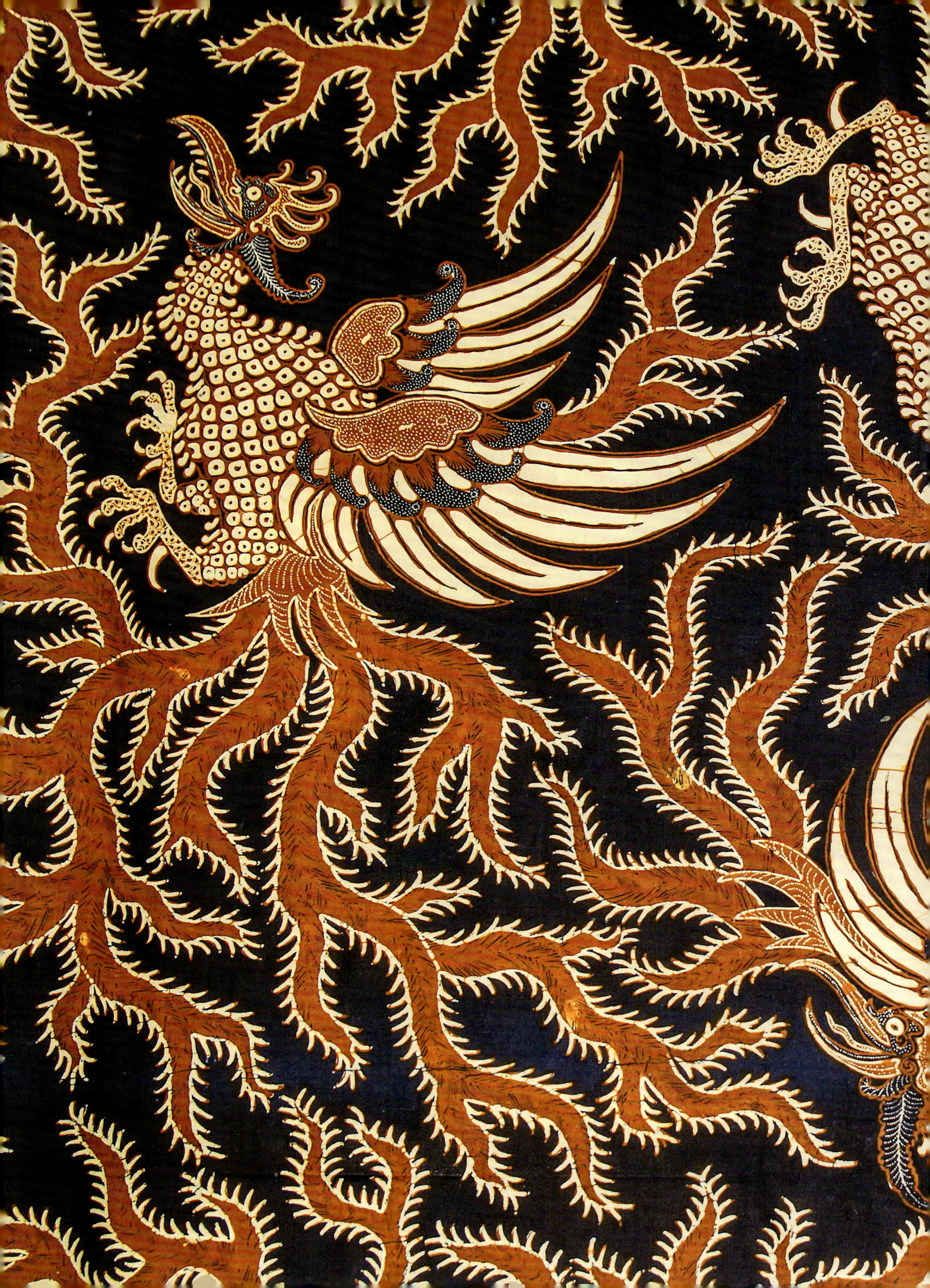

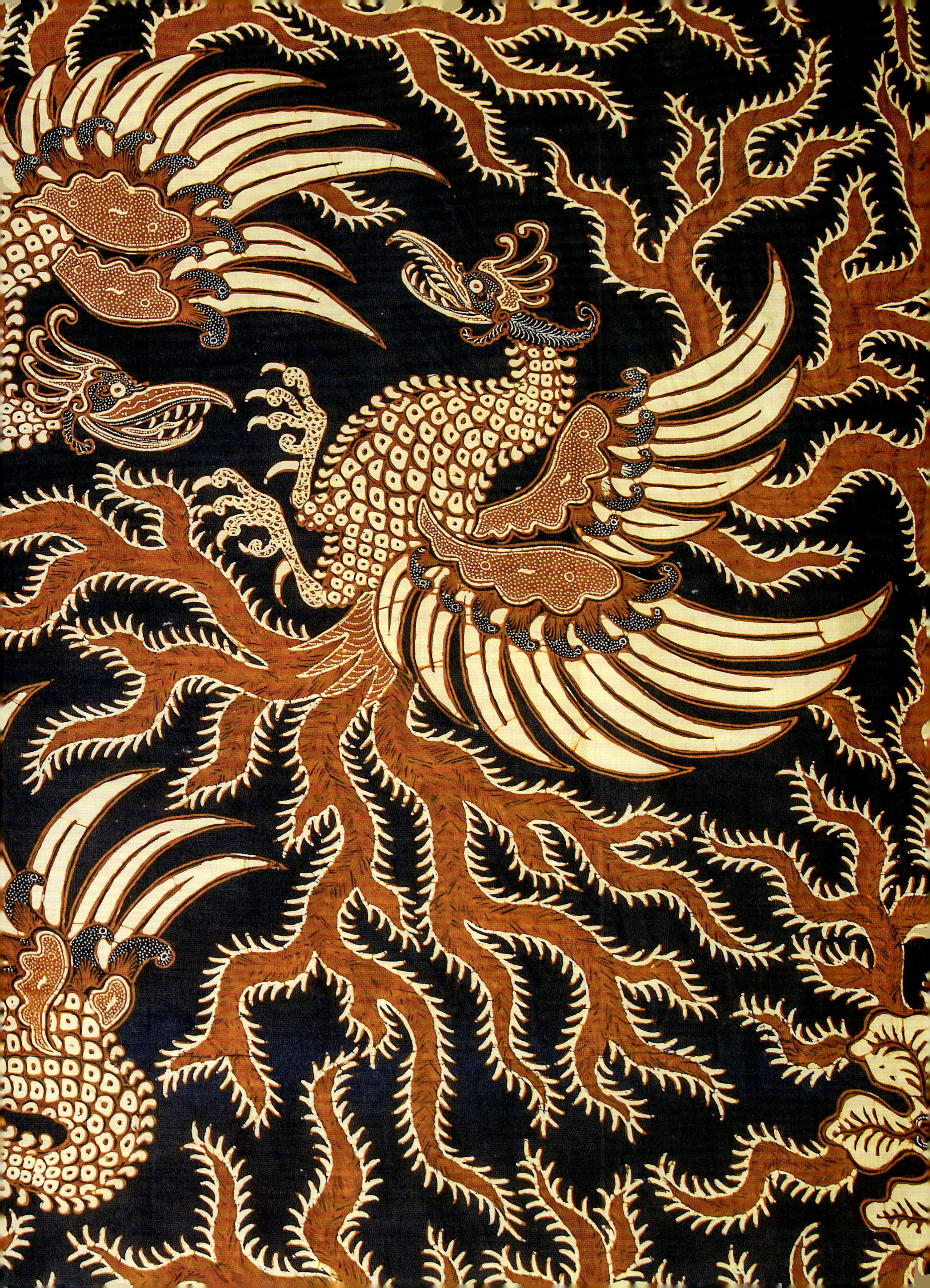

美洲

墨西哥查勒里亚传统马术

查勒里亚（Charrería）传统马术竞赛被认为是墨西哥的国民性体育运动，它是几个世纪以来人们在牧场和畜群中"训练"的成果。查勒里亚马术深刻地植根于本国的地理与历史之中，是墨西哥传统文化和民俗最原始的表现之一。

他们是墨西哥牛仔——"查洛斯"（Charros）。和他们的北美堂兄弟（因为无数好莱坞电影而非常出名）一样，"查洛斯"也是从艰苦的农场生活中总结出如何坐上马背、投掷套索捕捉动物并打上烙印、围捕牲畜并驯养等这些原始经验和方法的。这些农场传统诞生于大庄园（Haciendas，包含大片农田和牧场），在墨西哥革命（1910—1920，革命中国家收归了大地主的土地所有权，并将土地分配给了农民）期间得到了发展。自此，人们开始把在几百年时间里习得的技巧汇集在马术竞技表演中，用以展现他们的勇猛和威力。1933年，一项总统命令将"查勒里亚"变成了全民运动，举国上下都怀揣着巨大的热情参与了进来。马术竞赛包含一系列展示敏捷和勇气的赛事，叫做"苏尔特斯"（Suertes）。

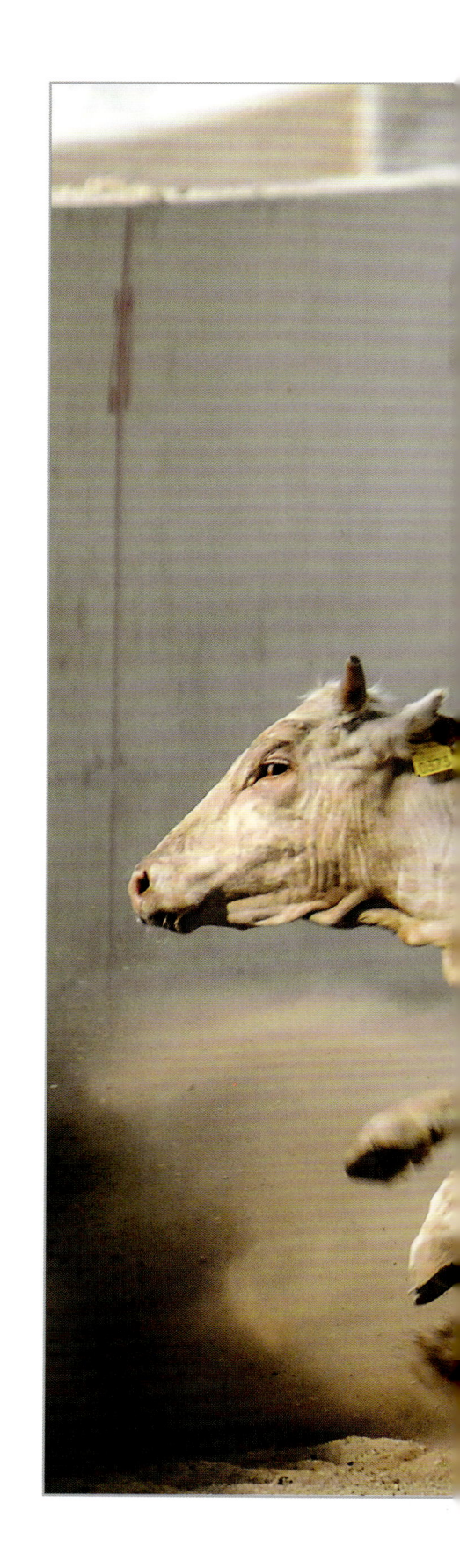

所在洲：北美洲

国家：墨西哥合众国

2016年入选联合国教科文组织非物质文化遗产名录

·204　"查勒里亚"马术竞技比赛在男性和女性骑士向公众亮相、绕场游行中拉开帷幕。之后，各种各样的赛事就会按照既定的次序相继展开。

·204-205　在比赛现场，牛仔展示了上马、用套索控制住牛并在它身上烙上烙印。这些都是"查洛斯"在大庄园工作时所积累的经验和技能。

·206 在"查勒里亚"马术竞赛中,套索不仅仅是用来控制动物的,牛仔们还会在马背上或地面上,通过花式旋转套索来展示他们的技能。

·207 为了在比赛项目中灵活运动、免受阻碍,"查洛斯"所穿的是十分紧身的服装,包括皮裤、长靴,以及宽边墨西哥帽。

·208-209 在墨西哥哈利斯科州(Jalisco)瓜达拉哈拉市(Guadalajara)举办的"查勒里亚"上的一幕。这座城市以拥有最古老的传统马术竞技赛场著称。

其中包括:缰绳驭马,即牛仔通过缰绳来控制马匹急停、旋转、后退,以展示马和骑士之间高度的和谐;绳索套牛,即用绳索套住动物;野马骑士,即无鞍骑在尚未驯服的马上;死亡之旅,即牛仔从驯服的马背上跳到另一匹飞驰的野马背上;以及结合了多种技巧的骑手竞赛。和美国的牛仔竞技一样,评委们会从技巧、速度和精准度等方面进行评判。不过,为了与墨西哥精神保持一致,评委们最看中还是从审美维度出发的场面感。这一点从套索的展示上便可以有所了解:"查洛斯"用惊人的技巧在自己的周身旋转绳索,这已经完全超越了单纯地去达成套住动物的原始目的。

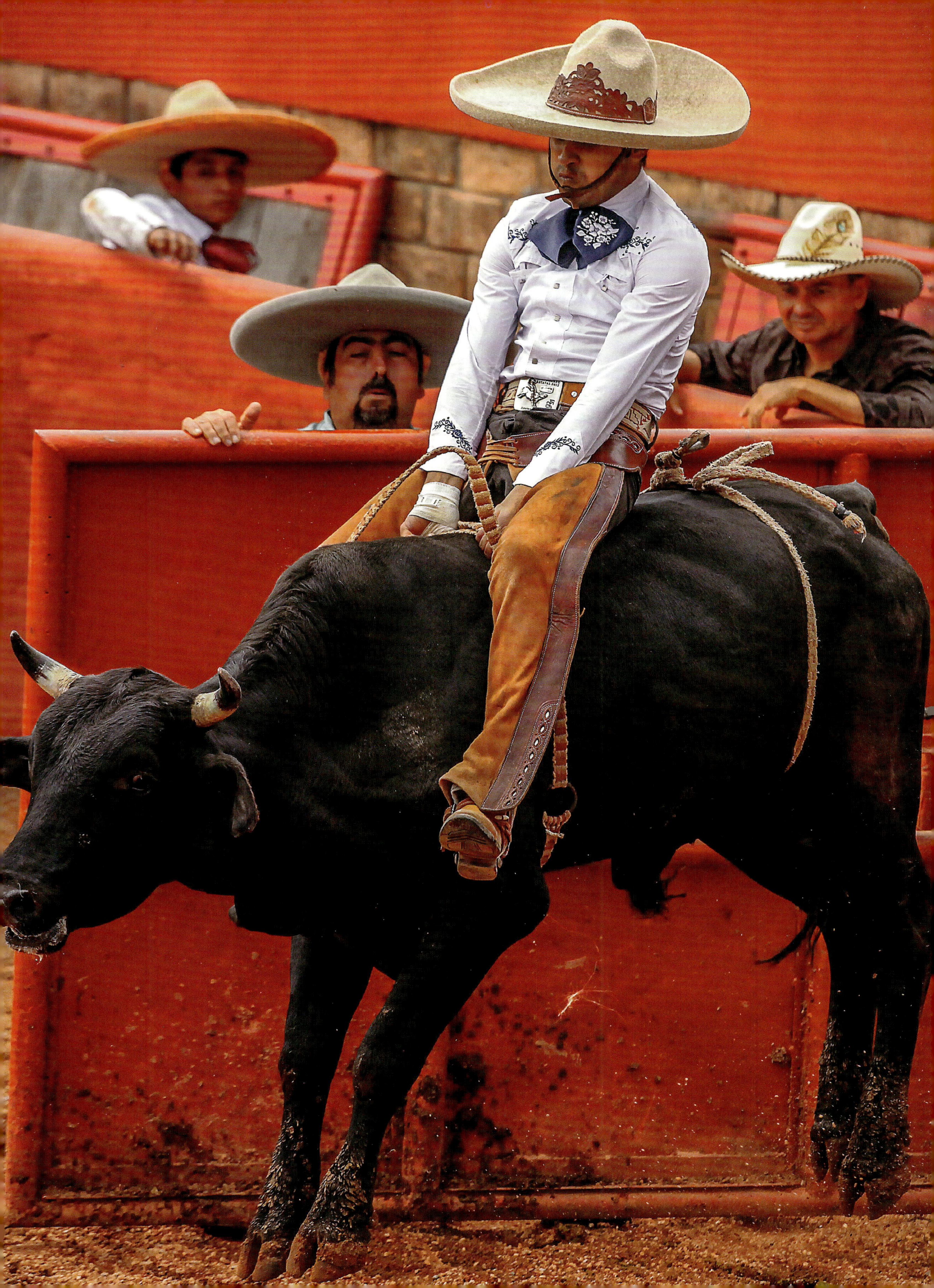

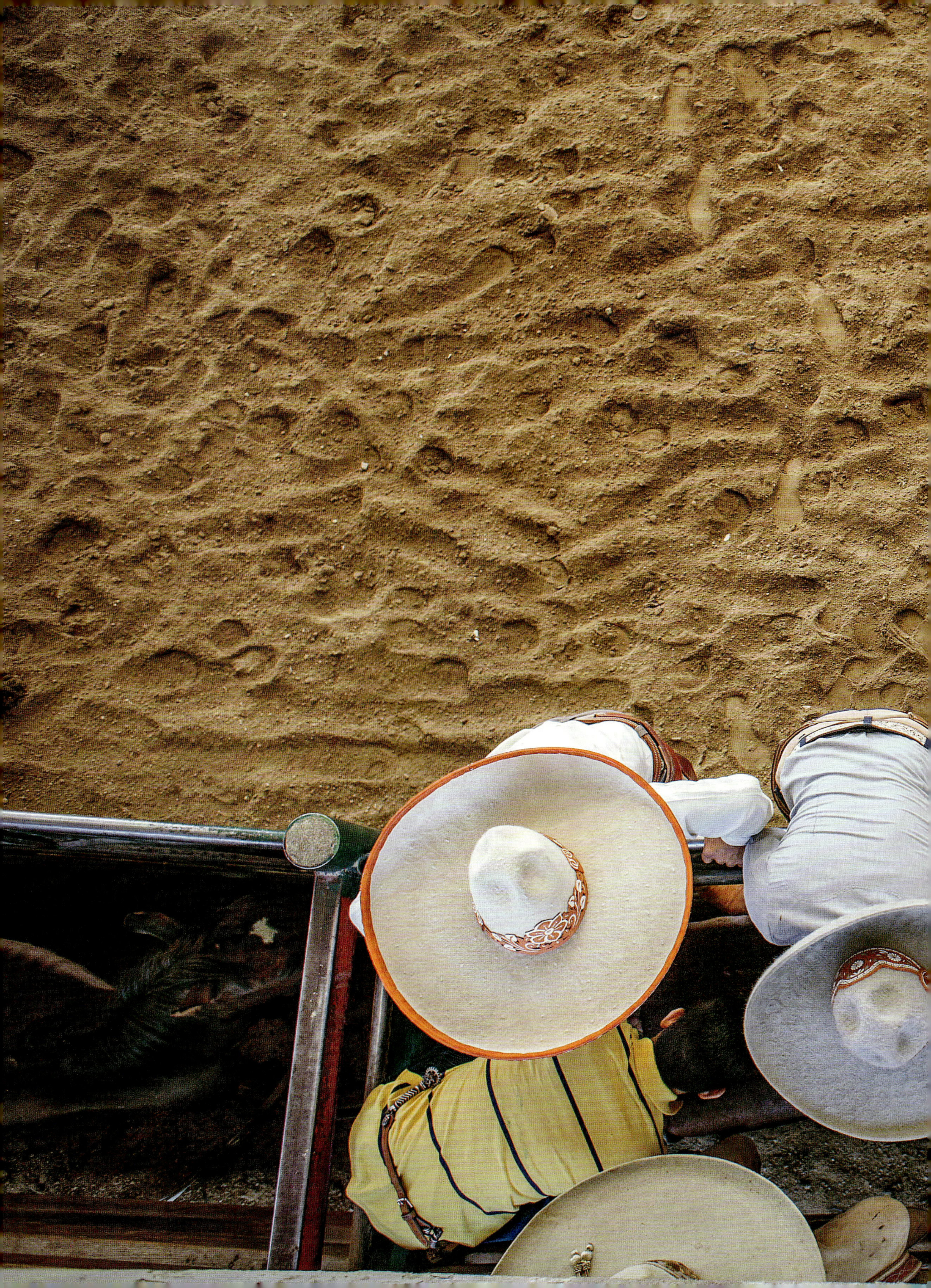

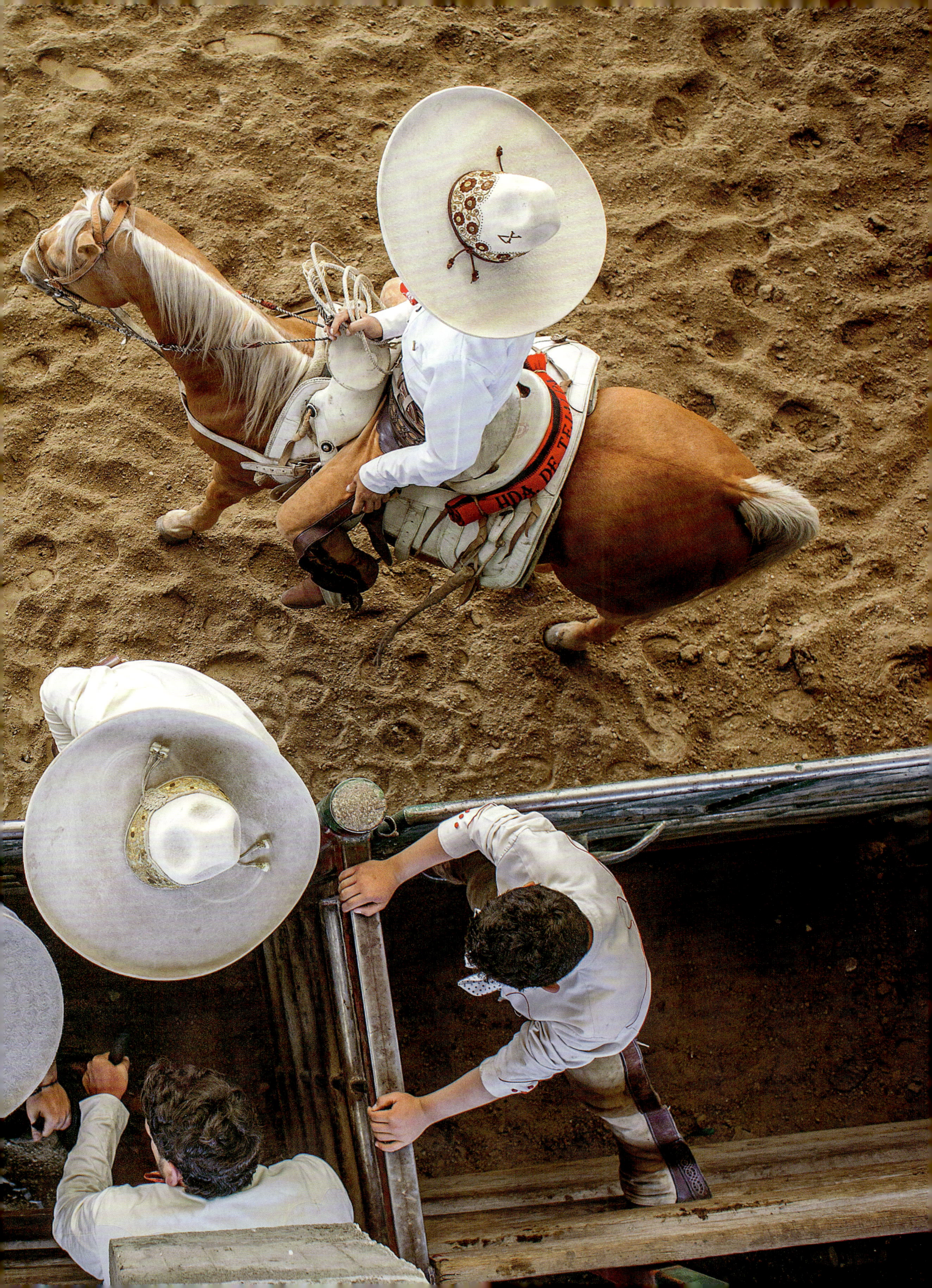
HDA DE

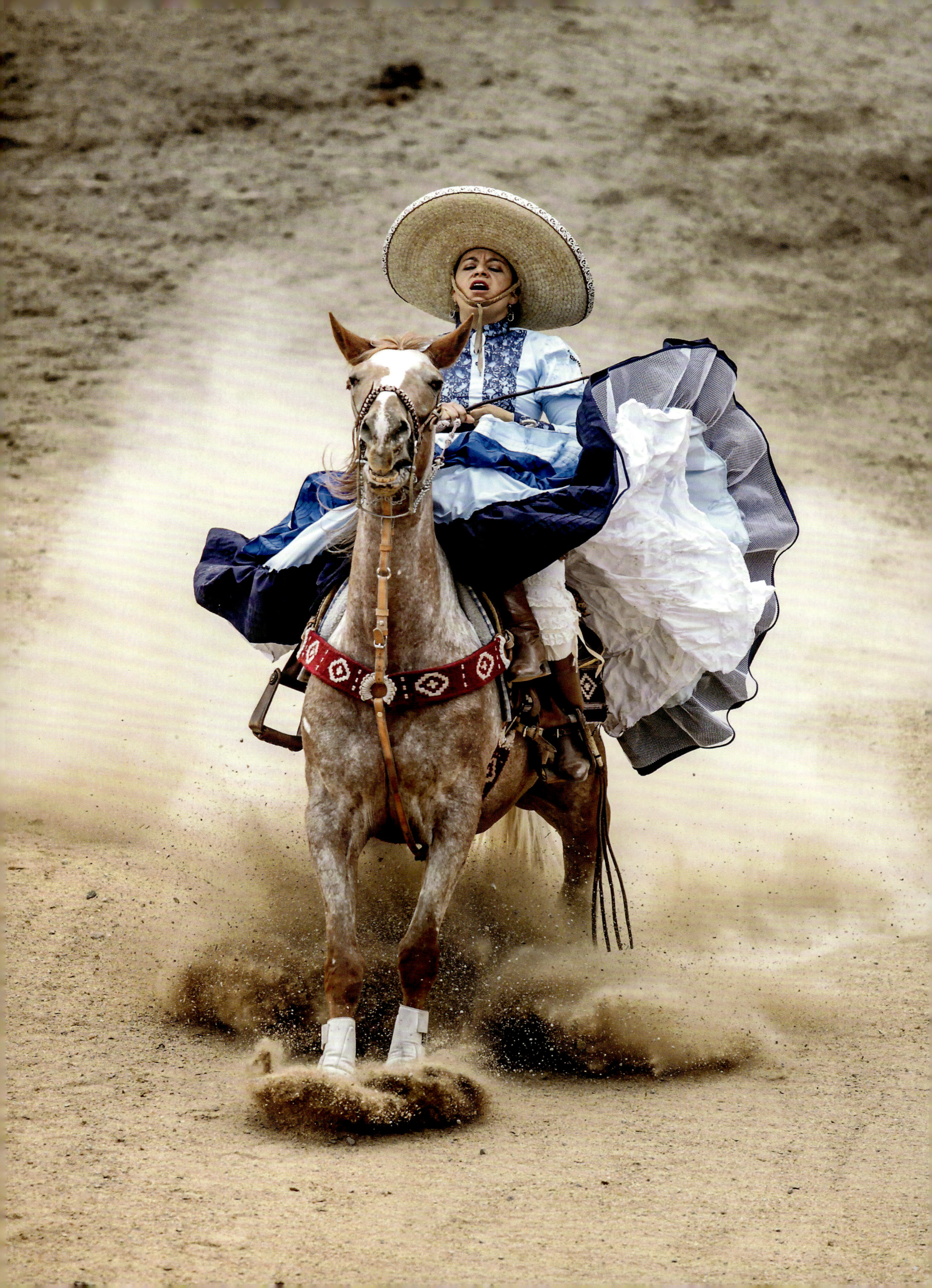

在墨西哥，女性也可以参加"查勒里亚"。在墨西哥传统女性骑士的竞赛中，八名女骑士在音乐声中骑上马背，开始进行精心编排的马术表演，她们的动作利落而精准。女骑士竞赛有其自身的象征意义。这种表演的目的是为了让活跃于墨西哥革命并投身于重要战争的女性战士"阿德利塔斯"（Adelitas）的身影，生动地留存在人们的集体记忆中。

· 210和211　"阿德利塔斯"是参加了墨西哥革命的女战士们的称号。作为墨西哥女性骑士竞赛的主角，她们会在现场展示自己的马术技能。不过，她们只能横坐在马鞍上进行表演。

所在洲：北美洲

国家：墨西哥合众国

2011年入选联合国教科文组织非物质文化遗产名录

·212-213 "马利亚奇"（Mariachi）名列联合国教科文组织非物质文化遗产名录的原因，在于它融合了前哥伦布和西班牙的艺术与文明，是墨西哥独特文化原汁原味的表达。

墨西哥街头音乐：马利亚奇

从19世纪开始，马利亚奇就凭借其嬉闹奔放的风格，出没于墨西哥各种重大节日。乐手们华丽考究的演出服，以及他们热情的表演和欢乐的旋律，都是中美洲（位于墨西哥与南美洲之间）各族文化和语言相互融合的珍贵见证。

身穿黑白墨西哥牛仔服的马利亚奇成员们头戴宽檐帽，演奏着欢快的乐曲。在每一个值得纪念的大型庆祝活动中，都能看到他们的身影。马利亚奇是墨西哥最具代表性的文化标志之一。每年，在吸引了全世界游客目光的国际节日——瓜达拉哈拉流浪乐队节（Guadalajara Mariachi Festival）上，众多马利亚奇集结于此，他们高涨的人气再度受到了肯定。一些人类学家认为，街头音乐起源于墨西哥哈利斯科州（Jalisco）的科库拉城（Cocula）；而Mariachi这个词来自当地一首用西班牙语、拉丁语和纳瓦特语三语共同演唱、献给圣母玛利亚的歌曲。这首歌的第一句歌词是："我爱你，圣母玛利亚。"

现代马利亚奇的成型时间要追溯到20世纪，尽管演奏员的数量有所变化，但乐队的基本结构已经建立。常见的编制是两把小提琴、两把小号、一把西班牙吉他、一把比维拉琴（Vihuela，一种五弦古提琴）和一把倍低音吉他（Guitarron，马利亚奇低音吉他，有六根弦，音调较低）。乐队的演奏曲目囊括了多个地区不同的风格，比如科里多（Corridos）民谣、爱情与战争歌谣、取材于乡村生活的歌曲、古典波尔卡舞曲、华尔兹舞曲和小夜曲。这些乐曲和歌曲通过听觉和记忆力练习与演奏，流芳至今。

所在洲：北美洲

国家：墨西哥合众国

2008年入选联合国教科文组织非物质文化遗产名录

· 214-215 亡灵节期间，布置一新的墨西哥城宪法广场（Zocalo）。

· 216-217 庆典上穿着节日服装、脸上画着油彩的人们。

土著亡灵节

在墨西哥文化中，亡灵节是最重要的传统纪念活动之一。前哥伦布时期的古老信仰与西班牙征服者带来的基督教精神结合在了一起，碰撞出了绚烂的色彩和声音，我们仿佛可以触摸到原住民族群丰富而厚重的灵魂。

每年十月末至十一月初，世界上的许多国家和地区都会悼念亡灵。在有着坚实的基督教传统的国家，这些节日由既存的宗教文化结合了基督教（在中世纪之后传遍了欧洲）发展而来。16世纪，天主教被来自伊比利亚半岛的征服者带到了中美洲和南美洲后，与当地前哥伦布时代的信仰，尤其是阿兹克特人（Aztecs）的信仰融合在了一起。几个世纪以来，阿兹克特人始终相信往生的人可以重返人间。在古代墨西哥，关于亡灵的信仰并没有受到典型天主教道德教化的影响。也就是说，阿兹克特人并不相信一个人生前的所为，会决定他死后是进入天堂还是落入地狱。相反，他们认为生命的最终去向取决于他们离开这个世界的方式。一个人如果是自然死亡（比如老死），那么迎接他的灵魂将是一条通向"米克特兰"（Mictlan）的漫长而曲折的道路。"米克特兰"是阿兹特克冥界中所有死者灵魂的终点站，冥王米克特兰特库特利（Mictlantecuhtli）和他的妻子米卡特克西瓦特尔（Mictecacihuatl）居住在那里；如果一个人死亡的原因与水有关（比如溺水），那么他灵魂的终点便是

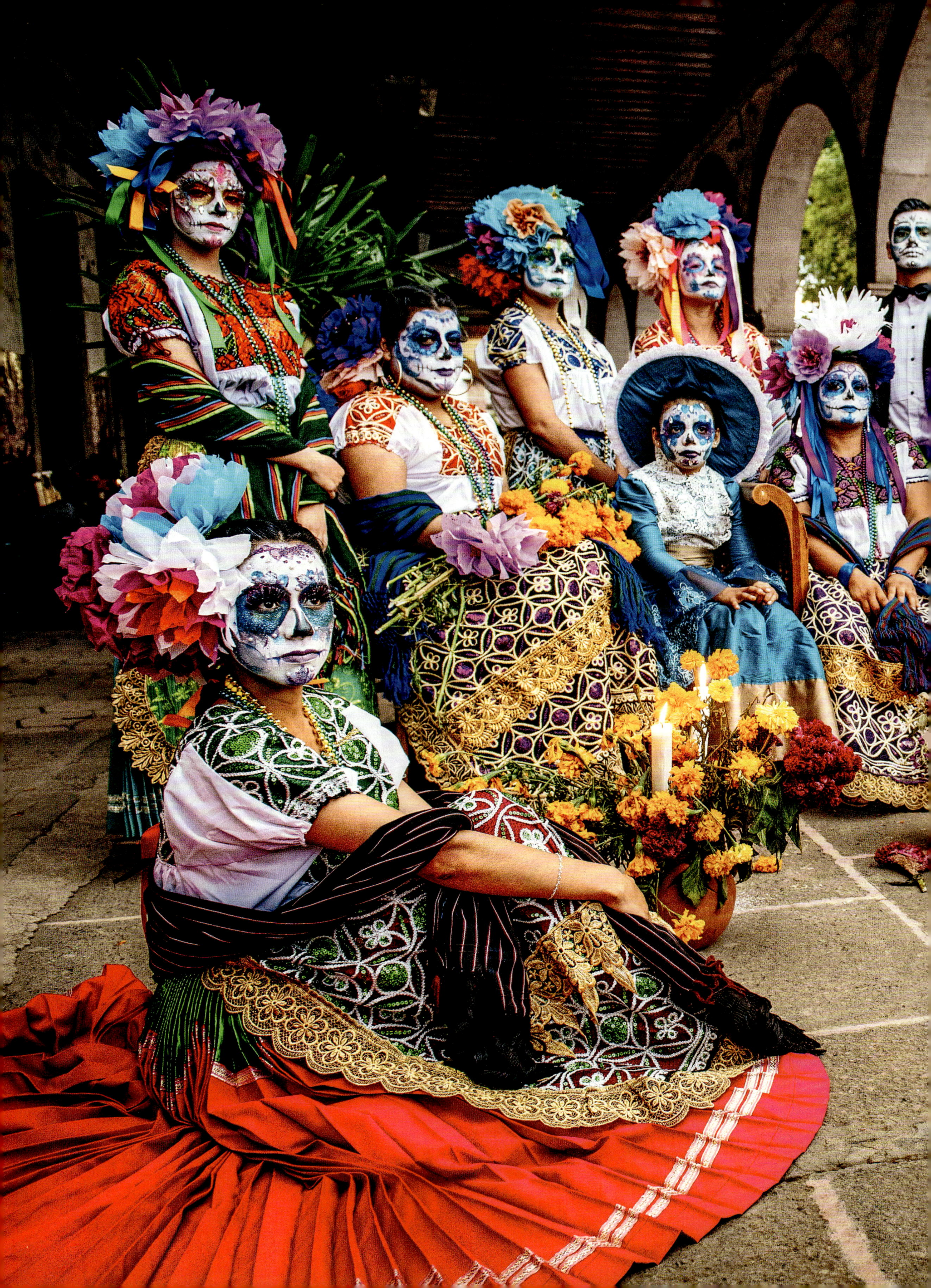

DONATION
COOPERACION

雨神"特拉洛克"（Tlaloc）的故乡——"拉洛堪"（Tlalocan）；而如果一个人战死沙场，或者是死于难产的妇女，他们将会被送到由战神"维齐洛波奇特利"（Huitzilopochtli）主宰的奥梅约坎（Omeyocan），然后变成五彩鸟重返人间；最后，早夭的孩子们会来到"奇奇瓦库阿科"（Chichihuacuauhco），在那里会有一棵滴淌着乳汁的树迎接他们。孩子们要在那里一直等待，直到重生的时刻到来，重新展开生命的循环。正因为阿兹克特人相信人会在死后的某个节点回到地球，所以他们才会在七月和八月，穿戴着多彩的服装和面具，带上贡品参加游行，以此来纪念亡灵。

· 218　墨西哥城的亡灵节现场。装饰着明艳花朵的天主教的十字架上，也可以找到前哥伦布时期的宗教元素。

· 218-219　庆祝者绚丽夺目的服饰让人联想到古阿兹克特文明的典型风格和标志。

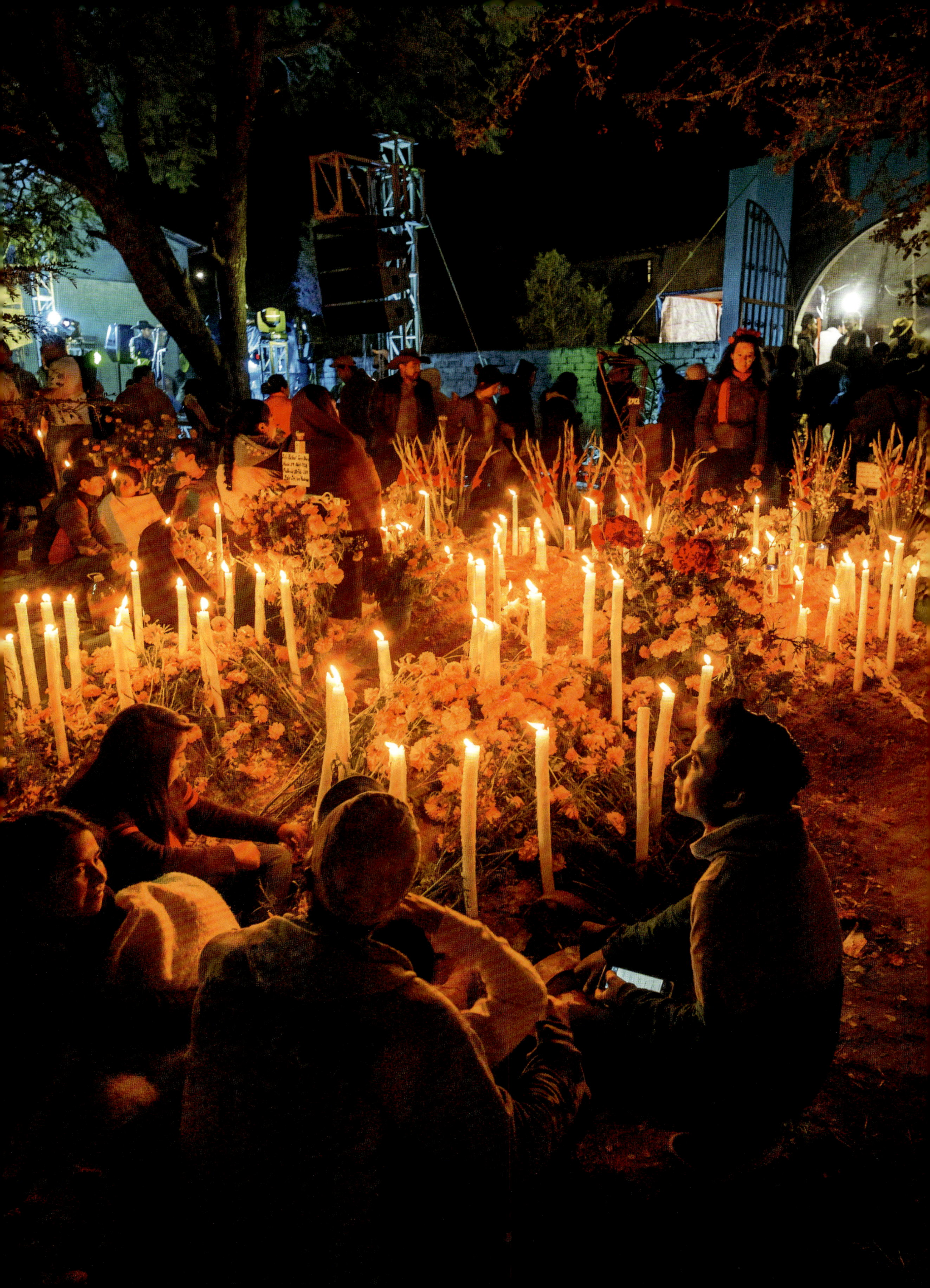

随着西班牙征服者的到来，这些节庆活动被安排在与万圣节和万灵节同一天进行，同时保留了一些土著居民的宗教习俗。时至今日，当地人依然相信在亡灵节期间，过世的亲人会回到他们身边。人们组织游行、唱歌、跳舞、演奏乐曲，还会为逝者准备他们最喜爱的食物。虽然这是一个纪念亡者的节日，但欢乐的氛围远远多过悲伤的气氛。孩子、青少年和成年人都会戴着卡拉卡斯彩色骷髅面具上街，沿途设置的祭坛上摆满了丰盛的菜肴。更巧合的是，在墨西哥，亡灵节恰好与玉米播种季的结束是重合的。玉米是墨西哥最主要的粮食作物，因此当地人会借此一同举办仪式祈祷丰收。一言以蔽之，人们通过这些庆祝活动来表达对生活的赞美与感恩。

· 220　节庆活动从10月31日持续到11月1日，人们会带着贡品、照片、小雕像和私人物品探望过世亲人的坟墓。

· 221　在米克斯奎（Mixquic），人们于圣安德烈斯·阿波斯托尔教堂（San Andres Apostal）前的墓地举办叫做"阿拉姆布拉达"（Alumbrada）的纪念活动。这个位于墨西哥城南部的印第安人村庄的居民聚集在一起，点燃数千支蜡烛纪念亡者。

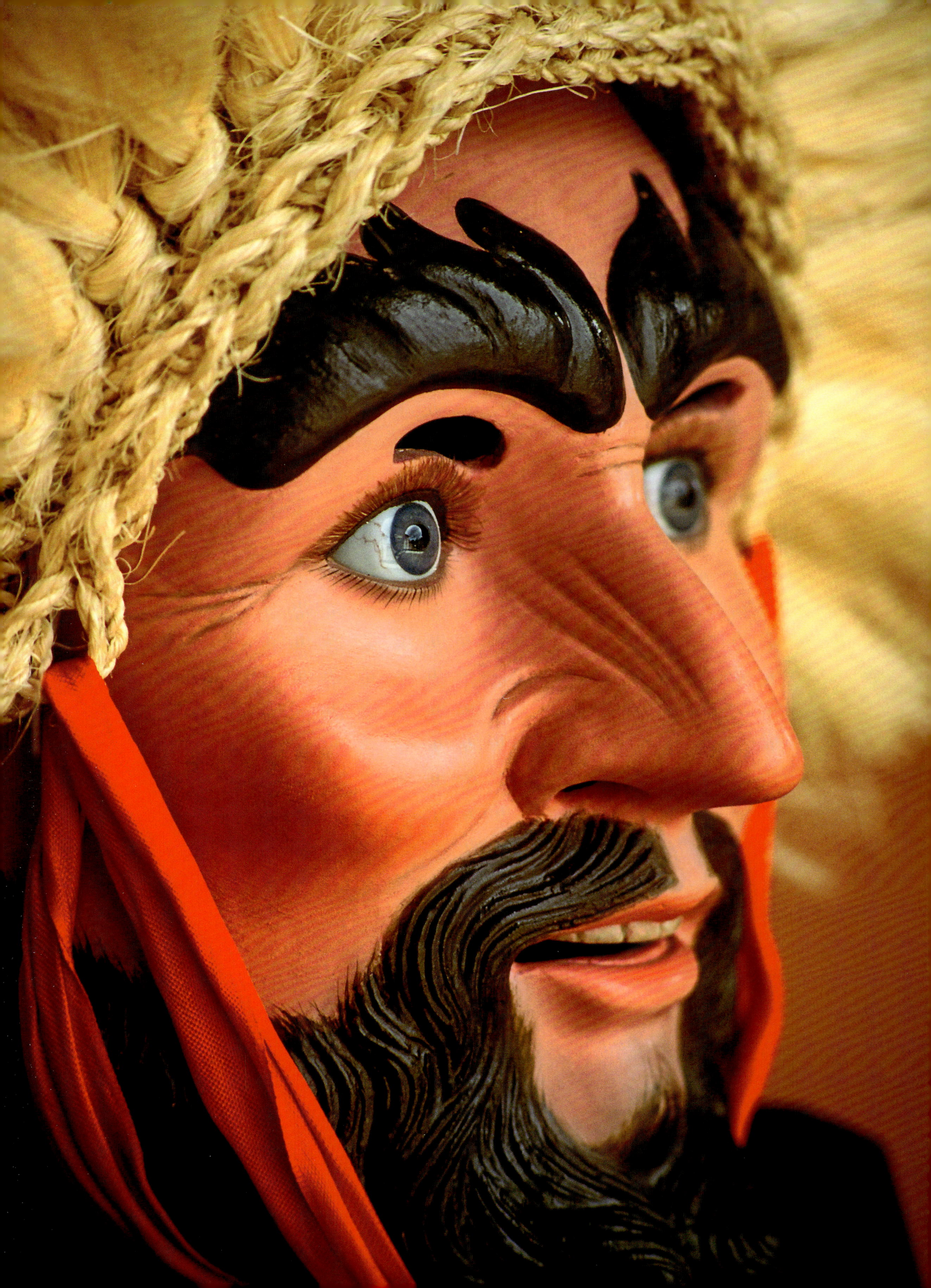

恰帕德科尔索城一月传统盛会中的帕拉奇克舞

所在洲：北美洲

国家：墨西哥合众国

城市：恰帕德科尔索

2010年入选联合国教科文组织非物质文化遗产名录

在墨西哥恰帕斯州的夏季，可以见证一场结合了宗教情怀、欢乐和社会正义的盛会，成千上万的人们都会加入狂热舞蹈的行列。这场盛事是对守护神的致敬，也是对西班牙殖民时期苦难岁月终结的纪念。

这是全世界最古怪、最缤纷也是最喧闹的宗教节日。衣着奇异的人们蜂拥着穿过街道，他们有的穿着夺目的毛织披肩、披着刺绣着鲜艳条纹的斗篷，有的戴着龙舌兰纤维做成的金黄色夸张头饰。这里就是墨西哥南部的一个16世纪小镇——恰帕德科尔索（Chiapa de Corzo）。在宏伟富丽的圣多明哥教堂（Church of Santo Domingo）前，一支墨西哥马利亚奇乐队被狂欢的人群簇拥着缓步前行，成群结队的庆祝者踢着腿嬉闹欢舞。舞台上，女人们跟随现场马林巴琴的节奏回旋起舞。

· 222　帕拉奇克（Parachicos）舞者们所戴的面具与欧洲人的面部特征十分接近，尤其是西班牙殖民者。
· 223　狂欢节上乔装打扮的男人们。他们跳舞、演奏音乐、为公众提供美食，以此铭记在西班牙统治时期人民遭受的饥饿。

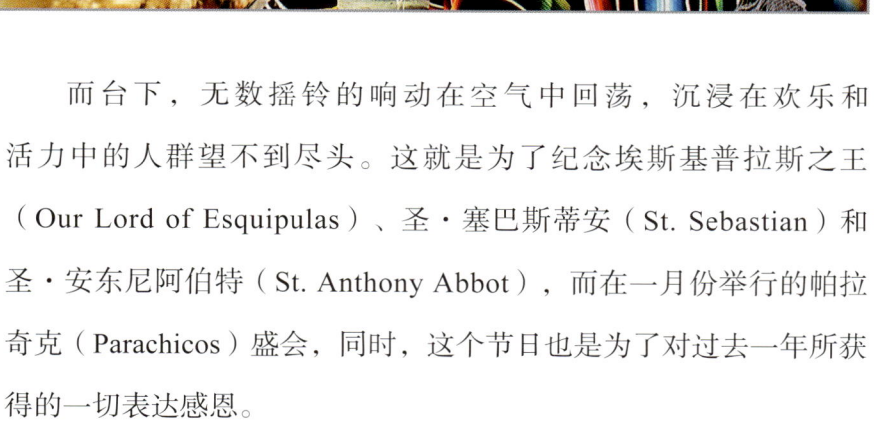

而台下，无数摇铃的响动在空气中回荡，沉浸在欢乐和活力中的人群望不到尽头。这就是为了纪念埃斯基普拉斯之王（Our Lord of Esquipulas）、圣·塞巴斯蒂安（St. Sebastian）和圣·安东尼阿伯特（St. Anthony Abbot），而在一月份举行的帕拉奇克（Parachicos）盛会，同时，这个节日也是为了对过去一年所获得的一切表达感恩。

整场盛会的高潮，就是帕拉奇克舞者们背着圣人的雕像前往各处圣地敬拜。男性舞者们戴着用雪松木雕刻而成的彩漆装饰面具，有节奏地晃动着手中系着彩带的金属和木质摇铃，并以欢快的呼声

·224 帕拉奇克盛会上的游行队伍会穿越整个恰帕德科尔索镇，同时也会经过镇上的几处宗教圣地。

·225 帕拉奇克的舞者们一边呼喊一边晃动着摇铃。其中有些人会装扮成照顾玛丽亚·安古洛儿子的女仆。

回应着领队的要求。帕拉奇克会伴随着鼓点弹吉他、吹长笛，也会带着象征惩罚恶行的鞭子。相传，这个盛会的渊源是来自3000多年前的一个故事。一位叫做玛丽亚·安古洛（Maria Angulo）的富有西班牙妇女，为了她生了怪病的儿子四处奔走寻找良医。她来到恰帕德科尔索时，遇到了当地的一位医生，建议她把孩子放进附近的游泳池里洗澡。当地人为了帮助小男孩，穿戴着西班牙服饰和面具为他跳舞。当被问及为什么这样做时，居民们回答："为了孩子。"男孩痊愈后，心怀感激的玛丽亚·安古洛组织了一场盛宴帮助和款待那些饱受传染病和饥饿折磨的人们。

从1711年开始，这个节日就每年定期举行。尽管盛会举办的时节，气温有时会高达35℃，舞者们依然会遵循传统、盛情装扮。

所在洲：南美洲

国家：厄瓜多尔共和国

2012年入选联合国教科文组织非物质文化遗产名录

· 226-227 厄瓜多尔昆卡市（Cuenca）一家工厂里的巴拿马草帽。

· 227 陈列在商店里、等待出售的草帽。较浅的帽色和黑色的帽带是巴拿马草帽的特征。

厄瓜多尔传统巴拿马草帽编制技艺

象征着男士风尚与优雅的巴拿马草帽，实际上诞生于前哥伦比亚时期的厄瓜多尔。这种由棕榈树纤维编织而成的帽子，颜色较浅、质量轻盈。过去劳工们用它遮挡阳光。而今天，它成为全世界人们为其倾心的时尚单品，这要归功于建造巴拿马运河的工人。

巴拿马草帽因作家、学者和影视明星而盛名于世。欧内斯特·海明威、温斯顿·丘吉尔、保罗·纽曼和亨弗莱·鲍嘉等名人在20世纪都把巴拿马草帽作为一种经典的配饰儒雅地佩戴，这种帽子因此成为上品与优雅的代名词。

这种宽檐帽子拥有非常悠久的历史。它原产于厄瓜多尔，在当地被称为"希皮哈帕"（Jipijapa）。西班牙征服者被当地人所戴的草帽深深吸引，因此将它带到了欧洲。轻便、清雅，加上使用天然"托奎拉"（Toquila）棕榈纤维精细编织，造就了帽子极佳的透气性，使之成为极其理想的防晒用品。

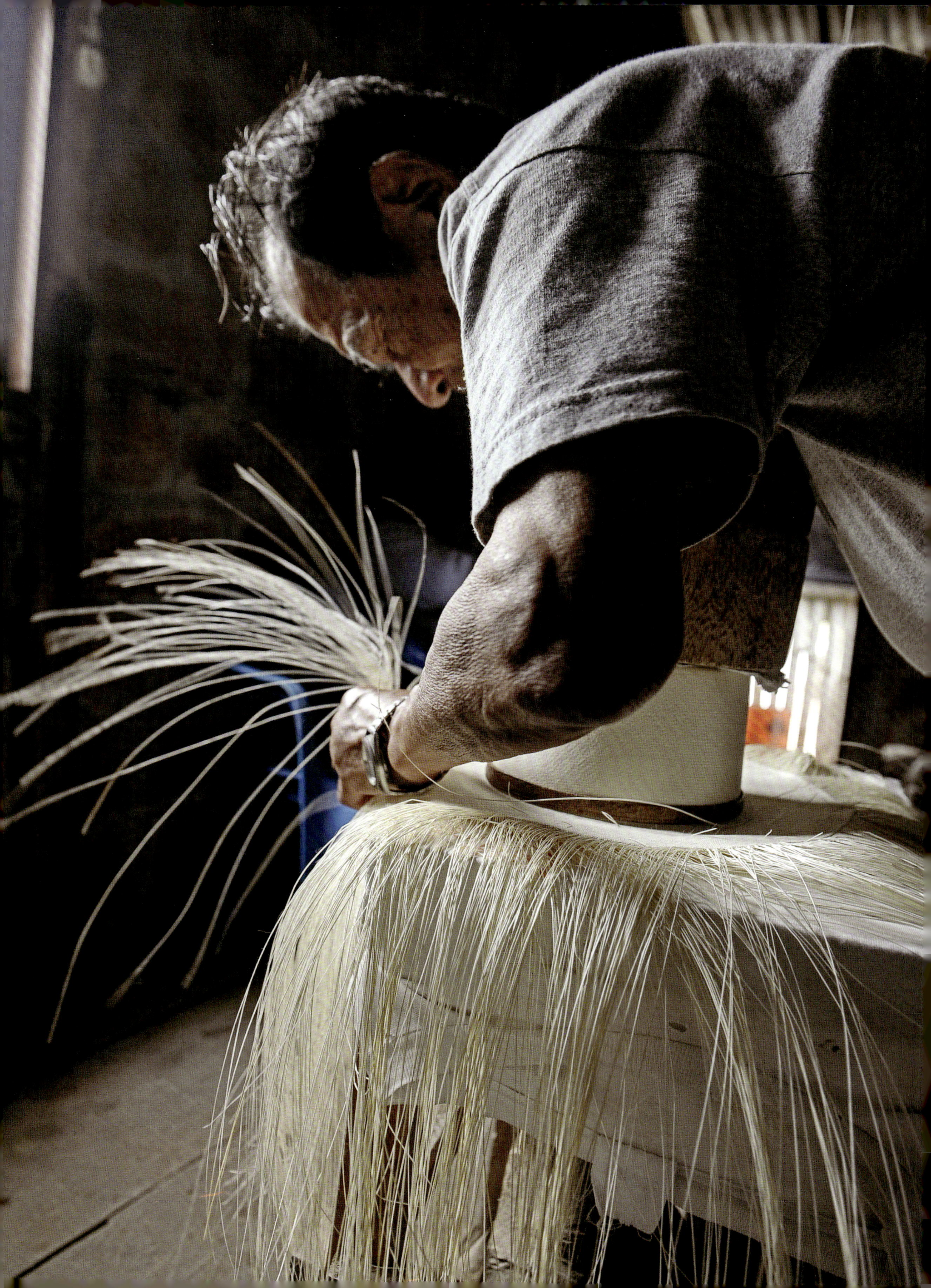

·228　工匠正在用棕榈纤维手工编织草帽。编织的顺序是从最中间的部分开始，向帽檐部分推进。
·229　这是草帽制作的最后阶段：修剪草帽边缘多余的纤维。

1906年，美国总统西奥多·罗斯福参观巴拿马运河的开凿工地时，被拍下了一张戴着巴拿马帽子的照片。这张照片被刊登上《纽约时报》之后，便引起了轰动。从那时起，"巴拿马草帽"就成为"希皮哈帕"世界通用的新名称。

巴拿马草帽由纯手工编织而成。一顶顶级的草帽需要花费8个月的时间才能出品。今天，巴拿马草帽的主要产地是厄瓜多尔的马纳比省（Manabi）和墨西哥的坎佩切州（Campeche）。

将"托奎拉"棕榈叶煮沸后，对其植物纤维进行处理，目的是去除所有微量的叶绿素，以保证成品草帽拥有清浅的色泽。晒干后的纤维就是帽子的原材料，工匠们会从顶部开始编织帽子。编织完成后，它会被放在楦头上定形。

·230-231 帽子被套在一个特殊的楦头上定形之后，还需要小心地熨烫帽檐。

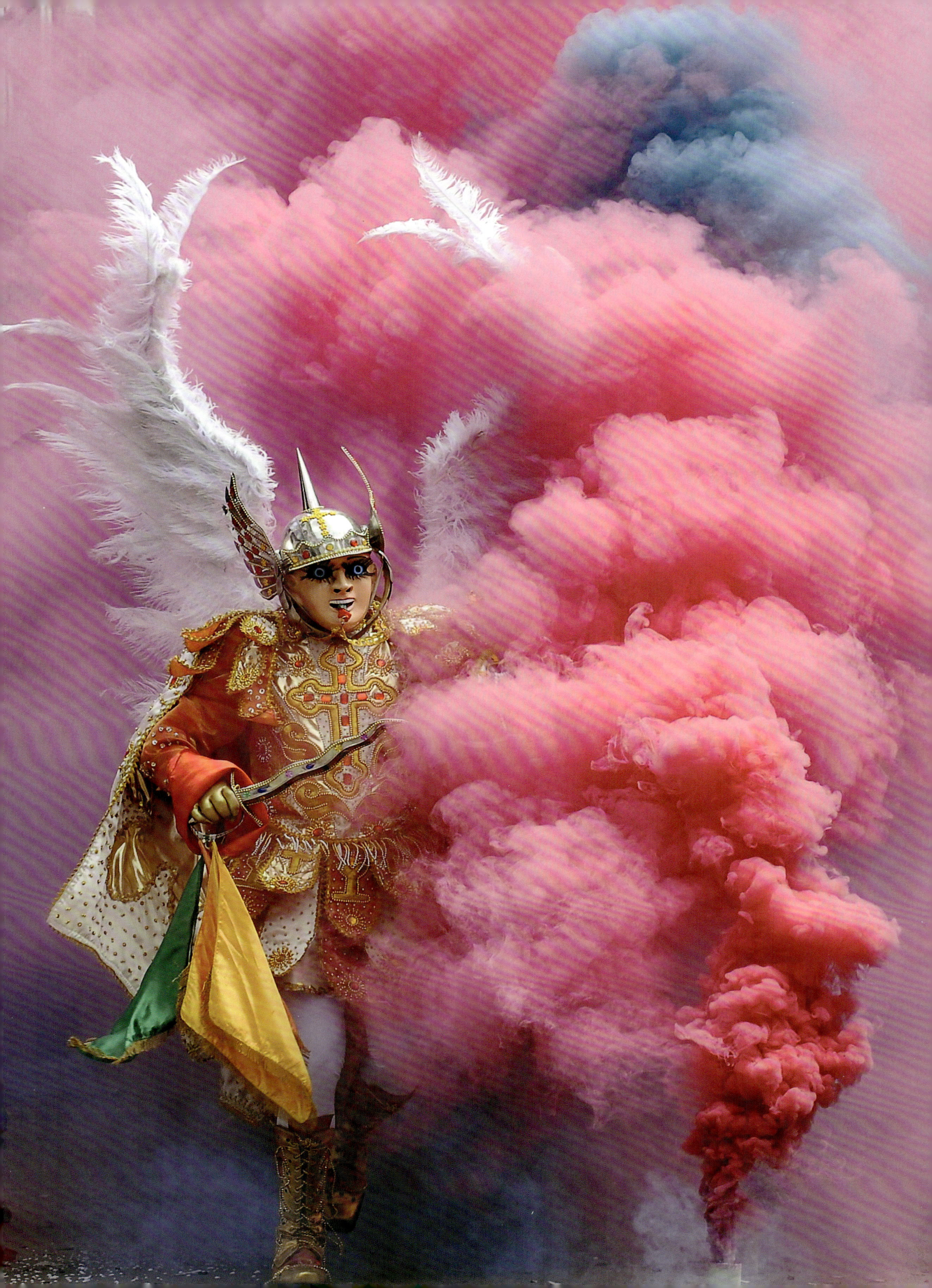

奥鲁罗狂欢节

所在洲：南美洲

国家：多民族玻利维亚国

城市：奥鲁罗

2008年入选联合国教科文组织非物质文化遗产名录

在这个地处高原的矿业城市，人们每年会举办一次狂欢节。这个节日是以正义与邪恶之间的永恒斗争为主题的宗教节日，也是前哥伦布时期的宗教仪式与基督教信仰完美交融的文化遗产。

"迪亚布拉达"这个名字来源于一种传统舞蹈。在为期一周的狂欢节里，人们从忏悔日开始起舞游街。舞者们无论男女都穿戴着扮演恶魔的面具和服装，表演着寓言故事中的场景：天使长米迦勒（Archangel Michael）代表的正义力量最终战胜了七宗罪恶魔。前哥伦布文明所崇拜神明有"大地之母"（Earth Mother）和安第斯死神"苏佩"（Supay）。随着16世纪西班牙侵略者和奥古斯丁修道团的到来，安第斯死神的祭祀仪式上原本的主角，变成了圣烛节所纪念的圣母玛利亚和天主教《圣经》中的恶魔。

·232　一位舞蹈演员在奥鲁罗狂欢节上扮演天使长米迦勒。他戴的面具由当地匠人手工制作。
·233　舞蹈演员中有来自非洲的帕尔多加矮黑人（Negritos del Pagador），他们住在高原地区及央葛斯（Yungas）的山谷里。

17世纪，已经在当地传袭了千百年的祭祀仪式被西班牙人废止了。但奥鲁罗的市民，也就是古安第斯乌鲁（Uru）部落的人民，把安第斯诸神的画像藏在了基督圣像的后面，这样，新教的信徒就有可能会信仰他们从前尊敬的神明。而奥鲁罗狂欢节诞生的契机，则发生在1756年。在城里最富足的银矿里，突然出现了一幅圣母玛利亚的壁画像。矿工们于是决定把圣母玛利亚作为他们的守护神。同时，为了不惹怒支配矿藏财富与死亡的金属之神"提尔"（Tiw），矿工们模仿恶魔的模样开始跳舞。

·234-235 矿工们和祭品，以及即将献祭给"大地之母"和金属之神"提尔"（恶魔的代称之一）的大羊驼合影。

·235 "提尔"在被称为"威兰查"（Wilancha）的献祭仪式上。

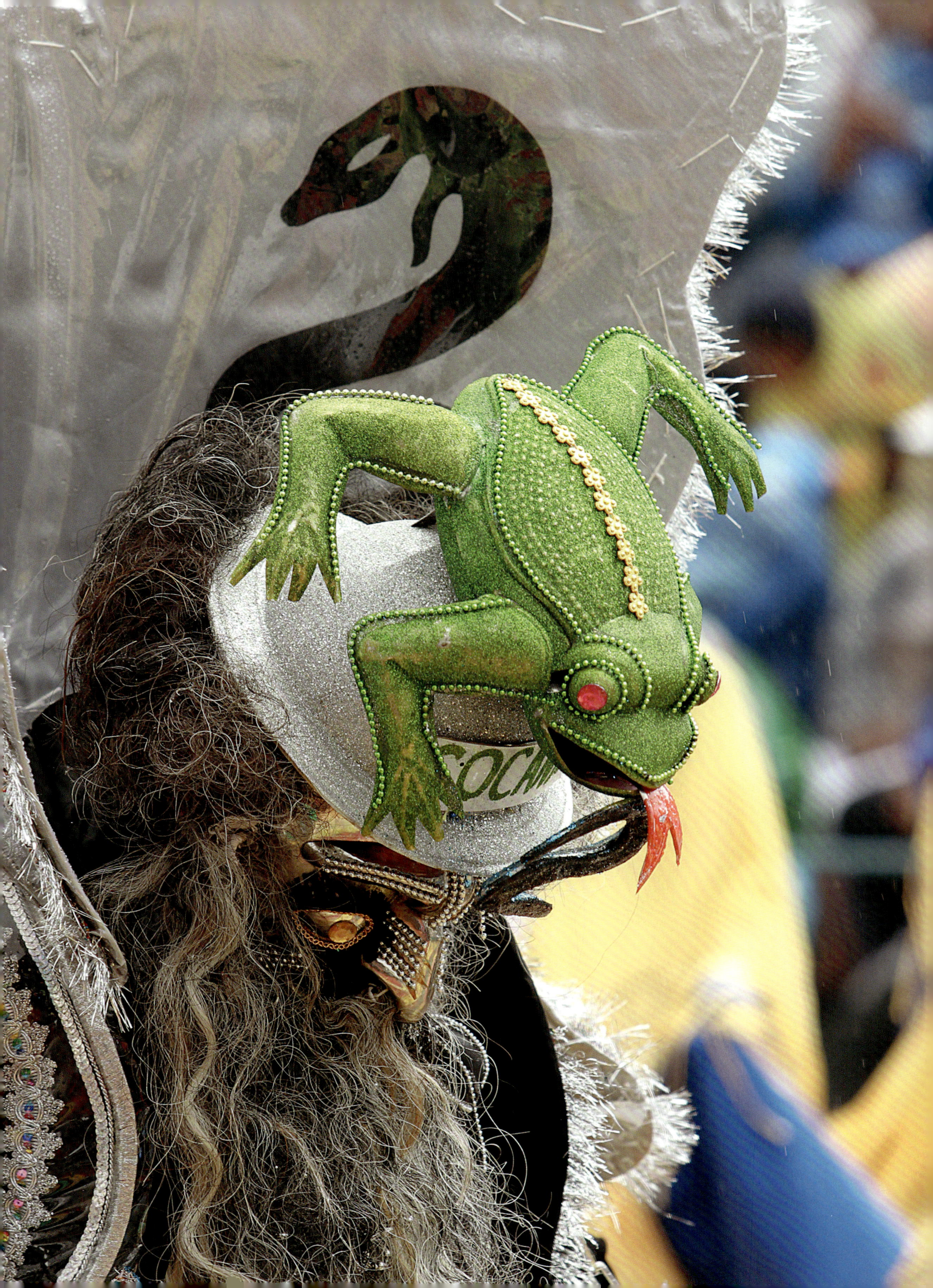

这就是"迪亚布拉达"的起源故事。"迪亚布拉达"是前西班牙传统舞蹈"拉马拉马"（llama llama，该舞蹈的名字来源于用于献祭的大羊驼）的分支流派。不过，有些学者认为"迪亚布拉达"其实在很大程度上也受到了西班牙的影响，因为有一些证据表明它与加泰罗尼亚的一种"恶魔舞"（Ball de Diables）有关。

一直以来，奥鲁罗狂欢节都保持着将天主教与其他宗教元素作有机结合的传统，例如朝圣"矿井圣母"（Our Lady of Socavón）。代表秃鹰、蛇、蟾蜍和蚂蚁的象征物分别被放置于城市东西南北的四个方位上。狂欢节最受欢迎的活动是持续三天三夜的游行，约有50组、共计2万名舞者和1万名演奏员出席。狂欢节的周一，在国家乐队节上，演奏家们会为舞蹈团队伴奏。在接下来的几天里，这些舞蹈团队会表演20多种国内不同地区的舞蹈，包括安第斯高原地区、山谷、森林和平原地区。为了表现天使与恶魔的争斗场面，舞蹈演员们穿着厚重的服装，连续20多个小时在单程4公里的露天舞台上来回辗转。

·236 莫雷纳达舞者服装上的细节。这只蟾蜍是频繁出现于奥鲁罗狂欢节上的象征物之一。
·237 游行仪式结束后，使用过的面具、服装和羽毛头饰会全年在奥鲁罗博物馆中展出。

联合国教科文组织认为，奥鲁罗狂欢节是多民族玻利维亚国文化多元强有力的明证。但由于采矿活动和传统农耕的减少，加上安第斯高原的逐渐沙漠化、人口大量移民，这个节日和百花齐放的舞蹈，正在面临留存与否的极大威胁。

·238-239　身着华美服装的舞者在向矿井圣母祷告。约有40万人参与节庆游行。

·239　矿井圣母是庇佑当地矿工的女神，纪念她的庆典活动于狂欢节的周六举行。

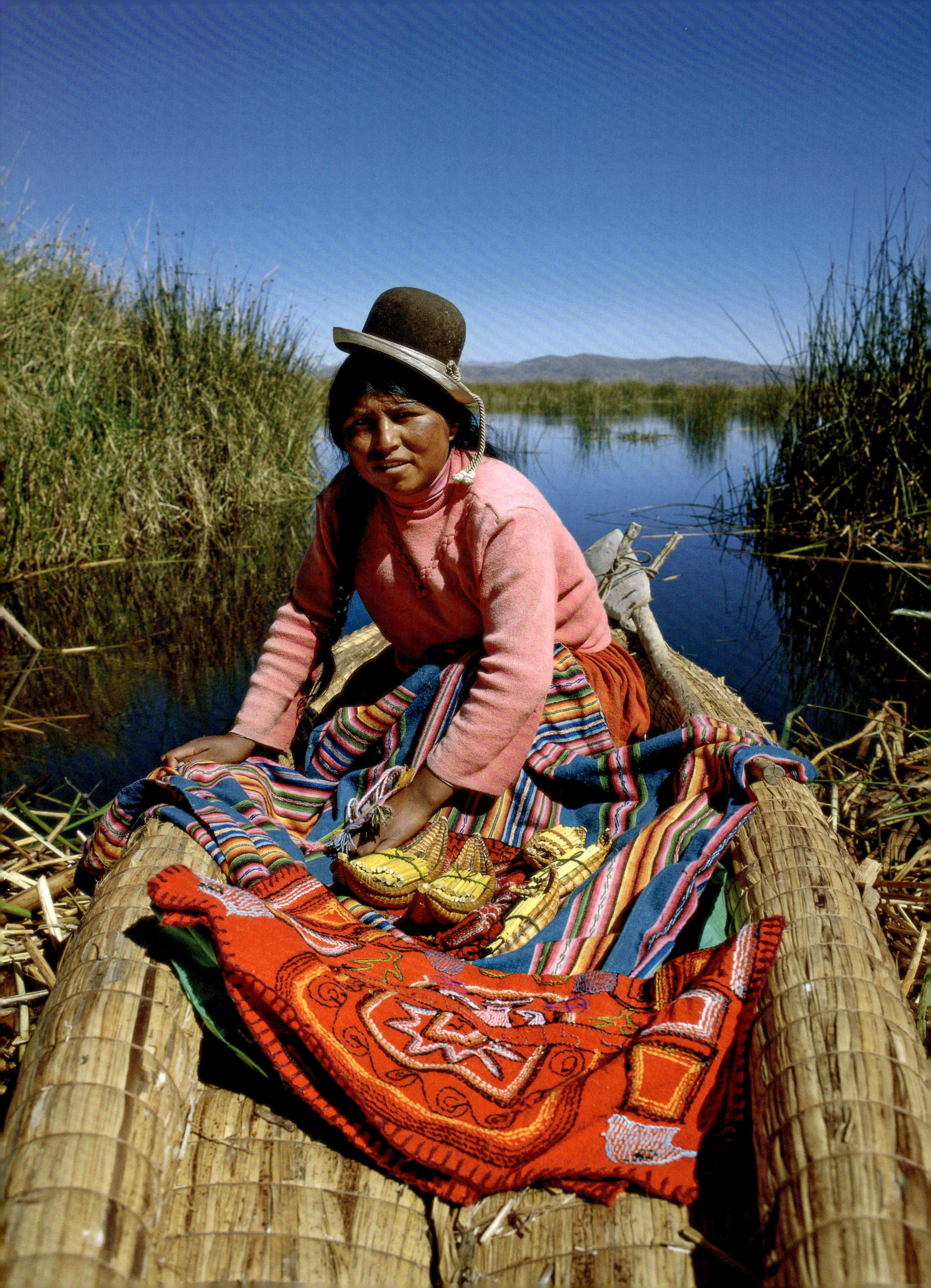

塔奎勒岛及其纺织工艺

所在洲：美洲

国家：秘鲁共和国

地区：塔奎勒岛（的的喀喀湖）

2008年入选联合国教科文组织非物质文化遗产名录

在秘鲁中部的的喀喀湖（Lake Titicaca）湖心区的塔奎勒岛（Taquile）上，所有岛民穿着的服装都是由自己亲手编织的。这些缤纷绚丽的服饰，见证着古印加文明幸存的技艺和符号。

秘鲁的塔奎勒岛壮丽秀美，整座岛屿被的的喀喀湖水及安第斯山脉令人叹为观止的景致所环抱。澄明的天空、清丽的自然环境都仿佛折射到了人民缤纷斑斓的衣着上。衣服上错综繁复的装饰图案，有着丰厚的象征意义，证实了这个社群依然深刻地皈依着祖先的信仰。纺织的工作由男女共同协作完成，他们所使用的是西班牙统治者到来之前的传统织布机，当时，这片土地依然是由印加人统治的。"扣勒"（Chullo）是最受男人们欢迎的一种饰品，也是新娘送给新郎的礼物。它是用骆马毛、羊驼毛、大羊驼毛和羊毛编织而成的帽子，带有两个连帽耳罩和一条较宽的"日历"腰带，腰带上装饰有神明、动物、庄稼图案以及从古印加日历上传承下来的与农业和祭祀活动相关的符号。女人们则披着"卓库"（Chuku）——一种覆盖在头部和肩部的披肩，披肩里面一般会穿一件长袖刺绣衬衫和一条颜色醒目的荷叶边裙子。服饰的颜色代表了穿戴者的婚姻状况和社会地位：已婚人士穿戴的是红色，未婚则穿白色，而穿戴黑色服饰的则是村长。

- 240 一位妇女在的的喀喀湖上架着芦苇舟去集市上出售五彩的纺织品。
- 241 包含盖丘亚族（Quechua）在内的多个民族都会使用传统织布机织造塔奎勒纺织品。

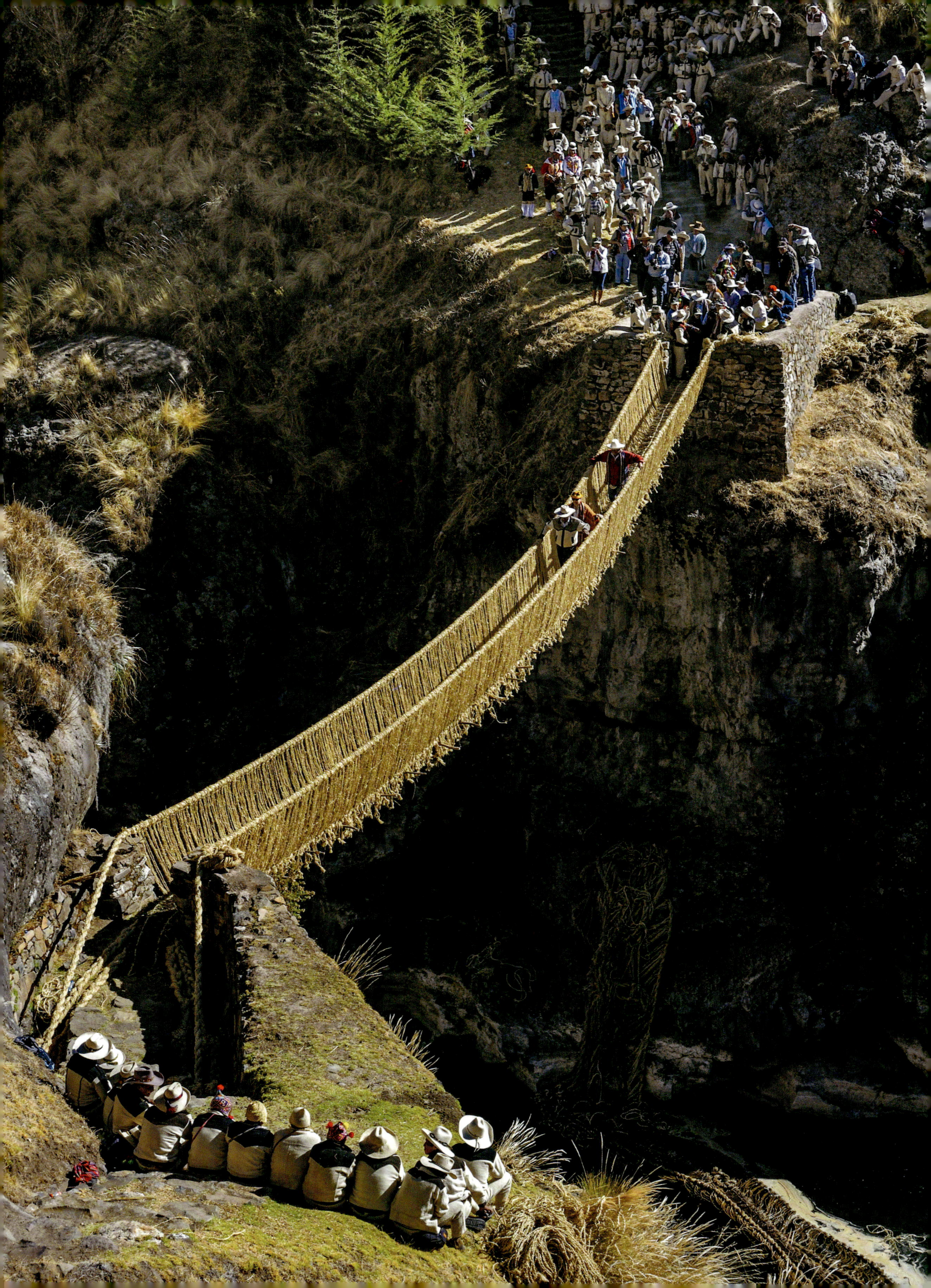

每年更新凯世瓦恰卡吊桥的知识、技术和仪式

所在洲：南美洲

国家：秘鲁共和国

2013年入选联合国教科文组织非物质文化遗产名录

历史上印加帝国唯一留存下来的这座索桥，是当地人与环境、传统文化和历史紧密相连的明证。正如几个世纪以前一样，至今它依然是联结该地区各个社区的纽带。这座桥每年都会进行重修，人们会举办仪式庆贺新桥的落成，互相交流彼此的习俗和信仰。

· 242 位于秘鲁卡纳斯（Canas）省的凯世瓦恰卡（Q'eswachaka）吊桥，连接着阿普里马克河（Apurimac River）两岸陡峭崎岖的山崖。

· 243 如果人们想要在阿普山脉神灵的保佑下过河，就需要奉上祭品。以前，人们会用谷物和风干的大羊驼胚胎献祭。

在印加帝国的官方语言盖丘亚语（Quechua，南美洲原住民语言）中，Q'eswachaka的字面意思是"绳索桥"。从13世纪开始，到16世纪殖民者入侵，再到今天，连接着众多地区的凯世瓦恰卡桥是辽阔的印加帝国数百多座桥梁中唯一幸存下来的一座。今天，它依然在秘鲁南部库克斯（Cuzco）地区引路渡人。这座完全由绳索编结成的桥，横跨在狭窄崎岖的阿普里马克河（Apurimac River）上。阿普里马克河是亚马孙河的源流之一，海拔约3700米。凯世瓦恰卡桥长约30米，悬吊于距离地面50米高的河面，由前哥伦布时代流传下来的古老的传统技艺建造而成。吊桥所使用的材料是广泛分布于安第斯高原的秘鲁羽毛草的纤

维，造桥者能够非常熟稔地将这种纤维编成草绳。

凯世瓦恰卡桥既轻盈又牢固，承载力强，可以让20个人和动物同时安全地通过。不过，由于大气因子的作用，草绳吊桥会受到腐蚀变质，因此每年初夏，人们会在6月重建这座桥。5个世纪以来，这种传统造桥活动和仪式一直延续至今。温里奇（Huinchiri）、科拉纳（Ccollana）、乔皮班达（Chaupibanda）、查卡伊华（Chaccayhua）和派尔卡罗（Pelcaro）的农业社区会参与吊桥的重建和相关仪式。

附近地区新建的金属缆索现代桥梁，使得凯世瓦恰卡桥变得不再那么不可或缺。当地人更把重修吊桥视为维系社会、文化和传统纽带的一种方式。

· 244-245　当地农业社区的妇女用长而柔韧的秘鲁羽毛草编织吊桥的绳索。
· 245　人们在传统舞蹈和音乐中庆祝重建大桥的落成。

·246-247 悬空于峡谷中的吊桥绳索编织工人。旧的绳索吊桥会被砍下，落入河中随波而去。

·247 重修吊桥的第一步是用新的桥梁支架大绳把悬崖两端连接起来。历史上，凯世瓦恰卡桥是通往印加帝国的皇家之路——"上苍之路"（Qhapaq Ñan）的第二条路线。

吊桥的重建工作会持续三天。在这之前需要做的准备工作是收集野草并将其晒干，接着在石头上捣碎，使得它的纤维变得纤细而韧性。这些纤维会用来编结成草绳，然后扭结成作为桥梁支架缆索的粗大草绳。正式重建的第一天，在供奉完保佑当地人的阿普山脉的神灵之后，两队工人分别从旧桥的两端开始铺就支架绳索，接着在古老的印加文明的守护者——工程师的指导下，两队工人在桥中间汇合。支架绳索是四条非常粗实的缆绳，用于新桥桥面和两侧扶手的铺设。第二天，旧桥会被砍断落入河中。第三天，也就是最后一天，人们会把其他细绳编织串接于桥面和扶手用以加固定型。这一步完成之后，新桥的落成仪式就会在舞蹈和乐声中拉开序幕。

科伊露莉提天主圣殿的朝圣

安第斯山脉之巅每年举行的宗教朝圣仪式，融合了天主教信仰以及前哥伦布时期（pre-Columbian）对大自然神祇的崇拜。来自不同地区的数万名信徒共同参与游行、传统舞蹈等庆祝活动。

两个多世纪以来，秘鲁都一直敬拜着科伊露莉提天主（Lord of Qoyllurit'i）。Qoyllurit'i由盖丘亚语中的"qoyllur"和"rit'i"这两个词合成而来，分别代表"星星"和"灿烂的白雪"的意思。复活节主日之后的第58天，9万人从库克斯（Cuzco）来到位于海拔5000米的辛纳卡拉山谷（Sinakara Valley）的圣地。朝圣者在出发前夕，会依据所属地区的村庄，被分成8组前往圣地之前。

舞蹈在朝拜活动中扮演了重要的角色，不同的舞蹈团队会表演500多种不同类型的舞蹈。所有活动都由一个委员会和一个兄弟会组织，他们制定规章制度，并且为千千万万的朝圣者提供水和食物。身穿羊驼绒服饰、戴着编织羊毛面具的乌库库（Ukuku）舞者负责维护活动现场的秩序。20世纪上半叶，一位来自卡特卡（Ccatca）的牧师曾提到，科伊露莉提的神话取材于两个男孩在辛纳卡拉山顶相遇的故事。其中一个男孩是美洲印第安人，名字叫马里亚诺·梅塔（Mariano Mayta），是马瓦拉尼（Mawallani）一位牧羊人的儿子；另一个男孩是梅斯蒂索人（Mestizo，一般指拉丁民

所在洲：南美洲

国家：秘鲁共和国

2011年入选联合国教科文组织非物质文化遗产名录

- 248　在科伊露莉提圣殿的朝圣日（也称为雪星节），信徒们带着十字架攀上安第斯山脉的顶峰。
- 248-249　身着传统服饰的朝圣者。他们来自保卡坦博（Paucartambo）、曲斯皮坎奇（Quispicanchi）、卡奇斯（Canchis）、阿科马约（Acomayo）、帕鲁罗（Paruro）、塔万廷苏尤（Tawantinsuyo）、安塔（anta）和乌鲁班巴（Urubamba）等地区。

朝圣活动包含了多样的文化表现形式，受到联合国教科文组织的保护。对于生活在安第斯山脉不同海拔的各个社群来说，这也是他们聚首交流、开展各种经济活动的一个契机。

·250　当地人把安第斯山脉的冰川视为神圣之水。不过，由于全球气候变暖，冰川正在消退。

·250-251　乌库库也被称为"帕布鲁查斯"（Pablushas），这些年轻的禁欲者是科伊露莉提天主朝圣活动秩序的维护者。

族与印第安族的混血），叫曼纽尔（Manuel）。

某天，他与马里亚诺·梅塔偶然相遇，成为朋友。马里亚诺为了感谢曼纽尔帮助自己的父亲放牧，让自己的牛群繁衍兴盛，便决定为曼纽尔添置新的衣服。他拿到了一块面料的样品，并送到了卡特卡的一位裁缝那里。但裁缝发现那块布是从主教的圣衣上取下来的，便怀疑马里亚诺亵渎圣物，于是向当地的主

教报告。主教派了一位牧师去审问年轻的马里亚诺，马里亚诺向牧师介绍了自己神秘的朋友之后，牧师决定不远万里去专程会一会这个白皮肤的神奇少年。当见到曼纽尔的时候，他开始散发一种耀眼的白光，而马里亚诺和牧师刚准备靠近曼纽尔，他就变成了一棵矮树，树上挂着耶稣被钉在十字架上的画像。马里亚诺以为牧师伤害了自己的朋友，当场心碎而死。他被

埋在一块岩石下面，岩石上画有耶稣的像。他的埋葬地正是科伊露莉提天主朝圣活动举办的地点。

在主要的朝圣活动之外，还有一系列规模较小的游行活动。这是一趟海拔超过6000米的跋涉，通常，一场游行需要徒步24个小时。游行过程中，圣徒们会把十字架带到该地区的其他圣所，沿途经过崎岖的小径和覆盖着大雪的悬崖。上文提到的两个村庄的队伍（保卡坦博和曲斯皮坎奇）会负责护持塔雅卡尼天主（Lord of Tayancani）和圣母玛利亚的圣像前往同名的村庄静候第一道曙光，呼应不同于先祖的宗教仪式。

· 252和252-253　科伊露莉提圣所点燃的蜡烛。保卡坦博组的人们会徒步登顶海拔6362米的奥桑加特峰，以期得到保佑。

所在洲：南美洲

国家：巴西联邦共和国

2014年入选联合国教科文组织非物质文化遗产名录

卡波卫勒圆圈舞

卡波卫勒舞是武术艺术和舞蹈的结合体，虽然它的诞生地是巴西，但它的基因是属于非洲文化的。数以万计的非洲奴隶在这个南美国家的种植园里劳作的时候，创造了这种舞蹈。最初，练习卡波卫勒舞的人被认为是帮派成员，受到罪犯一般的对待。但现在，他们已经是受人仰慕的专业教练与格斗士。

两个实际上在打斗的人，却面带丰富的表情、充满和谐地进退游走着，看似在跳舞一般——这有可能吗？当然有。这种神奇的运动就是卡波卫勒舞。卡波卫勒舞是一种杂技武术舞蹈，它诞生于殖民地时代的巴西巴伊亚州（Bahia）。当时，在葡萄牙种植园为主人工作的非洲奴隶发明了这种舞蹈。据说，非洲人希望通过这种格斗训练来重新获得自由。而为了不引起主人的怀疑，他们在格斗术中加入了舞步。关于这种舞蹈的起源，也有这样一种说法：为了保护由黑奴建立的自由社区"基隆波"（Quilombos）免受"丛林队长"（Capitães de Mato，受雇于种植园主，他们的工作是追捕并遣返在丛林里逃逸的奴隶）的攻击，士兵们采取了一种格斗术，而卡波卫勒舞就是对这种格斗术进行模仿衍生而来的。

后来，卡波卫勒圆圈舞逐渐演变成了一种专门的武术运动。斗士们遵循着特定的比赛规则，经过长期的学习和训练之后，通过使用"劲戈"（Ginga，卡波卫勒舞的基础动作。字面意思是"前后移动、回转"）等技巧和动作展开对决。在围成一圈的观众们的簇拥下，拨铃波琴（Berimbau）的乐声响起，穿着特殊战服的斗士们开始各显身手。拨铃波琴是非洲的一种由木制琴弓和空心的葫芦制成的单弦乐器，葫芦是其共鸣箱。演奏时，既可以用琴弓拉弦，也可以用木棒敲击琴弦。

· 254-255 杰里科科拉（Jericoacoara）海滩上的两名卡波耶拉斗士。熟练度、敏捷度和应变力是练习这种武术舞蹈所需具备的基本素质。

探戈

起源于19世纪晚期的探戈舞结合了欧洲与克里奥尔（Creole）的音乐文化，是布宜诺斯艾利斯和蒙得维的亚精神的典型象征。它凄美的旋律怀旧而又富有激情，仿佛是岁月流转的一场深情对话。

作曲家恩里克·桑托斯·迪斯塞博罗（Enrique Santos Discépolo，1901—1951）曾说："探戈是舞动的悲思"。这句话完美地概括了这种风靡于世的舞蹈的内在哲学。19世纪末，探戈发源于拉普拉塔河（Río de la plata）流域、阿根廷首都布宜诺斯艾利斯和乌拉圭首都蒙得维的亚的贫民区。该区为欧洲移民聚居区，其中以意大利人和西班牙人居多，也有本地人和克里奥尔人（土著人与非洲人的混血后代）。多样化的人种促进了文化的交流，催生了一种以强烈的伤感和怀旧感为特征的节奏和旋律，在班多钮（Bandoneon，一种特殊的手风琴，由德国移民带到南美洲）的伴奏下，渲染出了一种韵味独特的曲调风格。舞曲中洋溢着爱和激情的歌词，一般是用布宜诺斯艾利斯俚语填写的。

探戈最初是一种即兴舞蹈，两位舞者跟随着节奏，如磁铁般相互吸引靠近又相斥离开对方，通过腿部和身体之间的贴合与分离，创造出了一种绵长而又激烈的羁绊。如今，探戈舞步已经"标准化"，受到古典舞的影响，舞者们会通过华丽而优雅的编舞来营造出非常浓烈的戏剧风格。

所在洲：南美洲

国家：阿根廷共和国、乌拉圭东岸共和国

2009年入选联合国教科文组织非物质文化遗产名录

·256-257　布宜诺斯艾利斯博卡区（Laboca）的探戈舞者。探戈舞的伴奏音乐结合了多种文化不同的音乐风格。

·258-259　这种舞蹈建立在男人与女人亲密的对抗关系之上，两性之间的张力通过一系列的移步和动作来表现。

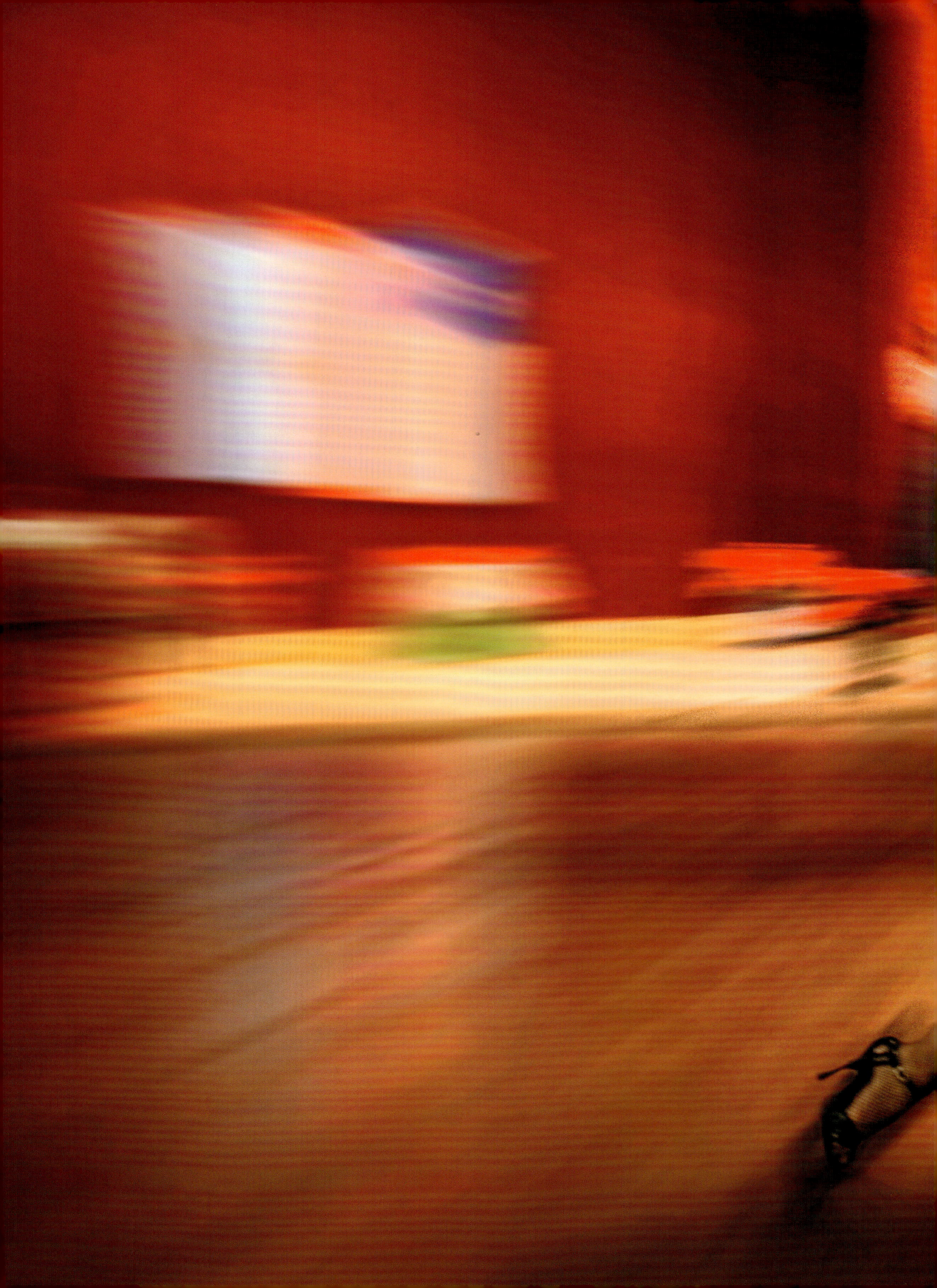

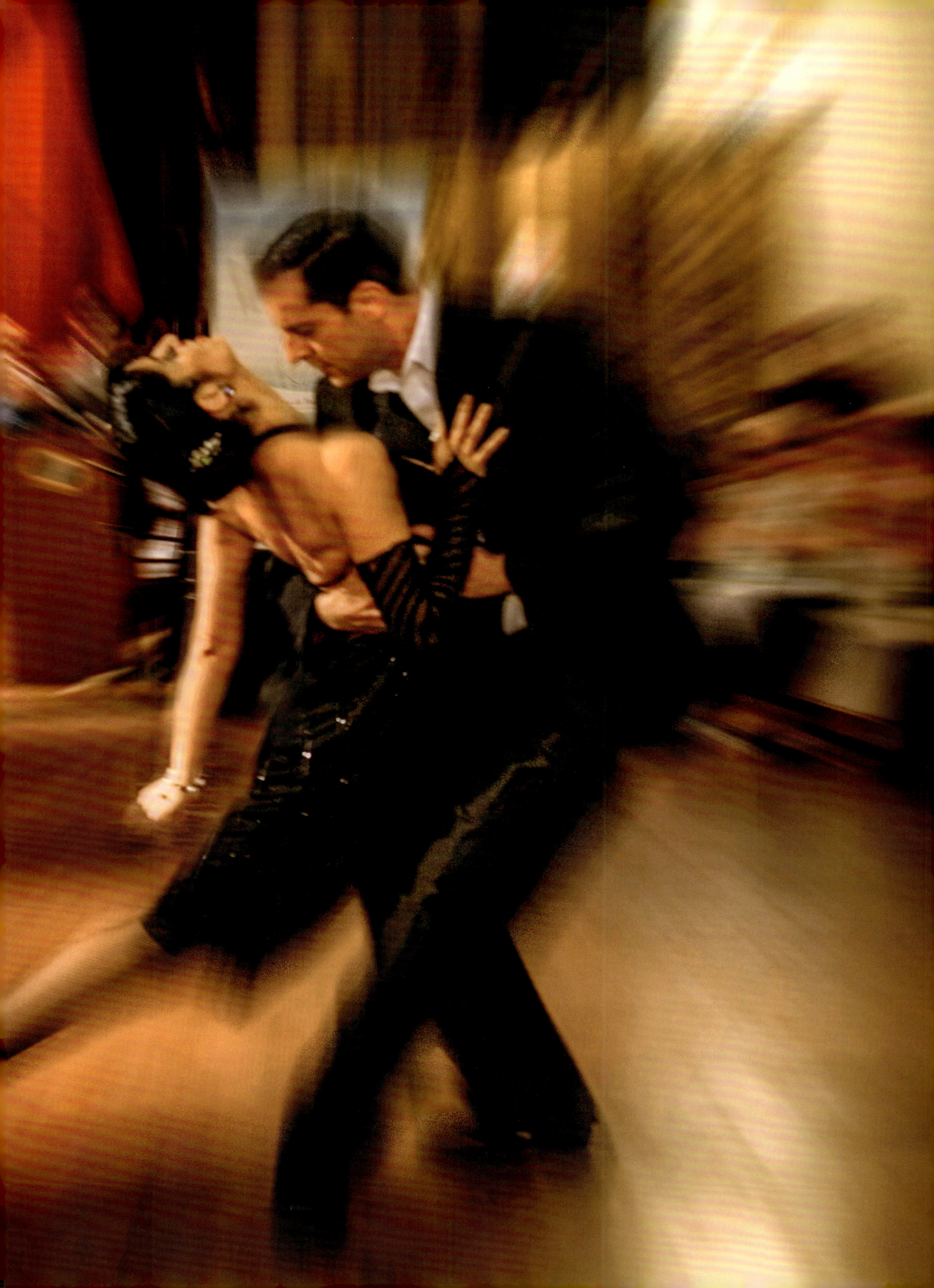

本书作者

马西莫·森帝尼毕业于意大利都灵大学（University of Turin）文学与哲学学院，获得文化人类学学位。他是都灵人民大学基金会（People's University Foundation）的人类文化学教授，曾和国内外的多所大学和博物馆合作，包括位于米兰的非洲考古研究中心（Center for African Archeological Studies）、都灵的中远东研究中心（Cesmeo）、马基亚山谷（Vallemaggia）的瑞士博物馆和贝加莫自然科学博物馆（Natural Science Museum of Bergamo）的民族艺术部。同时，他也在博尔扎诺设计学院（Design Institute of Bolzano）和MUA（南蒂罗尔大学运动）教授人类文化学课程。马西莫·森帝尼的研究涵盖了人类学的多个领域，包括口述传统、物质文化、民间风俗、宗教仪式和习俗。他撰写过众多相关领域的论文，这些文章被翻译成多国语言，在全世界传播。

安德烈·阿尔克西（Andrea Accorsi）是一位新闻工作者、研究员。在日报从事了三十年的记者和高级编辑的工作。目前和多家历史和科学杂志合作。他供职于伦巴第解放运动史研究所，撰写了大量关于本土、经济和当代历史的论文和书籍。他还担当了古籍珍本的新版本编辑。

朱塞佩·布里兰特（Giuseppe Brillante）是一位新闻工作者。他撰写了百余篇科普和历史作品，发表了几十篇关于地理和自然历史的文章，以及周游各国的旅行游记。他也是《科学期刊》（《BBC聚焦》的意大利版本）和《BBC历史杂志》的协调员。

马里奥·加洛尼（Mario Galloni）是一位作家、新闻工作者。他是米兰历史悠久的日报《夜》（La Notte）的记者。目前为多家流行文化杂志撰写文章，最近他与埃琳娜·珀西瓦迪（Elena Percivaldi）联合撰写出版了一卷《联合国教科文组织世界遗产名录》。

埃琳娜·珀西瓦迪（Elena Percivaldi）是一位媒体学者、历史学家和散文家。她为许多主流的历史期刊撰稿，并积极投身于举办讲座、策划历史考古展览、再现历史等各种文化活动。她还在各种文章、著作和讲座中研究探讨过联合国教科文组织的人类遗产。

图片来源

封面：艾扎尔·拉尔德斯/法新社/盖蒂图片社
封底：左 弗兰克·贝内瓦尔/照明火箭/盖蒂图片社
　　　中 提摩西·亚伦/盖蒂图片社
　　　右 奥莱克西·马克西缅科/盖蒂图片社
第8页：帕特里夏·德梅洛·莫雷拉/法新社/盖蒂图片社
第9页：帕特里夏·德梅洛·莫雷拉/法新社/盖蒂图片社
第10-11页：埃夫里姆·艾丁/阿纳多卢通讯社/盖蒂图片社
第12页：阿兰·贝诺伊利斯/伽马-哈福社/盖蒂图片社
第13页：AGF/赫米斯
第14-15页：罗伯托·弗玛加利/阿拉米图片社
第16-17页：路易斯·吉恩法新社/盖蒂图片社
第17页：路易斯·吉恩法新社/盖蒂图片社
第18页：路易斯·吉恩/法新社/盖蒂图片社
第19页：肖恩·盖洛普/盖蒂图片社
第20页：M·拉米雷斯/阿拉米图片社
第21页：M·拉米雷斯/阿拉米图片社
第22-23页：M·拉米雷斯/阿拉米图片社
第24页：马塞利诺·拉米雷斯/时代图片社
第25页：M·拉米雷斯/阿拉米图片社
第26页：凯文·福伊/阿拉米图片社
第27页：凯文·福伊/阿拉米图片社
第28-29页：卢卡斯·瓦莱基洛斯/阿拉米图片社

第29页：大卫·阿利亚加/努尔图片/阿拉米图片社
第30-31页：何塞·乔丹/法新社/盖蒂图片社
第31页：凯文·福伊/阿拉米图片社
第32-33页：赫米斯/阿拉米图片社
第33页：克里斯托夫·博伊斯维尤/阿拉米图片社
第34-35页：赫米斯/阿拉米图片社
第35页：赫米斯/阿拉米图片社
第36页：杰拉多·格雷戈里/AGF/赫米斯
第37页：©阿朗松市
第38页：左 ©阿朗松奥利维耶·赫伦
　　　　右 ©阿朗松奥利维耶·赫伦
第40-41页：卢卡斯奥利维耶/SAGAPHOTO.COM/阿拉米图片社
第42-43页：弗兰克·佩里/法新社/盖蒂图片社
第44-45页：赫米斯/阿拉米图片社
第45页：赫米斯/阿拉米图片社
第46-47页：约亨·泰克/布罗克图片/时代图片社
第48页：赫米斯/阿拉米图片社
第48-49页：赫米斯/阿拉米图片社
第50页：赫米斯/阿拉米图片社
第50-51页：赫米斯/阿拉米图片社
第52-53页：帕特里克·阿凡图尔/盖蒂图片社
第54页：帕特里克·阿凡图尔/盖蒂图片社
第54-55页：帕特里克·阿凡图尔/盖蒂图片社
第56页：弗兰斯·莱门斯/阿拉米图片社
第56-57页：米奇斯瓦·维利奇科/阿拉米图片社

第58页：赫伊津哈图片，乌特勒支，荷兰
第58-59页：赫伊津哈图片，乌特勒支，荷兰
第60-61页：卡罗摄影社/阿拉米图片社
第62页：卡罗摄影社/阿拉米图片社
第63页：dpa图片资料馆/阿拉米图片社
第64-65页：拉德克·米卡/法新社/盖蒂图片社
第66-67页：拉德克·米卡/法新社/盖蒂图片社
第67页：弗拉基米尔·波马尔特泽夫/阿拉米图片社
第68页：阿提拉·基斯贝内德/法新社/盖蒂图片社
第69页：伦敦时髦食品-保罗·威廉姆斯/阿拉米图片社
第70-71页：伦敦时髦食品-保罗·威廉姆斯/阿拉米图片社
第72页：阿提拉·基斯贝内德/法新社/盖蒂图片社
第72-73页：祖马出版社/阿拉米图片社
第74页：帕特里克·多明戈/法新社/盖蒂图片社
第75页：加里·卡尔顿/阿拉米图片社
第76-77页：雷唐/阿纳多卢通讯社/盖蒂图片社
第78页：皮特·佛斯博格/阿拉米图片社
第78-79页：大卫·吉伊/阿拉米图片社
第80-81页：卡彭·安东尼奥/AGF
第82页：兰贝托·西皮奥尼/时代图片社
第82-83页：兰贝托·西皮奥尼/时代图片社
第84页：劳伦特·吉拉杜/盖蒂图片社
第84-85页：劳伦特·吉拉杜/盖蒂图片社
第86页：劳伦特·吉拉杜/盖蒂图片社

第87页：劳伦特·吉拉杜/盖蒂图片社
第88-89页：劳伦特·吉拉杜/盖蒂图片社
第90-91页：瑞达有限责任公司/盖蒂图片社
第92页：朱利奥·阿扎雷尔/AGF
第92-93页：瑞达有限责任公司/盖蒂图片社
第94-95页：赫拉克勒斯·米拉斯/阿拉米图片社
第95页：杰曼·亚历克斯基斯/阿拉米图片社
第96-97页：赫米斯/阿拉米图片社
第97页：赛普·帕欣格/盖蒂图片社
第98-99页：帕夫林纳/盖蒂图片社
第100页：佩鲁塞·布鲁诺/盖蒂图片社
第100-101页：丹姆/盖蒂图片社
第102-103页：阿兰·贝纳努斯/伽马–哈福社/盖蒂图片社
第103页：阿兰·贝纳努斯/伽马–哈福社/盖蒂图片社
第104页：阿兰·贝纳努斯/伽马–哈福社/盖蒂图片社
第105页：阿兰·贝纳努斯/伽马–哈福社/盖蒂图片社
第106页：赫维·布吕阿/伽马–哈福社/盖蒂图片社
第106-107页：阿兰·贝纳努斯/伽马–哈福社/盖蒂图片社
第108页：豪尔赫·费尔南德斯/照明火箭/盖蒂图片社
第109页：豪尔赫·费尔南德斯/照明火箭/盖蒂图片社
第110页：约翰·沃伯顿·李摄影/阿拉米图片社
第111页：阿里阿德涅·范·赞德贝根/阿拉米图片社
第112-113页：沃纳·坎斯特恩/盖蒂图片社
第114页：沃纳·坎斯特恩/盖蒂图片社
第115页：蒂莫西·阿兰/盖蒂图片社
第116-117页：埃里克·拉福格/阿拉米图片社
第117页：凯里·安/阿拉米图片社
第118页：乌恰尔/盖蒂图片社
第119页：旅行收藏/阿拉米图片社
第120-121页：布罗图片/阿拉米图片社
第122-123页：托迪尼·多梅尼科/AGF/赫米斯
第123页：沃尔夫冈·凯勒/AGF
第124页：简·沃达尔茨克/阿拉米图片社
第125页：Y.李维/阿拉米图片社
第126页：©2016艾哈迈·德阿尔谢姆，沙特阿拉伯
第127页：埃里克·拉福格/盖蒂图片社
第128页：谢尔盖·马尔加杜夫科/塔斯社/盖蒂图片社
第129页：谢尔盖·马尔加杜夫科/塔斯社/盖蒂图片社
第130页：普遍之眼/阿拉米图片社
第130-131页：普遍之眼/阿拉米图片社
第132页：赫米斯/阿拉米图片社
第132-133页：雷扎/盖蒂图片社
第134页：赫米斯/阿拉米图片社
第135页：丹尼尔·沙姆金/努尔图片/盖蒂图片社
第136页：©2009伊朗文化遗产，手工艺品和旅游组织
第136-137页：莫兰迪图尔和布鲁诺/AGF/赫米斯
第138-139页：瑞特什·舒克拉/努尔图片/盖蒂图片社
第140-141页：恩里科·费比安-华盛顿邮报
第141页：凯文·弗雷耶/盖蒂图片社
第142-143页：弗兰克·比内瓦尔德/照明火箭/盖蒂图片社
第144-145页：苏比尔·巴塞克/盖蒂图片社
第146-147页：丹尼尔·贝雷胡拉克/盖蒂图片社
第148页：埃里克·拉福格/伽马–哈福社/盖蒂图片社
第149页：埃里克·拉福格/伽马–哈福社/盖蒂图片社
第150-151页：弗兰克·比内瓦尔德/阿拉米图片社
第151页：杰里米·伍德豪斯/盖蒂图片社
第152页：丹尼尔·贝雷胡拉克/盖蒂图片社
第152-153页：薄荷图片/沃尔夫/盖蒂图片社
第154页：布瓦维厄·克里斯多夫/AGF/赫米斯
第154-155页：伊坦·西马诺/罗伯特哈丁/盖蒂图片社
第156页：箱装鱼/盖蒂图片社
第156-157页：杰里米·伍德豪斯/盖蒂图片社
第158-159页：维亚切斯拉夫·奥斯莱德科/法新社/盖蒂图片社
第160页：上 埃斯库德罗·帕特里克/AGF/赫米斯
下 埃斯库德罗·帕特里克/AGF/赫米斯
第160-161页：维亚切斯拉夫·奥斯莱德科/法新社/盖蒂图片社
第162-163页：蒂莫西·阿兰/盖蒂图片社
第164页：鲍勃·克里斯特/盖蒂图片社
第165页：鲍勃·克里斯特/盖蒂图片社
第166页：哈克帮·权/阿拉米图片社
第166-167页：诺瓦克图片/阿拉米图片社
第168-169页：奥列克西·马克西门科/盖蒂图片社
第169页：云文/盖蒂图片社
第170页：迈克尔·斯内尔/阿拉米图片社
第170-171页：卡尔·约翰特格斯/卢克图片/盖蒂图片社
第172页：布莱恩·哈林顿三世/盖蒂图片社
第173页：迈克尔·斯内尔/盖蒂图片社
第174-175页：查尔斯·塞西尔/阿拉米图片社
第176页：比约恩·怀莱齐奇/123RF
第177页：安德烈·波波夫/123RF
第178页：奎姆·利纳斯/封面/盖蒂图片社
第179页：赫维·布吕阿/伽马–哈福社/盖蒂图片社
第180页：DEA/M.莱赫布/盖蒂图片社
第181页：布迪卡·维拉辛格/盖蒂图片社
第182-183页：酷媒体/努方图片/盖蒂图片社
第183页：卡尔·科尔特/盖蒂图片社
第184页：卡尔·科尔特/盖蒂图片社
第184-185页：朝日新闻/盖蒂图片社
第186页：卡尔·科尔特/盖蒂图片社
第186-187页：卡尔·科尔特/盖蒂图片社
第188-189页：朝日新闻/盖蒂图片社
第190页：阿曼·罗奇曼/法新社/盖蒂图片社
第191页：多兹尔·马克/AGF/赫米斯
第192-193页：阿弗里安托·塞拉希/廖内图片/大西洋/出版/照明火箭/盖蒂图片社
第194-195页：塞克斯·保罗/AGF/赫米斯
第195页：莱迈尔·斯蒂芬AGF/赫米斯
第196-197页：马克·道泽/盖蒂图片社
第198页：沃特弗尔·威廉/盖蒂图片社
第199页：莫兰迪图尔和布鲁诺/AGF/赫米斯
第200-201页：教育图片/UIG/盖蒂图片社
第201页：马克·道泽/盖蒂图片社
第202页：托马斯·科勒/泰克图片/盖蒂图片社
第203页：X帕西菲卡/盖蒂图片社
第204页：阿盖耶夫·罗斯特拉夫/阿拉米图片社
第205页：阿戈斯·鲁迪安托/阿纳多卢通讯社/盖蒂图片社
第206-207页：阿戈斯·鲁迪安托/阿纳多卢通讯社/盖蒂图片社
第208-209页：彼得·兰格/盖蒂图片社
第210页：塞克斯·保罗/AGF/赫米斯
第210-211页：文化独家/罗德里戈·弗里西翁/盖蒂图片社
第212页：加西亚备忘录/VW图片/UIG/盖蒂图片社
第213页：加西亚备忘录/VW图片/UIG/盖蒂图片社
第214-215页：卢卡斯·瓦莱基洛斯/阿拉米图片社
第216页：cmh/阿拉米图片社
第217页：奥马尔·托雷斯/法新社/盖蒂图片社
第218-219页：杰里米·伍德豪斯/盖蒂图片社
第220-221页：©fitopardo.com/盖蒂图片社
第221页：迪戈·格兰迪/123RF
第222-223页：克里斯·鲁比/盖蒂图片社
第224页：迪戈·格兰迪/123RF
第224-225页：加布里埃尔·佩雷斯/盖蒂图片社
第226页：大卫·奈德利/盖蒂图片社
第227页：罗伯托·米歇尔/i图片社
第228页：时代图片社/阿拉米图片社
第229页：马克·汤纳/盖蒂图片社
第230页：赫米斯/阿拉米图片社
第231页：db图片/阿拉米图片社
第232-233页：巴纳·坦科/123RF
第233页：朱马股份有限公司/阿拉米图片社
第234页：罗德里戈·布恩迪亚/法新社/盖蒂图片社
第235页：上 罗德里戈·布恩迪亚/法新社/盖蒂图片社
下 罗德里戈·布恩迪亚/法新社/盖蒂图片社
第236-237页：吉劳杜·劳伦特/科尔维斯/盖蒂图片社
第238页：艾扎尔·拉尔德斯/法新社/盖蒂图片社
第239页：路易斯·金塔纳/拉丁目录/盖蒂图片社
第240-241页：艾扎尔·拉尔德斯/法新社/盖蒂图片社
第241页：艾扎尔·拉尔德斯/法新社/盖蒂图片社
第242页：路易斯·金塔纳/拉丁目录/盖蒂图片社
第243页：视野/UIG/盖蒂图片社
第244-245页：图中有限公司/科尔维斯/盖蒂图片社
第245页：艾扎尔·拉尔德斯/法新社/盖蒂图片社
第246页：乔恩·阿诺德图片有限公司/阿拉米图片社
第247页：ASK图片/阿拉米图片社
第248页：©泽维尔·德斯米尔
第249页：维格伯特·罗斯/布ワ克图片/时代图片社
第250-251页：©泽维尔·德斯米尔
第251页：©泽维尔·德斯米尔
第252-253页：©泽维尔·德斯米尔
第253页：©泽维尔·德斯米尔
第254页：休斯·赫维/AGF/赫米斯
第254-255页：休斯·赫维/AGF/赫米斯
第256页：曼努埃尔·梅迪尔/拉丁目录/盖蒂图片社
第256-257页：休斯·赫维/AGF/赫米斯
第258页：纳乔·卡隆格/阿拉米图片社
第258-259页：曼努埃尔·梅迪尔/拉丁目录/盖蒂图片社
第260-261页：媒介生产/盖蒂图片社
第262-263页：AGF/赫米斯
第264-265页：J.鲁瓦扬/时代图片社

非物质文化遗产名录（2008—2018）
Lists of Intangible Cultural Heritage

2018

List of Intangible Cultural Heritage in Need of Urgent Safeguarding

Enkipaata, Eunoto and Olng'esherr, three male rites of passage of the Maasai community, Kenya
Knowledge and skills of the water measurers of the foggaras or water bailiffs of Touat and Tidikelt, Algeria
Lkhon Khol Wat Svay Andet, Cambodia
Shadow play, Syrian Arab Republic
Suri Jagek (observing the sun), traditional meteorological and astronomical practice based on the observation of the sun, moon and stars in reference to the local topography, Pakistan
Traditional hand puppetry, Egypt
Yalli (Kochari, Tenzere), traditional group dances of Nakhchivan, Azerbaijan

Representative List of the Intangible Cultural Heritage of Humanity

Art of dry stone walling, knowledge and techniques Croatia - Cyprus - France - Greece - Italy - Slovenia - Spain - Switzerland
As-Samer in Jordan, Jordan
Avalanche risk management, Switzerland - Austria
Blaudruck/Modrotisk/Kékfestés/Modrotlač, resist block printing and indigo dyeing in Europe, Austria - Czechia - Germany - Hungary - Slovakia
Bobbin lacemaking in Slovenia, Slovenia
Celebration in honor of the Budslaŭ icon of Our Lady (Budslaŭ fest), Belarus
Chakan, embroidery art in the Republic of Tajikistan, Tajikistan
Chidaoba, wrestling in Georgia, Georgia
Dondang Sayang, Malaysia
Festivity of Las Parrandas in the centre of Cuba, Cuba
Heritage of Dede Qorqud/Korkyt Ata/Dede Korkut, epic culture, folk tales and music, Azerbaijan - Kazakhstan - Turkey
Horse and camel Ardhah, Oman
Hurling, Ireland
Khon, masked dance drama in Thailand, Thailand
La Romería (the pilgrimage): ritual cycle of 'La llevada' (the carrying) of the Virgin of Zapopan, Mexico
Lum medicinal bathing of Sowa Rigpa, knowledge and practices concerning life, health and illness prevention and treatment among the Tibetan people in China, China
Međimurska popevka, a folksong from Međimurje, Croatia
Mooba dance of the Lenje ethnic group of Central Province of Zambia, Zambia
Mwinoghe, joyous dance, Malawi
Nativity scene (szopka) tradition in Krakow, Poland
Picking of iva grass on Ozren mountain, Bosnia and Herzegovina
Pottery skills of the women of Sejnane, Tunisia
Raiho-shin, ritual visits of deities in masks and costumes, Japan
Reggae music of Jamaica, Jamaica
Ritual and festive expressions of the Congo culture, Panama
Rūkada Nātya, traditional string puppet drama in Sri Lanka, Sri Lanka

Singing to the accompaniment of the Gusle, Serbia
Tamboradas drum-playing rituals, Spain
The skills related to perfume in Pays de Grasse: the cultivation of perfume plants, the knowledge and processing of natural raw materials, and the art of perfume composition, France
Traditional Korean wrestling (Ssirum/Ssireum) Democratic People's Republic of Korea - Republic of Korea
Traditional spring festive rites of the Kazakh horse breeders, Kazakhstan

2017

List of Intangible Cultural Heritage in Need of Urgent Safeguarding

Al Azi, art of performing praise, pride and fortitude poetry, United Arab Emirates
Colombian-Venezuelan llano work songs, Colombia - Venezuela (Bolivarian Republic of)
Dikopelo folk music of Bakgatla ba Kgafela in Kgatleng District, Botswana
Mongolian traditional practices of worshipping the sacred sites, Mongolia
Taskiwin, martial dance of the western High Atlas, Morocco
Whistled language, Turkey

Representative List of the Intangible Cultural Heritage of Humanity

Al-Qatt Al-Asiri, female traditional interior wall decoration in Asir, Saudi Arabia, Saudi Arabia
Art of crafting and playing with Kamantcheh/ Kamancha, a bowed string musical instrument, Azerbaijan - Iran (Islamic Republic of)
Art of Neapolitan 'Pizzaiuolo', Italy
Artisanal processes and plant fibers techniques for talcos, crinejas and pintas weaving of the pinta'o hat, Panama
Basel Carnival, Switzerland
Chogān, a horse-riding game accompanied by music and storytelling, Iran (Islamic Republic of)
Craft of the miller operating windmills and watermills, Netherlands
Craftmanship of Estremoz clay figures, Portugal
Cultural practices associated to the 1st of March, Bulgaria - The former Yugoslav Republic of Macedonia - Republic of Moldova - Romania
Dolma making and sharing tradition, a marker of cultural identity, Azerbaijan
Door-to-door rounds of Kurenti, Slovenia
Kazakh traditional Assyk games, Kazakhstan
Khaen music of the Lao people, Lao People's Democratic Republic
Kochari, traditional group dance, Armenia
Kok boru, traditional horse game, Kyrgyzstan
Kolo, traditional folk dance, Serbia
Konjic woodcarving, Bosnia and Herzegovina
Kumbh Mela, India
Kushtdepdi rite of singing and dancing, Turkmenistan
Multipart singing of Horehronie, Slovakia
Nsima, culinary tradition of Malawi, Malawi
Organ craftsmanship and music, Germany
Pinisi, art of boatbuilding in South Sulawesi, Indonesia
Punto, Cuba

Rebetiko, Greece
Ritual journeys in La Paz during Alasita, Bolivia (Plurinational State of)
Sega tambour of Rodrigues Island, Mauritius
Spring celebration, Hıdrellez, The former Yugoslav Republic of Macedonia - Turkey
The art of Bài Chòi in Central Viet Nam, Viet Nam
Traditional art of Shital Pati weaving of Sylhet, Bangladesh
Traditional system of Corongo's water judges, Peru
Uilleann piping, Ireland
Xoan singing of Phú Thọ province, Viet Nam, Viet Nam
Zaouli, popular music and dance of the Guro communities in Côte d'Ivoire, Côte d'Ivoire

2016

List of Intangible Cultural Heritage in Need of Urgent Safeguarding

Bisalhães black pottery manufacturing process, Portugal
Chapei Dang Veng, Cambodia
Cossack's songs of Dnipropetrovsk Region, Ukraine
Ma'di bowl lyre music and dance, Uganda

Representative List of the Intangible Cultural Heritage of Humanity

Almezmar, drumming and dancing with sticks, Saudi Arabia
Argungu international fishing and cultural festival, Nigeria
Beer culture in Belgium, Belgium
Bhojpuri folk songs in Mauritius, Geet-Gawai, Mauritius
Carnival of El Callao, a festive representation of a memory and cultural identity, Venezuela (Bolivarian Republic of)
Carnival of Granville, France
Charrería, equestrian tradition in Mexico, Mexico
Culture of Jeju Haenyeo (women divers), Republic of Korea
Falconry, a living human heritage, Germany - Saudi Arabia - Austria - Belgium - United Arab Emirates - Spain - France - Hungary - Italy - Kazakhstan - Morocco - Mongolia - Pakistan - Portugal - Qatar - Syrian Arab Republic - Republic of Korea - Czechia
Flatbread making and sharing culture: Lavash, Katyrma, Jupka, Yufka, Azerbaijan - Iran (Islamic Republic of) - Kazakhstan - Kyrgyzstan - Turkey
Gada system, an indigenous democratic socio-political system of the Oromo, Ethiopia
Idea and practice of organizing shared interests in cooperatives, Germany
Khidr Elias feast and its vows, Iraq
Kuresi in Kazakhstan, Kazakhstan
Living culture of three writing systems of the Georgian alphabet, Georgia
Mangal Shobhajatra on Pahela Baishakh, Bangladesh
Momoeria, New Year's celebration in eight villages of Kozani area, West Macedonia, Greece, Greece
Music and dance of the merengue in the Dominican Republic, Dominican Republic
Nawrouz, Novruz, Nowrouz, Nowrouz, Nawrouz, Nauryz, Nooruz, Nowruz, Navruz, Nevruz, Nowruz, Navruz, Afghanistan - Azerbaijan - India - Iran

(Islamic Republic of) - Iraq - Kazakhstan - Kyrgyzstan - Uzbekistan - Pakistan - Tajikistan - Turkmenistan - Turkey
Oshi Palav, a traditional meal and its social and cultural contexts in Tajikistan, Tajikistan
Palov culture and tradition, Uzbekistan
Practices related to the Viet beliefs in the Mother Goddesses of Three Realms, Viet Nam
Puppetry in Slovakia and Czechia, Slovakia - Czechia
Rumba in Cuba, a festive combination of music and dances and all the practices associated, Cuba
Škofja Loka passion play, Slovenia
Tahteeb, stick game, Egypt
The Twenty-Four Solar Terms, knowledge in China of time and practices developed through observation of the sun's annual motion, China
Traditional craftsmanship of Çini-making, Turkey
Traditional wall-carpet craftsmanship in Romania and the Republic of Moldova, Republic of Moldova - Romania
Valencia Fallas festivity, Spain
Winegrowers' Festival in Vevey, Switzerland
Yama, Hoko, Yatai, float festivals in Japan, Japan
Yoga, India

2015
List of Intangible Cultural Heritage in Need of Urgent Safeguarding
Coaxing ritual for camels, Mongolia
Glasoechko, male two-part singing in Dolni Polog, The former Yugoslav Republic of Macedonia
Koogere oral tradition of the Basongora, Banyabindi and Batooro peoples, Uganda
Manufacture of cowbells, Portugal
Traditional Vallenato music of the Greater Magdalena region, Colombia

Representative List of the Intangible Cultural Heritage of Humanity
Aitysh/Aitys, art of improvisation, Kazakhstan - Kyrgyzstan
Al-Razfa, a traditional performing art, United Arab Emirates - Oman
Alardah Alnajdiyah, dance, drumming and poetry in Saudi Arabia, Saudi Arabia
Arabic coffee, a symbol of generosity, United Arab Emirates - Saudi Arabia - Oman - Qatar
Bagpipe culture, Slovakia
Classical horsemanship and the High School of the Spanish Riding School Vienna, Austria
Copper craftsmanship of Lahij, Azerbaijan
Epic art of Gorogly, Turkmenistan
Fichee-Chambalaalla, New Year festival of the Sidama people, Ethiopia
Filete porteño in Buenos Aires, a traditional painting technique, Argentina
Lad's dances in Romania, Romania
Majlis, a cultural and social space, United Arab Emirates - Saudi Arabia - Oman - Qatar
Marimba music, traditional chants and dances from the Colombia South Pacific region and Esmeraldas Province of Ecuador, Colombia - Ecuador
Oshituthi shomagongo, marula fruit festival, Namibia
Sbuâ, annual pilgrimage to the zawiya of Sidi El Hadj Belkacem in Gourara, Algeria
Summer solstice fire festivals in the Pyrenees, Andorra - Spain - France
Surova folk feast in Pernik region, Bulgaria
Three genres of traditional dance in Bali, Indonesia
Tinian marble craftsmanship, Greece

Tradition of kimchi-making in the Democratic People's Republic of Korea, Democratic People's Republic of Korea
Traditional knowledge and technologies relating to the growing and processing of the curagua, Venezuela (Bolivarian Republic of)
Tugging rituals and games, Cambodia - Philippines - Republic of Korea - Viet Nam
Wititi dance of the Colca Valley, Peru

2014
List of Intangible Cultural Heritage in Need of Urgent Safeguarding
Isukuti dance of Isukha and Idakho communities of Western Kenya, Kenya
Male-child cleansing ceremony of the Lango of central northern Uganda, Uganda
Mapoyo oral tradition and its symbolic reference points within their ancestral territory, Venezuela (Bolivarian Republic of)

Representative List of the Intangible Cultural Heritage of Humanity
Al-Ayyala, a traditional performing art of the Sultanate of Oman and the United Arab Emirates, Oman - United Arab Emirates
Al-Zajal, recited or sung poetry, Lebanon
Argan, practices and know-how concerning the argan tree, Morocco
Arirang folk song in the Democratic People's Republic of Korea, Democratic People's Republic of Korea
Askiya, the art of wit, Uzbekistan
Baile Chino, Chile
Cante Alentejano, polyphonic singing from Alentejo, southern Portugal, Portugal
Capoeira circle, Brazil
Coming forth of the masks and puppets in Markala, Mali
Ebru, Turkish art of marbling, Turkey
Festivity of Virgen de la Candelaria of Puno, Peru
Gwoka: music, song, dance and cultural practice representative of Guadeloupean identity, France
Kazakh traditional art of Dombra Kuy, Kazakhstan
Know-how of cultivating mastic on the island of Chios, Greece
Kopachkata, a social dance from the village of Dramche, Pijanec, The former Yugoslav Republic of Macedonia
Lavash, the preparation, meaning and appearance of traditional bread as an expression of culture in Armenia, Armenia
Mongolian knuckle-bone shooting, Mongolia
Nongak, community band music, dance and rituals in the Republic of Korea, Republic of Korea
Practices and expressions of joking relationships in Niger, Niger
Pujllay and Ayarichi, music and dances of the Yampara culture, Bolivia (Plurinational State of)
Ritual and ceremonies of Sebeïba in the oasis of Djanet, Algeria, Algeria
Ritual dance of the royal drum, Burundi
Slava, celebration of family saint patron's day, Serbia
Smoke sauna tradition in Võromaa, Estonia
Tchopa, sacrificial dance of the Lhomwe people of southern Malawi, Malawi
The tradition of carpet-making in Chiprovtsi, Bulgaria
Traditional agricultural practice of cultivating the 'vite ad alberello' (head-trained bush vines) of the community of Pantelleria, Italy
Traditional art and symbolism of Kelaghayi, making

and wearing women's silk headscarves, Azerbaijan
Traditional brass and copper craft of utensil making among the Thatheras of Jandiala Guru, Punjab, India, India
Traditional knowledge and skills in making Kyrgyz and Kazakh yurts (Turkic nomadic dwellings), Kazakhstan - Kyrgyzstan
Traditional Mauritian Sega, Mauritius
Ví and Giặm folk songs of Nghệ Tĩnh, Viet Nam
Washi, craftsmanship of traditional Japanese hand-made paper, Japan
Zmijanje embroidery, Bosnia and Herzegovina

2013
List of Intangible Cultural Heritage in Need of Urgent Safeguarding
Chovqan, a traditional Karabakh horse-riding game in the Republic of Azerbaijan, Azerbaijan
Empaako tradition of the Batooro, Banyoro, Batuku, Batagwenda and Banyabindi of western Uganda, Uganda
Mongolian calligraphy, Mongolia
Nan Pa'ch ceremony, Guatemala

Representative List of the Intangible Cultural Heritage of Humanity
Ancient Georgian traditional Qvevri wine-making method, Georgia
Annual pilgrimage to the mausoleum of Sidi 'Abd el-Qader Ben Mohammed (Sidi Cheikh), Algeria
Art of Đờn ca tài tử music and song in southern Viet Nam, Viet Nam
Celebrations of big shoulder-borne processional structures, Italy
Chinese Zhusuan, knowledge and practices of mathematical calculation through the abacus, China
Círio de Nazaré (The Taper of Our Lady of Nazareth) in the city of Belém, Pará, Brazil
Commemoration feast of the finding of the True Holy Cross of Christ, Ethiopia
Feast of the Holy Forty Martyrs in Štip, The former Yugoslav Republic of Macedonia
Kimjang, making and sharing kimchi in the Republic of Korea, Republic of Korea
Knowledge, skills and rituals related to the annual renewal of the Q'eswachaka bridge, Peru
Kyrgyz epic trilogy: Manas, Semetey, Seytek, Kyrgyzstan
La Parranda de San Pedro de Guarenas y Guatire, Venezuela (Bolivarian Republic of)
Limousin septennial ostensions, France
Mediterranean diet, Cyprus - Croatia - Spain - Greece - Italy - Morocco - Portugal
Men's group Colindat, Christmas-time ritual, Republic of Moldova - Romania
Music of Terchová, Slovakia
Petrykivka decorative painting as a phenomenon of the Ukrainian ornamental folk art, Ukraine
Practices and knowledge linked to the Imzad of the Tuareg communities of Algeria, Mali and Niger, Algeria - Mali - Niger
Sankirtana, ritual singing, drumming and dancing of Manipur, India
Shrimp fishing on horseback in Oostduinkerke, Belgium
Traditional art of Jamdani weaving, Bangladesh
Traditional craftsmanship of the Mongol Ger and its associated customs, Mongolia
Turkish coffee culture and tradition, Turkey
Washoku, traditional dietary cultures of the Japanese, notably for the celebration of New Year, Japan

Xooy, a divination ceremony among the Serer of Senegal, Senegal

2012
List of Intangible Cultural Heritage in Need of Urgent Safeguarding
Ala-kiyiz and Shyrdak, art of Kyrgyz traditional felt carpets, Kyrgyzstan
Bigwala, gourd trumpet music and dance of the Busoga Kingdom in Uganda, Uganda
Earthenware pottery-making skills in Botswana's Kgatleng District, Botswana
Noken multifunctional knotted or woven bag, handcraft of the people of Papua, Indonesia

Representative List of the Intangible Cultural Heritage of Humanity
Al 'azi, elegy, processional march and poetry, Oman
Al-Taghrooda, traditional Bedouin chanted poetry in the United Arab Emirates and the Sultanate of Oman, United Arab Emirates - Oman
Arirang, lyrical folk song in the Republic of Korea, Republic of Korea
Buddhist chanting of Ladakh: recitation of sacred Buddhist texts in the trans-Himalayan Ladakh region, Jammu and Kashmir, India, India
Cherry festival in Sefrou, Morocco
Craftsmanship and performance art of the Tar, a long-necked string musical instrument, Azerbaijan
Craftsmanship of Horezu ceramics, Romania
Cultural practices and expressions linked to the balafon of the Senufo communities of Mali, Burkina Faso and Côte d'Ivoire, Mali - Burkina Faso - Côte d'Ivoire
Fest-Noz, festive gathering based on the collective practice of traditional dances of Brittany, France
Festival of Saint Francis of Assisi, Quibdó, Colombia
Fiesta of the patios in Cordova, Spain
Folk art of the Matyó, embroidery of a traditional community, Hungary
Frevo, performing arts of the Carnival of Recife, Brazil
Ichapekene Piesta, the biggest festival of San Ignacio de Moxos, Bolivia (Plurinational State of)
Klapa multipart singing of Dalmatia, southern Croatia, Croatia
Marches of Entre-Sambre-et-Meuse, Belgium
Mesir Macunu festival, Turkey
Nachi no Dengaku, a religious performing art held at the Nachi fire festival, Japan
Performance of the Armenian epic of 'Daredevils of Sassoun' or 'David of Sassoun', Armenia
Qālišuyān rituals of Mašhad-e Ardehāl in Kāšān, Iran (Islamic Republic of)
Rites and craftsmanship associated with the wedding costume tradition of Tlemcen, Algeria
Schemenlaufen, the carnival of Imst, Austria, Austria
Traditional violin craftsmanship in Cremona, Italy
Traditional weaving of the Ecuadorian toquilla straw hat, Ecuador
Venezuela's Dancing Devils of Corpus Christi, Venezuela (Bolivarian Republic of)
Worship of Hùng kings in Phú Thọ, Viet Nam

2011
List of Intangible Cultural Heritage in Need of Urgent Safeguarding
Al Sadu, traditional weaving skills in the United Arab Emirates, United Arab Emirates
Eshuva, Harákmbut sung prayers of Peru's Huachipaire people, Peru
Folk long song performance technique of Limbe performances - circular breathing, Mongolia
Hezhen Yimakan storytelling, China
Moorish epic T'heydinn, Mauritania
Naqqāli, Iranian dramatic story-telling, Iran (Islamic Republic of)
Saman dance, Indonesia
Secret society of the Kôrêdugaw, the rite of wisdom in Mali, Mali
Traditional skills of building and sailing Iranian Lenj boats in the Persian Gulf, Iran (Islamic Republic of)
Yaokwa, the Enawene Nawe people's ritual for the maintenance of social and cosmic order, Brazil

Representative List of the Intangible Cultural Heritage of Humanity
Bećarac singing and playing from Eastern Croatia, Croatia
Ceremonial Keşkek tradition, Turkey
Chinese shadow puppetry, China
Equitation in the French tradition, France
Fado, urban popular song of Portugal, Portugal
Festivity of 'la Mare de Déu de la Salut' of Algemesí, Spain
Jultagi, tightrope walking, Republic of Korea
Leuven age set ritual repertoire, Belgium
Mariachi, string music, song and trumpet, Mexico
Mibu no Hana Taue, ritual of transplanting rice in Mibu, Hiroshima, Japan
Nijemo Kolo, silent circle dance of the Dalmatian hinterland, Croatia
Pilgrimage to the sanctuary of the Lord of Qoyllurit'i, Peru
Ride of the Kings in the south-east of the Czech Republic, Czechia
Sada Shin Noh, sacred dancing at Sada shrine, Shimane, Japan
Taekkyeon, a traditional Korean martial art, Republic of Korea
Traditional knowledge of the jaguar shamans of Yuruparí, Colombia
Tsiattista poetic duelling, Cyprus
Weaving of Mosi (fine ramie) in the Hansan region, Republic of Korea

2010
List of Intangible Cultural Heritage in Need of Urgent Safeguarding
Meshrep, China
Ojkanje singing, Croatia,
Watertight-bulkhead technology of Chinese junks, China
Wooden movable-type printing of China, China

Representative List of the Intangible Cultural Heritage of Humanity
Aalst carnival, Belgium
Acupuncture and moxibustion of traditional Chinese medicine, China
Al-Bar'ah, music and dance of Oman Dhofari valleys, Oman
Armenian cross-stones art. Symbolism and craftsmanship of Khachkars, Armenia
Chant of the Sybil on Majorca, Spain
Chhau dance, India
Compagnonnage, network for on-the-job transmission of knowledge and identities, France
Craftsmanship of Alençon needle lace-making, France
Daemokjang, traditional wooden architecture, Republic of Korea
Flamenco, Spain
Gagok, lyric song cycles accompanied by an orchestra, Republic of Korea
Gastronomic meal of the French, France
Gingerbread craft from Northern Croatia, Croatia
Gióng festival of Phù Đông and Sóc temples, Viet Nam
Hopping procession of Echternach, Luxembourg
Houtem Jaarmarkt, annual winter fair and livestock market at Sint-Lievens-Houtem, Belgium
Huaconada, ritual dance of Mito, Peru
Human towers, Spain
Indonesian Angklung, Indonesia
Kalbelia folk songs and dances of Rajasthan, India
Kırkpınar oil wrestling festival, Turkey
Krakelingen and Tonnekensbrand, end-of-winter bread and fire feast at Geraardsbergen, Belgium
Kumiodori, traditional Okinawan musical theatre, Japan
Mongolian traditional art of Khöömei, Mongolia
Mudiyettu, ritual theatre and dance drama of Kerala, India
Music of the Bakhshis of Khorasan, Iran (Islamic Republic of)
Naadam, Mongolian traditional festival, Mongolia
Pahlevani and Zoorkhanei rituals, Iran (Islamic Republic of)
Parachicos in the traditional January feast of Chiapa de Corzo, Mexico
Peking opera, China
Pirekua, traditional song of the P'urhépecha, Mexico
Ritual dramatic art of Ta'zīye, Iran (Islamic Republic of)
Scissors dance, Peru
Semah, Alevi-Bektaşi ritual, Turkey
Shrovetide door-to-door processions and masks in the villages of the Hlinecko area, Czechia
Sinjska Alka, a knights' tournament in Sinj, Croatia,
Sutartinės, Lithuanian multipart songs, Lithuania
Traditional art of Azerbaijani carpet weaving in the Republic of Azerbaijan, Azerbaijan
Traditional Mexican cuisine - ancestral, ongoing community culture, the Michoacán paradigm, Mexico
Traditional skills of carpet weaving in Fars, Iran (Islamic Republic of)
Traditional skills of carpet weaving in Kashan, Iran (Islamic Republic of)
Traditional Sohbet meetings, Turkey
Wayuu normative system, applied by the Pütchipü'üi (palabrero), Colombia
Yuki-tsumugi, silk fabric production technique, Japan

2009
List of Intangible Cultural Heritage in Need of Urgent Safeguarding
Ca trù singing, Viet Nam
Cantu in paghjella, a secular and liturgical oral tradition of Corsica, France
Mongol Biyelgee, Mongolian traditional folk dance, Mongolia
Mongol Tuuli, Mongolian epic, Mongolia
Qiang New Year festival, China
Rite of the Kalyady Tsars (Christmas Tsars), Belarus
Sanké mon, collective fishing rite of the Sanké, Mali
Suiti cultural space, Latvia
Traditional design and practices for building Chinese wooden arch bridges, China
Traditional Li textile techniques: spinning, dyeing, weaving and embroidering, China

Traditional music of the Tsuur, Mongolia
Traditions and practices associated with the Kayas in the sacred forests of the Mijikenda, Kenya

Representative List of the Intangible Cultural Heritage of Humanity
Akiu no Taue Odori, Japan
Annual carnival bell ringers' pageant from the Kastav area, Croatia
Art of Azerbaijani Ashiq, Azerbaijan
Art of Chinese seal engraving, China
Âşıklık (minstrelsy) tradition, Turkey
Aubusson tapestry, France
Busó festivities at Mohács: masked end-of-winter carnival custom, Hungary
Candombe and its socio-cultural space: a community practice, Uruguay
Carnaval de Negros y Blancos, Colombia
Chakkirako, Japan
Cheoyongmu, Republic of Korea
China engraved block printing technique, China
Chinese calligraphy, China
Chinese paper-cut, China
Chinese traditional architectural craftsmanship for timber-framed structures, China
Craftsmanship of Nanjing Yunjin brocade, China
Daimokutate, Japan
Dainichido Bugaku, Japan
Doina, Romania
Dragon Boat festival, China
Farmers' dance of China's Korean ethnic group, China
Festivity of Saint Blaise, the patron of Dubrovnik, Croatia
Gagaku, Japan
Ganggangsullae, Republic of Korea
Gesar epic tradition, China
Grand song of the Dong ethnic group, China
Hayachine Kagura, Japan
Holy Week processions in Popayán, Colombia
Hua'er, China
Ijele masquerade, Nigeria
Indonesian Batik, Indonesia
Irrigators' tribunals of the Spanish Mediterranean coast: the Council of Wise Men of the plain of Murcia and the Water Tribunal of the plain of Valencia, Spain
Jeju Chilmeoridang Yeongdeunggut, Republic of Korea
Karagöz, Turkey,
Katta Ashula, Uzbekistan
Koshikijima no Toshidon, Japan
Lacemaking in Croatia, Croatia
Lefkara laces or Lefkaritika, Cyprus
Maloya, France
Manas, China
Manden Charter, proclaimed in Kurukan Fuga, Mali
Mazu belief and customs, China
Mongolian art of singing, Khoomei, China
Namsadang Nori, Republic of Korea
Nanyin, China
Nestinarstvo, messages from the past: the Panagyr of Saints Constantine and Helena in the village of Bulgari, Bulgaria
Ojiya-chijimi, Echigo-jofu: techniques of making ramie fabric in Uonuma region, Niigata Prefecture, Japan
Oku-noto no Aenokoto, Japan
Places of memory and living traditions of the Otomí-Chichimecas people of Tolimán: the Peña de Bernal, guardian of a sacred territory, Mexico

Procession of the Holy Blood in Bruges, Belgium
Procession Za Krizen ('following the cross') on the island of Hvar, Croatia,
Quan Họ Bắc Ninh folk songs, Viet Nam
Radif of Iranian music, Iran (Islamic Republic of)
Ramman, religious festival and ritual theatre of the Garhwal Himalayas, India, India
Regong arts, China
Ritual ceremony of the Voladores, Mexico
Scribing tradition in French timber framing, France
Septennial re-roofing ceremony of the Kamablon, sacred house of Kangaba, Mali
Sericulture and silk craftsmanship of China, China
Seto Leelo, Seto polyphonic singing tradition, Estonia
Spring procession of Ljelje/Kraljice (queens) from Gorjani, Croatia,
Tango, Argentina - Uruguay
Tibetan opera, China
Traditional Ainu dance, Japan
Traditional firing technology of Longquan celadon, China
Traditional handicrafts of making Xuan paper, China
Traditional manufacturing of children's wooden toys in Hrvatsko Zagorje, Croatia
Two-part singing and playing in the Istrian scale, Croatia
Whistled language of the island of La Gomera (Canary Islands), the Silbo Gomero, Spain
Xi'an wind and percussion ensemble, China
Yeongsanjae, Republic of Korea
Yueju opera, China

2008
Representative List of the Intangible Cultural Heritage of Humanity
Ahellil of Gourara, Algeria
Al-Sirah Al-Hilaliyyah epic, Egypt
Albanian folk iso-polyphony, Albania
Andean cosmovision of the Kallawaya, Bolivia (Plurinational State of)
Art of Akyns, Kyrgyz epic tellers, Kyrgyzstan
Arts of the Meddah, public storytellers, Turkey
Azerbaijani Mugham, Azerbaijan
Baltic song and dance celebrations, Estonia - Latvia - Lithuania
Barkcloth making in Uganda, Uganda
Baul songs, Bangladesh
Bistritsa Babi, archaic polyphony, dances and rituals from the Shoplouk region, Bulgaria
Căluș, ritual, Romania
Canto a tenore, Sardinian pastoral songs, Italy
Carnival of Barranquilla, Colombia
Carnival of Binche, Belgium
Carnival of Oruro, Bolivia (Plurinational State of)
Chopi Timbila, Mozambique
Cocolo dance drama tradition, Dominican Republic
Cross-crafting and its symbolism, Lithuania
Cultural space and oral culture of the Semeiskie, Russian Federation
Cultural space of Boysun District, Uzbekistan
Cultural space of Jemaa el-Fna Square, Morocco
Cultural space of Palenque de San Basilio, Colombia
Cultural space of Sosso-Bala, Guinea,
Cultural space of the Bedu in Petra and Wadi Rum, Jordan
Cultural space of the Brotherhood of the Holy Spirit of the Congos of Villa Mella, Dominican Republic
Cultural space of the Yaaral and Degal, Mali
Darangen epic of the Maranao people of Lake Lanao, Philippines
Duduk and its music, Armenia

El Güegüense, Nicaragua
Fujara and its music, Slovakia
Gangneung Danoje festival, Republic of Korea
Gbofe of Afounkaha, the music of the transverse trumps of the Tagbana community, Côte d'Ivoire
Georgian polyphonic singing, Georgia
Gule Wamkulu, Malawi - Mozambique - Zambia
Guqin and its music, China
Hudhud chants of the Ifugao, Philippines
Ifa divination system, Nigeria
Indigenous festivity dedicated to the dead, Mexico
Indonesian Kris, Indonesia
Iraqi Maqam, Iraq
Kabuki theatre, Japan
Kankurang, Manding initiatory rite, Gambia - Senegal
Kihnu cultural space, Estonia
Kun Qu opera, China
Kutiyattam, Sanskrit theatre, India
La Tumba Francesa, Cuba
Lakalaka, dances and sung speeches of Tonga, Tonga
Language, dance and music of the Garifuna, Belize - Guatemala - Honduras - Nicaragua
Mak Yong theatre, Malaysia
Makishi masquerade, Zambia
Maroon heritage of Moore Town, Jamaica
Mask dance of the drums from Drametse, Bhutan,
Mbende Jerusarema dance, Zimbabwe
Mevlevi Sema ceremony, Turkey,
Moussem of Tan-Tan, Morocco
Mystery play of Elche, Spain,
Nha Nhac, Vietnamese court music, Viet Nam
Ningyo Johruri Bunraku puppet theatre, Japan
Nôgaku theatre, Japan
Olonkho, Yakut heroic epos, Russian Federation
Opera dei Pupi, Sicilian puppet theatre, Italy
Oral and graphic expressions of the Wajapi, Brazil
Oral heritage and cultural manifestations of the Zápara people, Ecuador - Peru
Oral heritage of Gelede, Benin - Nigeria - Togo
Oxherding and oxcart traditions in Costa Rica, Costa Rica
Palestinian Hikaye, Palestine
Pansori epic chant, Republic of Korea
Patum of Berga, Spain
Polyphonic singing of the Aka Pygmies of Central Africa, Central African Republic
Processional giants and dragons in Belgium and France, Belgium - France
Rabinal Achí dance drama tradition, Guatemala
Ramlila, the traditional performance of the Ramayana, India
Royal ancestral ritual in the Jongmyo shrine and its music, Republic of Korea
Royal ballet of Cambodia, Cambodia
Samba de Roda of the Recôncavo of Bahia, Brazil
Sbek Thom, Khmer shadow theatre, Cambodia
Shashmaqom music, Uzbekistan - Tajikistan
Slovácko Verbuňk, recruit dances, Czechia
Song of Sana'a, Yemen,
Space of gong culture, Viet Nam
Taquile and its textile art, Peru
Tradition of Vedic chanting, India
Traditional music of the Morin Khuur, Mongolia
Urtiin Duu, traditional folk long song, China - Mongolia
Uyghur Muqam of Xinjiang, China
Vanuatu sand drawings, Vanuatu
Vimbuza healing dance, Malawi
Wayang puppet theatre, Indonesia
Woodcrafting knowledge of the Zafimaniry, Madagascar

图书在版编目（CIP）数据

联合国教科文组织非物质文化遗产：实践和呈现 / （意）马西莫·森帝尼著；阙一都译. -- 北京：中国纺织出版社有限公司，2021.7

书名原文：THE UNESCO INTANGIBLE CULTURAL HERITAGE

ISBN 978－7－5180－8497－5

Ⅰ.①联… Ⅱ.①马… ②阙… Ⅲ.①非物质文化遗产—介绍—世界 Ⅳ.①G112

中国版本图书馆 CIP 数据核字（2021）第 075269 号

原文书名：THE UNESCO INTANGIBLE CULTURAL HERITAGE
原作者名：Massimo Centini
WS White Star Publishers® is a registered trademark property of White Star s. r. l.
© 2019 White Star s. r. l.
Piazzale Luigi Cadorna, 6 – 20123 Milan, Italy
www.whitestar.it

本书中文简体版专有出版权经由中华版权代理总公司授予中国纺织出版社有限公司。本书内容未经出版者书面许可，不得以任何方式或任何手段复制、转载或刊登。

著作权合同登记号：图字：01－2020－0678

责任编辑：韩　婧　　　责任校对：楼旭红
责任印制：储志伟

中国纺织出版社有限公司出版发行
地址：北京市朝阳区百子湾东里 A407 号楼　邮政编码：100124
销售电话：010—67004422　传真：010—87155801
http://www.c-textilep.com
中国纺织出版社天猫旗舰店
官方微博 http://weibo.com/2119887771
北京华联印刷有限责任公司印刷　各地新华书店经销
2021 年 7 月第 1 版第 1 次印刷
开本：710×1000　1/8　印张：33.5
字数：226 千字　定价：398.00 元

凡购本书，如有缺页、倒页、脱页，由本社图书营销中心调换